박물관 경영과 마케팅

박물관 경영과 마케팅

1판 1쇄 인쇄 2014. 12. 23.
1판 1쇄 발행 2014. 12. 30.

지은이 이보아

발행인 김강유
책임 편집 강미선
책임 디자인 이은혜
마케팅 김용환, 박제연, 백선미, 김새로미, 이헌영, 박치우, 고은미
제작 안해룡, 박상현
제작처 재원프린팅, 금성엘엔에스, 정문바인텍, 대양금박

발행처 김영사
등록 1979년 5월 17일(제406-2003-036호)
주소 경기도 파주시 문발로 197(문발동) 우편번호 413-120
전화 마케팅부 031)955-3100, 편집부 031)955-3250
팩스 031)955-3111

값은 뒤표지에 있습니다.
ISBN 978-89-349-6976-1 03320

독자 의견 전화 031)955-3200
홈페이지 www.gimmyoung.com
이메일 bestbook@gimmyoung.com

좋은 독자가 좋은 책을 만듭니다.
김영사는 독자 여러분의 의견에 항상 귀 기울이고 있습니다.

이 도서의 국립중앙도서관 출판예정도서목록(CIP)은 서지정보유통지원시스템 홈페이지
(http://seoji.nl.go.kr)와 국가자료공동목록시스템(http://www.nl.go.kr/kolisnet)에서
이용하실 수 있습니다.(CIP제어번호: CIP2014037101)

박물관학·문화예술경영 입문자를 위한 박물관
경영과 마케팅

이보아 지음

MUSEUM MANAGEMENT AND MARKETING

김영사

차례

오늘날 박물관은 진화, 혁신, 확장을 거듭하면서 관람객과의 의미 생성에 집중하고 있다. 유물, 표본물, 예술작품 앞에서 엄숙하고, 경건하며, 정적인 관람객의 모습은 이제는 과거의 이야기가 되어버렸다. 관람은 개인적 취향과 관심을 기반으로 전시물과 조우하며, 감성과 인지가 결합되는 경험이다. 기술과 공학의 발전, 소장품의 탈장르화 현상, 다양한 형태의 미디어에 힘입어 박물관은 전시매체와 전시환경에서 인터랙티비티를 강화하면서 지속적으로 열린 가능성을 관람객에게 제시하고 있다. 그 경험 속에서 다감각적인 체험과 다양한 경로를 통해 제공되는 정보는 관람경험을 보다 풍요롭고 오랫동안 기억될 수 있도록 만든다.

관람객의 경험이 축적됨에 따라 관람에 대한 욕구, 동기, 기대, 만족 등의 심리적인 요인도 변화해왔고, 관람환경에 대해서도 민감한 반응을 보인다. 예컨대 관람객은 직관적으로 유인력이 높은 전시물을 찾지만, 집객효과가 높은 전시실에서 전시물에 대한 보유력과 관람 만족도가 하락됨에 따라 전시동선의 조정이나 관람객에 대한 통제가 불가피하다. 더욱이 대규모 박물관의 경우, 관람객은 박물관 피로감을 호소한다. 이러한 현상과 함께 재원조성이나 재정자립에 대한 압력이 증가하고 외부환경이 급변하면서 소비자 중심의 관점을 기반으로 한 관람객에 대한 통찰력이 박물관에 요구되었다. 이로 인해 박물관의 업무영역은 소장품 중심의 학예를 넘어서 전시, 교육, 경영과 마케팅, 정책, 재원조성 등으로 세분화되면서 조직구조의 변화가 발생했다. 하지만 어떤 업무 영역이든 그 무게중심은 항상 관람객에게 있고, 경영의 개념과 원리가 효율성과 효과성을 추구하는 사고의 도구로서 적용되고 있다.

박물관 경영학은 최근에 대두되고 있는 연구영역에 비해 비교적 안정적으로 뿌리를 내린 대표적인 융합학문이다. 이 책은 박물관학적 개념 및 역사적 맥락에서의 박물관 성장에 대한 이해를 기본적으로 제공한다. 더불어 박물관 경영학적 관점에서 비영리적 특성을 지닌 박물관이 영리기관의 이중적 특성을 갖게 되면서 겪는 정체성 변화를 비롯해서 설립취지, 조직구조, 제도, 재원, 경쟁력, 경영자와 리더십, 평가, 마케팅, 관람객연구 등을 주요 내용으로 다룬다. 경영 및 마케팅 등과 관련된 국내외 박물관 실무 및 동향에 대한 접근도 시도했으나 전시, 교육 및 해석, 기술에 대한 내용은 현재 집필 중인 관계로 이 책에서는 제외되었다.

2001년 간행된 《박물관학 개론》을 시작으로 지금까지 수십 권의 학술저서와 논문이 탄생했다. 그간 연구주제 측면에서 박물관 경영 및 마케팅에서 모바일 기술과 쌍방향적이고 지속적인 변화를 추구해왔다. 이책을 준비하는 동안, 서강대 지식융합학부 아트 앤 테크놀로지의 송태경 학장님을 비롯하여 김주섭 학과장님, 최용수 교수님의 격려가 큰 원동력으로 작용했다. 또한 《박물관학 개론》부터 15년간 소중한 인연을 이어온 김영사 김강유 대표님과 편집자분들, 이 책의 집필을 위해 관련 자료를 제공해주신 국립중앙박물관의 박현택 선생님과 지앤시 미디어 (GNC Media)의 정용석 이사님 등 박물관과 전시 업계의 지인들께도 심심한 감사의 말씀을 드린다. 마지막으로 늘 곁에서 기도로 응원해주는 가족에게 무한한 사랑과 고마움을 전한다.

2014년 12월 이보아

1장

박물관의 정의

박물관의
정의

박물관이란 무엇인가? 일반적으로 대다수 사람들은 오래된 유물이나 예술작품을 수집하고 모아서 전시하는 장소나 건물로 박물관을 생각한다. 하지만 관람경험이 축적된 사람들은 인류에게 가치 있는 물건, 예컨대 유물, 예술작품, 표본물 등을 수집·보존·연구·전시·교육하는 문화예술기관이라고 기능과 소장품에 대해 좀 더 정확하게 인식하고 있다. 어원을 살펴보면, 영어의 '뮤지엄museum'은 라틴어 '뮤제아musea'에서, 더 거슬러 올라가서는 그리스신화에 등장하는 무사이musai(예술의 여신들)가 머물던 사원이나 신전을 지칭하던 그리스어 '무세이온Μουσεῖον; Institution of the Muses'에서 왔다(G. E. Burcaw, 1997: 25). 이후 이집트의 프톨레마이오스 필라델푸스Ptolemaeos II Philadelphus가 그리스의 플라톤 아카데미가 행한 것과 같은 철학적 담론과 연구를 위해 부왕인 프톨레마이오스 1세 소테르Ptolemaeos I Soter의 유지를 이어받아 기원전 280년에 도서관과 함께 설립한 장소를 '알렉산드리아 뮤세이온Museion of Alexandria' 또는 '뮤제움Musaeum'이라고 불렀다. 이로 인해 현대의 '뮤지엄'이란 용어의 기원을 '무세이온'보다는 '뮤제움'으로 보는 경향이 있다.[1]

로마인들은 그리스어 '무세이온'을 라틴어로 '뮤제움Museum' 또는 '뮤지움Musium'으로 번역했다. 하지만 로마인의 뮤제움은 그리스의 무세이온과 같은 공공기관은 아니었으며 철학적 토론을 나누는 장소로 의미가 축소되었다. 따라서 로마시대의 뮤제움은 박물관의 기능적 효시라기보다는 그 명칭의 어원이라는 측면에서 이해하는 것이 바람직하다(서원주, 2013: 41). 로마시대 이후 뮤제움이란 용어가 다시 등장한 것은 근대 계몽주의가 풍미하던 시대였다. 뮤제움이라는 라틴어 단어에서 유럽 각 지역 언어로 박물관을 가리키는 용어가 파생되었다. 영어의 'museum,' 프랑스어의 'musée,' 독일어의 'museum,' 이탈리아어 및 스페인어의 'museo,' 러시아어의 'музей' 등이다.

오늘날 박물관과 미술관이 병용되고 있지만, 엄밀한 의미에서 박물관은 미술관까지 아우르는 상위 개념 내지 포괄적 용어로 이해하는 것이 타당하다.[2] 미술관은 예술작품을 소장한 박물관을 의미하며, 갤러리gallery라는 용어가 미술관과 병용되고 있다. 예컨대, 영국의 국립미술관은 'the National Gallery'로 표기한다. 갤러리는 박물관 내 전시실을 지칭할 때도 사용되는데, '대영박물관 한국전시관The Korean Gallery in the British Museum'의 경우가 이에 해당한다.

박물관의 개념은 박물관 연구자와 관련 기관들에 의해 다양한 방식으로 제시되었다. 전자의 경우, 리비에르Georges Henri Rivière(1996)는 박물관을 "지식증대, 문화재와 자연재의 보호교육, 그리고 문화발전을 목적으로 자연과 인류의 대표적인 유산을 수집·보존·전달·전시하는 사회

---

1 http://en.wikipedia.org/wiki/Musaeum
2 소장품의 특성에 따라 박물관은 종합박물관과 전문박물관으로 나뉘며, 전문박물관은 소장품의 영역에 따라 인문계, 예술계, 자연과학계 등으로 대별된다.

적 기관"으로 보았다. 이와 유사하게 구드George Brown Goode는 "인류의 업적과 자연 현상을 가장 잘 대변하는 오브제를 보존하고, 이를 지식증대와 일반인의 문화와 계몽을 위해 활용하는 기관"이라고 박물관의 개념을 설명했다.

후자의 경우, 국제박물관협의회International Council of Museum; ICOM와 영국박물관협회The Museums Association, 미국박물관협회The American Association of Museum 등 대표적인 국제기구나 영미권 관련 기관들이 박물관에 대한 개념을 정립하는 데 많은 노력을 기울였다. 특히 국제박물관협의회가 정관에서 제시한 정의는 1946년 협의회가 설립된 이후 지속적인 토론을 통해 8차에 걸쳐 개정되었으며, 2007년도 정의에는 무형 유산에 대한 개념이 소장품의 영역에 포함되었다(서원주, 2013: 39). 국내에서는 문화체육관광부가 '박물관 및 미술관 진흥법'에서 박물관과 미술관을 분리해 그 개념을 명시했다. 이들 기관들이 제시한 정의를 주의 깊게 살펴보면, 박물관을 구성하는 본질은 유지되면서 시간의 흐름에 따라 박물관의 기능이나 소장품 영역에 변화가 거듭되고 있다는 것을 알 수 있다. 이에 대한 구체적인 내용은 다음과 같다.

1. 국제박물관협의회[3]의 정의

(1) 1948년 박물관 헌장
박물관은 예술·역사·미술·과학 및 기술 관계 소장품과 식물원·동물

---

3 국제박물관협의회(ICOM)는 박물관과 전문인력의 발전에 이바지하기 위해 1946년에 유네스코 산하에 설립된 비영리적인 국제기구다.

원·수족관 등 문화적 가치가 있는 자료, 표본 등을 다양한 방법으로 보존 및 연구해서 그 가치를 고양시키며, 특히 일반 대중의 즐거움과 교육을 위한 목적으로 소장품을 공개 및 전시하며, 공공의 이익을 위해 설립된 항구적 시설을 말한다.

(2) 1954년 국제박물관협의회 총회

박물관은 역사적 자료와 정신적, 물질적 문화의 흔적인 예술작품·수집품·자연 표본물을 수집·보존·전시하는 기관이다.

(3) 1956년 국제박물관협의회 총회

박물관은 다양한 방식의 전시로 일반 대중에게 즐거움을 주기 위해 문화적으로 가치가 있는 것, 예컨대 예술적·역사적·과학적·기술적 유물, 그리고 식물원·동물원·수족관과 관련된 표본물 등을 수집·보존·연구해 그 가치를 부여하고, 공익을 위한 목적으로 관리되고 있는 항구적 시설이다. 이러한 시설에는 상설전시장을 운영하는 공공도서관이나 문서보관소 등도 포함된다.

(4) 1969년 국제박물관협의회 총회

박물관의 특성을 연구 및 교육하고, 즐거움을 제공하기 위한 목적으로 문화적, 과학적 특성을 지닌 소장품을 보존·전시하는 항구적인 시설을 박물관으로 인정한다.

(5) 1973년 국제박물관협의회 총회

인류와 자연의 물리적 증거물을 연구·교육·향유할 목적으로 수집·보존·연구·소통·전시하며 사회에 봉사를 제공하는 비영리적인 기관이다.

(6) 1989년 국제박물관협의회 총회

　박물관은 인류와 인류 환경의 물적 증거를 연구·교육·향유할 목적으로 이를 수집·보존·연구·소통(교육, 전시)하며, 대중에게 개방하고 사회에 봉사를 제공하고 그 발전에 기여하는 비영리적이며 항구적인 기관이다.

(7) 2007년 국제박물관협의회 총회

　박물관은 교육·연구·향유를 위해 인간 및 인간환경과 관련된 유·무형의 유산을 수집·보존·연구·교류·전시해서 일반 대중에게 공개하며, 사회와 그 발전에 기여하는 항구적이며 비영리적인 기관이다.

2. 영국박물관협회의 정의

박물관은 공익을 위해 물적 증거와 관련 정보를 수집·문서화·보존·전시·교육(해석)하는 기관이다.[4]

3. 미국박물관협회의 정의

박물관은 예술적·과학적·역사적·기술적인 특성을 지닌 자료를 포함해

---

4 영국박물관협회의 박물관에 대한 정의에서 기관이란 장기적인 목적을 가지고 공적으로 설립된 단체를 말한다. 수집은 유물을 취득하는 과정을 의미하며, 문서화란 기록을 보관·유지하는 것이다. 보존은 복원 및 보수와 안전대책을 포함한다. 전시는 소장품을 대표하는 유물들을 볼 수 있다는 관람객의 기대를 확인시키는 방법이다. 해석에는 전시, 교육, 연구, 출판과 같은 다양한 분야가 포함된다. 자료는 유형적 특성을 지닌 물건인 반면 증거란 실물로서의 확실성을 보장하는 것이다. 관련 정보란 유물을 이해하는 데 필요한 정보로서, 유물의 이력사항, 취득과정, 기능 및 용도 등과 관련된 정보가 포함된다.

교육적이며 문화적 가치를 지닌 유물과 표본물을 소장한다. 일회적인 전시를 위해서가 아니라 대중을 교육하고 향유하기 위한 목적으로 이러한 소장품을 수집·보존·연구·전시·해석하기 위해 존재한다. 또한 연방정부와 주정부의 세제혜택을 받는 비영리적이고 항구적인 기관으로서 대중에게 개방되며 공익을 위해 운영된다. 따라서 이러한 조건을 갖춘 식물원, 동물원, 수족관, 천체관측관, 역사관이나 역사유적지 또한 박물관 범주에 포함된다.

4. 박물관 및 미술관 진흥법에서의 정의[5]

'박물관'이란 문화·예술·학문의 발전과 일반 공중의 문화향유 증진에 이바지하기 위하여 역사·고고·인류·민속·예술·동물·식물·광물·과학·기술·산업 등에 관한 자료를 수집·관리·보존·조사·연구·전시·교육하는 시설을 말한다. '미술관'이란 문화·예술의 발전과 일반 공중의 문화향유 증진에 이바지하기 위하여 박물관 중에서 특히 서화·조각·공예·건축·사진 등 미술에 관한 자료를 수집·관리·보존·조사·연구·전시·교육하는 시설을 말한다.[6]

　앞에서 다룬 박물관에 대한 다양한 정의는 박물관의 전제 조건, 기능, 목적으로 구성되어 있다. 전제 조건 측면에서 보면, 대중에게 공개하고

---

5 박물관 및 미술관 진흥법(법률 제 12135호)은 문화체육관광부가 박물관과 미술관의 설립과 운영에 필요한 사항을 규정해 박물관과 미술관을 건전하게 육성함으로써 문화·예술·학문의 발전과 일반 공중의 문화향유를 증진한다는 목적으로 마련되었으며, 2013년 12월 30일에 일부 내용이 개정되었다.

6 우리나라에서는 박물관과 미술관의 개념이 이원적으로 사용되고 있는데, 이러한 현상은 일제강점기 영향에 기인한다. 당시 우리나라가 서양문물을 접하는 주요 통로는 일본이었으며, 박물관 문화 또한 일본을 통해 유입되었다.

비영리적 특성과 영구적인 특성도 동시에 지녀야 한다. 또한 기능 측면에서는 인류와 자연환경에 의해 창조된 유·무형의 문화 및 자연과학 유산 등을 수집·보존·연구·전시·교육 등을 수행해야 하며, 목적 측면에서는 사회와 문화의 발전에 기여하기 위해, 그리고 교육과 연구를 통해 이로움을 제공하기 위해 존재하는 것이다.

2장

박물관의 유형

박물관의
유형

국제박물관협의회(ICOM)는 박물관에 대한 정확한 통계자료를 갖고 있
지 않지만, 사워D. G. Saur(2011)에 의하면, 202개 나라에서 약 5만 5,000
개의 박물관이 운영되고 있다.[7] ⟨표 2-1⟩에서 보는 바와 같이, 2004년 기
준으로 OECD 국가 가운데 박물관을 많이 보유한 국가는 미국, 독일,
이탈리아, 프랑스 순이며, 1개 관당 인구 측면에서는 독일, 이탈리아, 프
랑스 순으로 나타났다.[8] 이 통계자료에 포함되지는 않았으나, 2012년 기
준 우리나라는 인구 5,081만 9,380명이며, 박물관은 740개 관, 미술관
은 171개 관으로, 1개 관당 인구는 6만 7,573명과 29만 2,421명이다.

---

[7] 1860년대에는 영국에 90여 개의 박물관이 설립되었다. 1887년에는 217개, 1963년 876개, 1984년 2,131개,
1989년에는 2,500개로 증가했다. 지방자치단체가 설립한 박물관은 종합박물관에서 시작했으나 이후 산
업, 과학, 미술, 고고학, 교통 등과 같은 전문박물관으로 세분되었다(이후석, 1999). 미국의 경우, 1960년대
새로운 박물관이 3.3일마다 하나씩 개관할 정도로 박물관 건립이 활발했고 1980년 초반에는 6,000개의
박물관이 설립되었는데 그 가운데 2,000개는 정부 차원에서 주도했다. 이후 1989년에는 8,000개 이상의
박물관이 운영되었다.

[8] 2005년 박물관도서관진흥위원회(IMLS)는 1만 5,848개 관으로 추산했으며, 에틀(Joseph Lewis Ettle,
2006)의 'Irrational Exuberance: Calculating the total number of museums in the United States'라는
연구에서는 미국 내 박물관 수를 1만 6,000∼2만 개로 집계했다.

국가	연도	인구	박물관 수	1개 관당 인구
미국	2006	307,212,123	1만 6,000	1만 9,200
영국	2004	61,113,205	2,500	2만 4,445
프랑스	2004	64,057,792	4,000	1만 6,014
이탈리아	2006	58,126,212	4,120	1만 4,108
독일	2007	82,329,758	6,197	1만 3,285
중국	2010	1,338,612,968	2,600	51만 4,851
일본	2006	127,078,679	3,965	3만 2,050

〈표 2-1〉 주요 7개국 박물관 현황(출처: The European Group on Museum Statistics, 2011)

유럽의 박물관을 소장품 영역별로 분류한 유럽박물관통계the European Group on Museum Statistics(2011)에 의하면, 〈그림 2-1〉에서 보는 바와 같이 유럽국가는 과학·기술·문화인류학 영역에 비해 미술·고고학·역사 영역 비율이 높은 편이다. 그리스, 이탈리아, 덴마크, 마케도니아는 과학·기술·문화인류학 영역의 박물관을 보유하지 않고 있다. 한편 스위스와 독일은 미술·고고학·역사 영역보다 과학·기술·문화인류학 영역의 박물관 비율이 2배 이상 높게 나타났다.

오늘날 박물관에서는 다양한 형태의 전시물을 만날 수 있고, 이에 따라 박물관의 분류체계도 다양하고 복잡해졌다. 일반적으로 박물관은 소장품, 경영주체, 봉사영역, 봉사대상, 전시방법에 따라 분류될 수 있으며, 그 내용은 〈표 2-2〉와 같다.

이 분류체계에서 가장 중요한 기준은 소장품의 영역이다. 버코G. E. Burcaw(1997)는 박물관을 크게 '미술관'과 '미술관 외의 박물관'으로 구분했는데, 이는 철학적 관점의 상이함에서 기인한다. '미술관'의 경우, 예술작품은 특별한 재능을 가진 인간이 만든 비일상적이며 고유한 특성을 지닌 창조물이다. 반면에 '미술관 외의 박물관' 경우는 전형적이고 일상적인 대량 생산물, 그리고 그 자체로는 의미가 없으나 인간의 문화나 자

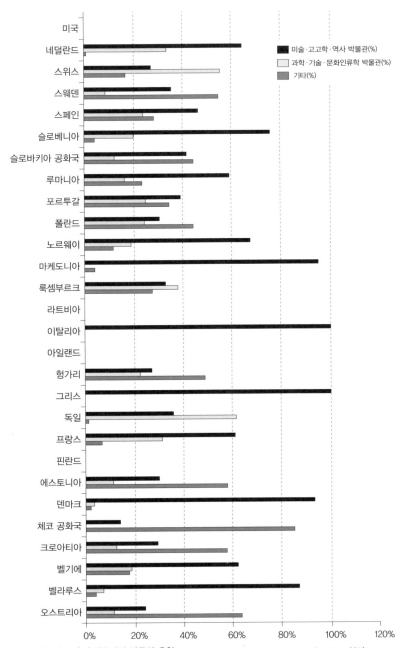

미국
네덜란드
스위스
스웨덴
스페인
슬로베니아
슬로바키아 공화국
루마니아
포르투갈
폴란드
노르웨이
마케도니아
룩셈부르크
라트비아
이탈리아
아일랜드
헝가리
그리스
독일
프랑스
핀란드
에스토니아
덴마크
체코 공화국
크로아티아
벨기에
벨라루스
오스트리아

미술·고고학·역사 박물관(%)
과학·기술·문화인류학 박물관(%)
기타(%)

0%   20%   40%   60%   80%   100%   120%

〈그림 2-1〉 유럽국가별 박물관 유형(출처: The European Group on Museum Statistics, 2011)

연계의 표본으로서 가치가 있는 자연물을 다룬다. 역사박물관, 자연과학 박물관이 이에 해당한다. 역사박물관은 시대, 지역, 주제 등에 따라 세분될 수 있으며, 주제로 세분되는 경우에는 자연사박물관과 같이 이중적이며 포괄적인 특성을 지닐 때도 있다. 이 밖에도 박물관의 소장품을 재질적 특성에 따라 유기적인 것(생물학), 비유기적인 것(지질학), 또는 초유기체적인 것(고고학, 민족학, 역사, 미술)으로 구분하는 방법도 있다.

현대로 오면서 소장품의 탈범주화 내지 영역의 확장으로 인해 종합박물관에 비해 전문박물관의 설립이 양적으로 괄목할 만한 성장을 이루었다. 이러한 현상은 국내 박물관에서도 예외가 아니다. 곤충박물관, 교통박물관, 가구박물관, 공룡박물관, 종이박물관, 자수박물관, 섬유박물관, 해양박물관, 옹기박물관, 영화박물관, 사진박물관, 김치박물관, 농업박물관, 축음기박물관, 애니메이션박물관 등 이전에 보지 못한 소장품이 등장했고, 종합박물관의 전시실 하나를 차지했던 소장품들이 전문박물관의 모습을 갖추어 새롭게 조명되고 있다. 역사박물관의 경우, 특정시기나 기념비적인 사건 중심의 박물관이 독자적인 위치에 놓였다. 홀로코스트기념관이 이에 해당한다. 홀로코스트기념관은 베를린, 워싱턴 DC, 보스턴, 뉴욕 등지에 각각 설립되었다.[9]

예루살렘에 위치한 야드바셈 홀로코스트역사박물관Yad Vashem Holocaust History Museum은 제2차 세계대전 당시 나치에 의해 희생된 600만 명의 유대인을 추모하기 위해 세운 박물관이다. 이곳의 전신은 1953년에 설립된 야드바셈 기념관인데, '야드바셈Yad Vashem'은 희생된 사람들의 '이름

---

9 2014년 2월, 미국 뉴욕의 홀로코스트박물관 아서 플루그 관장은 뉴욕 한인회와 함께 8만 달러(약 8,586만 원)를 들여 일본군 위안부의 아픔을 미국인에게 알릴 상설전시관을 만들기로 했다. 플루그 관장은 홀로코스트 피해자와 위안부 할머니들이 같은 역사적인 아픔을 갖고 있다고 보고, 2011년 위안부 그림 전시회와 위안부 할머니 초청, 피해자 증언 녹취 등 행사를 열어 이 문제에 큰 관심을 기울였다.

분류 항목	세분류		
소장품	종합박물관		
	전문박물관	인문계박물관	역사박물관 고고학박물관 인류학박물관 민속박물관 교육박물관 종교박물관 등
		예술계박물관	미술관 사진박물관 영화박물관 애니메이션박물관 디자인박물관 등
		자연과학계박물관	과학박물관/과학관 자연사박물관 지질학박물관 곤충박물관 공룡박물관 해양박물관 의학박물관 항공·우주 박물관 철도박물관 산업박물관 등
경영주체	국립박물관 공립박물관 사립박물관 대학박물관 학교박물관 기업박물관 군박물관		
봉사대상	어린이박물관 장애인박물관		
전시방법	옥내전시형 야외전시형 가상현실박물관		

〈표 2-2〉 소장품, 경영주체, 봉사대상, 전시방법에 따른 박물관 분류

을 기억하라'는 뜻이다. 1953년 5월 18일, 이스라엘 국회가 '야드바셈법'을 통과시킴에 따라, 1957년에 홀로코스트의 순교자들과 영웅들을 추념하는 공식기관인 야드바셈이 탄생해서 오늘날 연간 130만 명 이상의 관람객을 불러모으고 있다. 이곳 기념관에는 전쟁 전 유럽에서의 풍요롭고 다양한 유대인의 생활, 히틀러의 등장, 침략과 정복, 유대인 탄압과 시설(열차, 가스실, 화장터, 강제노동실) 등 다양한 비인간성의 증거인 원본 문서, 사진, 실물을 전시하고 있다.

야드바셈을 홀로코스트 희생자들에 대한 공명의 공간으로 만들어주는 가장 대표적인 전시실은 '기억의 전당Ohel Yizkor'과 '이름의 전당Hall of Names'이다. 회색 모자이크로 처리된 '기억의 전당' 바닥에는 22개 강제 수용소의 이름과 위치가 새겨져 있다. 그 중심에는 깨진 구리 컵처럼 생긴 용기에서 불타는, 영원히 꺼지지 않는 불이 있고, 그 바로 앞에 홀로코스트 희생자들의 유골을 담은 관이 놓여있다. '이름의 전당'은 "모든 사람에게는 이름이 있다"는 대원칙에 따라 수집된 희생자들의 이름과 인적사항을 '증언의 지면'이라는 상징적인 돌에 새겨, 유대인의 전통에 따라 잊지 않도록 보존하고 있다. 지금까지 수집된 희생자 명단은 300만 명 정도이며, 이 명단은 인터넷을 통해 확인할 수 있다.

형태나 내용 측면에서 현대 박물관의 또 다른 변화로는 사회·문화적,

〈그림 2-2〉 야드바셈 홀로코스트기념관 전시실, '기억의 전당'과 '이름의 전당'

그리고 환경적 맥락에서 지역사회의 특수성을 근거로 새로운 박물관의 모형을 만드는 작업이 이루어지고 있다는 것이다. 우리나라에서 '에코뮤지엄eco museum'이란 용어는 아직 낯설다. 에코뮤지엄은 1960년대 프랑스에서 지역경제의 재건을 위해 지방문화를 재확인하는 과정에서 농촌지역의 문화정책에 기초를 두고 있다. 박물관학 관점에서, 에코뮤지엄은 국제박물관협의회 회장이었던 드 바린Hugues de Varine과 1960년대에 프랑스 농촌에서 실험적인 박물관 운동을 이끈 리비에르Georges Henri Rivière가 창안한 개념이다. 문화유산을 그것이 탄생하고 성장한 환경 속에서 이해하고 소개하려는 새로운 박물관학 운동에 해당한다. 이후 이 용어는 1971년 국제박물관협의회 총회에서 프랑스의 환경부 장관이었던 푸자드Robert Poujade에 의해 널리 퍼졌다.

'에코eco'는 '생태학ecology'에서 유래하지만 에코뮤지엄은 환경친화나 환경보존에 목적을 둔 친환경적 박물관만을 의미하지는 않는다. 오히려 일정한 지리적 범주 내의 특정지역을 규정하는 자연, 역사, 문화, 산업 등 인간과 환경의 관계에서 형성된 총체적인 환경을 기초로 하는 박물관 형태를 의미한다. 에코뮤지엄에서 지역에 존재하는 다양한 형태의 유산을 배우는 분관적인 기능을 '안테나'라고 부르며, 안테나망이 둘러쳐진 지역의 환경을 특히 인간과의 관계에서 해석하는 통합적인 개념이 에코뮤지엄이다.

드 바린과 리비에르는 박물관과 에코뮤지엄이 건물building 대 영역territory, 소장품collection 대 유산heritage, 대중public 대 지역주민population 등 세 측면에서 차별성이 있음을 강조했다. 이러한 관점에서, 에코뮤지엄은 관람객이라는 대중을 위한 건물 또는 소장품으로 특징 지어진 전통적인 박물관과는 매우 다른 특성을 지닌 기관이다. 지역발달의 자원으로서 공동유산을 이용하는 특정지역의 지역공동체로 확인되는 문화

과정이라고 설명할 수 있다. 오늘날 세계 각국에서 지역의 생태자원, 문화자원, 산업자원의 보존을 목적으로 시도되는 다수의 움직임, 예컨대 영국에서 출발해 일본에서도 성공적으로 뿌리를 내린 내셔널 트러스트 운동, 호주의 농민문화운동, 국제적으로 전개되고 있는 에코투어리즘 등도 에코뮤지엄 개념과 같은 맥락으로 이해할 수 있다.

또한 기존 박물관과는 달리 이러한 형태의 박물관은 하나의 문화권 전체를 영역으로 설정해 주민참여형으로 운영되고 있다. 기존 박물관은 폐쇄적인 물리적 공간 안에서 전시기획자의 의도에 따라 구성된 전시 관람동선에 따라 관람하지만, 에코뮤지엄은 개방된 공간에서 관람객 스스로가 자유롭게 관람동선을 창출함으로써 궁극적으로 관람객이 박물관의 일부이며 전시기획자의 역할을 동시에 수행한다. 이러한 특성은 현대 박물관이 폐쇄형에서 개방형으로 변화하는 것에 머무르지 않고 관람객의 직접적 참여를 유도하며, 관람객을 소비주체가 아닌 생산과 소비를 동시에 담당하는 주체, 즉 생비자生費者로 전환시키고 있다는 맥락에서 이해할 수 있다.

프랑스의 에코뮤지엄 운동의 선구적인 모델은 1974년 부르고뉴 지방에 인접한 군수용품과 기관차 생산에 주력했던 르 크뢰조Le Creusot와 석탄 원료를 공급하는 광산촌 몽소레민Montceau-les-Mines을 근거로 만든 '크뢰조-몽소 에코뮤지엄Ecomusée du Creusot-Montceau'이다. 크뢰조-몽소 에코뮤지엄은 산업발전 과정과 기존의 테마파크를 보존하는 두 가지 형태에서 시작되었다. 앞서 언급한 바와 같이 에코뮤지엄의 성공은 지역적 특수성에 따라 박물관의 성격이나 범위, 역할과 내용이 달라진다. 19세기 철강산업이 활발했던 크뢰조-몽소 지역에서는 철강산업의 역사와 관련된 주제가 전시의 초점이 되었고 포도주 생산 기반을 갖춘 지역인 노르 도피네Nord Dauphiné는 포도 수확 시기에 맞춰 '포도주가 익어갈

때Quand le vin est tiré'와 같은 주제의 전시를 기획했다. 이러한 전시는 지역 축제나 행사와 연결되었는데 결과적으로 주민들의 삶의 터전인 지역 자체가 박물관이고 그들의 일상 자체가 전시로 재현되었다. 이러한 관점에서 본다면, 에코뮤지엄은 특정지역의 시간과 공간에 대한 지역 차원에서의 새로운 해석이었을 뿐만 아니라, 그 시간과 공간을 공유한 주민 자신들의 정체성, 즉 지역의 기억을 보존하기 위한 인간과 지역의 관계성을 규명하는 작업이기도 하다.

2000년 8월 중국과 노르웨이 에코뮤지엄 국제연구심포지엄에서도 언급되었듯이, 지역문화의 주인은 바로 그 지역주민이다. 스웨덴의 베르그스라겐 에코뮤지엄Ecomuseum Bergslagen, 영국의 철의 다리 협곡 박물관The Iron Bridge Gorge Museum, 일본의 효고현 아사쿠정(朝來町) 광산의 '아름다운 계곡 만들기' 프로젝트 등은 지역주민의 적극적인 참여로 만들어진 에코뮤지엄 만들기의 대표적인 사례들이다. 2001년 9월 국립현대미술관에서 열린 '프랑스 새로운 박물관·미술관 건축과 디스플레이'라는 전시에서 소개된 아르트네 시골장터 박물관Artenay musée du theatre forain과 같은 사례는 공식적으로 에코뮤지엄이라는 용어를 사용하지는 않았지만 에코뮤지엄와 유사한 개념을 구현한 사례라 할 수 있다.

지역주민의 문화적 자긍심은 에코뮤지엄의 가장 핵심적인 성공요인이다. 다시 말해 에코뮤지엄의 성공은 전시와 관련된 전문지식을 제공하는 박물관 전문인력과 지역주민 그리고 지방정부가 서로 어떤 역할을 담당하고 실제로 어떤 관계 속에서 협력하느냐에 달려 있다. 따라서 각 지역이 보유한 사회·문화적 환경, 즉 지역적 특수성에 따라 박물관의 성격이나 범위, 역할과 내용이 달라질 수밖에 없다. 실제로 스웨덴의 스칸센박물관Skansen Museum은 국가나 지방정부가 주도해 에코뮤지엄이 형성된 것이 아니라, 그 지역주민들이 스스로 지역에 산재한 문화자원과 유산을 보호하고자 나서 전문가와 정부의 지원을 받아 설립되었다. 이처럼 지역주민 스스로가 지역문화에 대한 자긍심이 없다면, 에코뮤지엄은 하나의 관광단지 또는 테마파크로 전락해 본질적인 의미를 상실한다.

컴퓨터와 통신을 포함한 정보통신 기술이 발달하고 각종 소프트웨어와 다양한 형태의 미디어가 등장하면서 현대는 이른바 정보화사회가 되었다. 특히 인터넷, 디지털 기술, 멀티미디어 기술의 발전과 확산은 웹박물관web museum, 사이버박물관cyber museum, VR박물관VR museum, 전자박물관electronic museum, 인터넷박물관internet museum, 네트워크박물관network museum, 디지털박물관digital museum 등을 탄생시켰다. 이러한 유형의 박물관은 전과는 다른 전시매체나 기법을 선보여 정보전달 방식뿐만 아니라 소장품의 무형적 특성과 박물관의 형태에 혁신을 이루었으며, 언제 어디서나 누구나 쉽게 접근할 수 있는 유비쿼터스 박물관을 향해 끊임없이 진화를 거듭하고 있다.

20세기의 아날로그 체제와 21세기의 디지털 체제가 혼재하는 현실에서 박물관을 컴퓨터 시스템에 비유한다면, 박물관 자료와 공간은 하드웨어, 이를 기반으로 만들어지는 전시와 교육 등의 프로그램은 소프트웨어에 해당한다(최종호, 2013: 33~34). 몇몇 박물관은 오프라인 박물관뿐만 아니라 인터넷 공간에서 가상의 박물관을 건립하거나 온라인 프로젝트를 추진했다. 예컨대 구겐하임미술관(www.guggenheim.org), 현대미술관(www.moma.org), 휘트니미술관(www.whitney.org), 워커아트센터(www.walkart.org), 샌프란시스코현대미술관(www.sfmoma.org) 등 다수의 미술관들이 버추얼 프로젝트virtual project를 홈페이지에서 운영한다. 이러한 프로젝트는 주요 기획전을 온라인에서 재현하는 차원을 넘어, 작가를 발굴하고 인터넷에 적합한 새로운 전시 형태를 제시한다는 점에서 미술계의 관심을 집중시켰다. 또한 온라인 박물관에 해당하는 얼

터너티브 박물관The Alternative Museum은 2000년에 전통적인 예술작품을 컴퓨터 스크린으로 옮겨놓음으로써 인터넷에 기반을 둔 쌍방향 예술작품과 디지털 이미지를 웹사이트에서 전시했다.

3장

박물관의 역할

1. 사회·문화적 역할

박물관은 인류의 미래와 복지 향상을 위해 인류의 문화와 자연유산을
소장하는 기관이다. 앞서 다룬 박물관의 정의처럼, 박물관의 존재 이유
가운데 하나는 사회발전에 기여하고 공익을 제공하는 것이다. 또한 타
임 캡슐로서 박물관의 윤리적 책임은 인류문화와 자연환경에 대한 기
록과 정보를 가능한 한 원형의 상태로 후세에 물려주는 것이다. 전자는
사회적 역할, 후자는 문화적 역할에 해당하는데 어떤 역할을 강조하느
냐에 따라 박물관의 특성이 달라진다. 박물관의 선진국이라 할 수 있는
유럽과 북미, 호주, 일본 등은 박물관을 평생교육기관으로 규정하는 반
면, 우리나라에서는 박물관을 문화기반시설의 하나로 규정하고 있다(최
종호, 2013: 14).

박물관은 수집·보존·연구·전시·교육 등의 기능과 활동을 통해 예술
작품, 유물, 표본물과 같은 소장품이 본질적으로 품고 있는 가치와 의미
를 해석하고 조명해 관람객에게 제공한다. 메트로폴리탄미술관 관장을

역임한 몬테벨로Philippe de Montebello가 "박물관은 인류의 기억"이라고 했던 것처럼, 박물관은 인간의 다양한 삶과 그와 관련된 자료와 수많은 이야기를 제공한다. 소장품에 내재한 의미나 가치는 대부분 과거와 관련된 경험·증거·사실이며, 전시를 통해 소장품 간의 맥락적 관계성이 구성 또는 재구성되어 인간에게 필요한 삶에 대한 통찰력과 지식을 전달한다. 이러한 관점에서 박물관의 가치는 궁극적으로 인간의 감성적·지성적 삶을 향상시키는 데 있다. 또한 박물관은 문화를 사회적 불평등이나 획일성으로 접근하는 것을 거부하면서 사회와 그 변화를 반영하며 문화의 다양성을 지향한다. 따라서 과거나 현재를 기록하는 작업이나 문서화 작업 등의 미시적 관점에 머물기보다는 미래의 방향성을 제시할 수 있는 거시적 접근과 설계를 요구한다.

리비에르G. H. Rivière(1996)는 박물관의 사회·문화적 역할과 기능에 대해 다음과 같이 설명했다.

> 박물관에서 중요한 것은 좋은 전시와 많은 관람객을 유치할 수 있도록 노력을 기울이는 것이지만 이를 자랑스럽게 여기지 말아야 하며, 많은 국민이 관람함으로써 지식을 얻고 이를 풍부하게 하여 서로 소통하면서 호기심과 비판정신을 날카롭게 하여, 감성을 풍부하게 하고 기쁨을 느끼며, 창조성을 독려하여 개인의 일상생활이나 직업활동에 긍정적인 영향력을 미치는 것이다(p. 101).

17세기에 계몽주의와 함께 서구에 등장한 근대 박물관의 가장 큰 특징은 소장품을 대중에게 공개하는 '공공' 박물관으로서 보편적 진리의 탐구와 지식의 전파를 가장 중요한 임무로 삼았다는 것이다. 1683년 영국의 옥스퍼드대학교에 세워진 애시몰리언박물관Ashmolean Museum은 설립되었을 때부터 대학박물관으로 교육기능을 수행했다. 공공박물관이 국립박물관 형태로 설립된 대영박물관(1753)이나 루브르박물관(1793)도 대중의 접근성 보장, 지식 확산 및 교육기회 확장 등의 계몽주의 이념과 철학을 실천했다. '인류의 지식증대와 보급'을 궁극적인 목적으로 지향하는 스미스소니언 인스티튜션Smithsonian Institution처럼, 박물관이 사회발전에 긍정적 영향력을 미쳐야 한다는 사명은 현재까지도 모든 박물관에 동일하게 적용되고 있다.

또한 관람객은 전시물에 자신을 투영해 지식이나 정보습득을 넘어 자아 정체성뿐만 아니라 자신이 속한 사회, 국가나 민족에 대한 이해를 키운다. 뿐만 아니라 박물관은 도슨트와 같은 자원봉사 프로그램을 운영함으로써 박물관에 관심이 많은 지역공동체와 구성원이 박물관 업무에 직접 참여할 기회를 주고 자기계발과 학습활동을 지원한다. 학교 연계 프로그램도 운영해 문화활동과 체험활동을 지원하는데, 도서관, 극장, 콘서트홀과 같은 문화시설을 제공하기도 한다.

2. 경제적 역할

박물관이 지역사회에 제공하거나 제공할 수 있는 경제적 이익에 관심을 갖고 분석하는 것은 가치 있는 일이다. 박물관은 자체 수익을 창출할 뿐만 아니라 지역이나 국가경제의 회생과 활성화에 중요한 구실을 하는데, 이를 박물관의 경제적인 역할이라고 한다.[10] 특히 전통적인 제조업이 중심이 되었던 도시나 산업기반이 무너진 도시에서 박물관은 문화관광 사업의 원형 콘텐츠로서 경제효과 유발이라는 중추적인 기능을 수행하고 있다.[11] 또한 박물관 소장품의 상품화는 재원확보 및 재정자립도에 긍정적인 영향력을 미치며, 나아가 고용유지나 고용창출 등 지역경제의 활성화에 원동력으로 작용한다.

유엔세계관광기구UNWTO가 발표한 세계관광동향에 따르면, 2013년 1~4월 전 세계의 누적 국제 관광객 수는 전년 같은 기간의 2억 8,600만 명보다 1,200만 명이 증가한 총 2억 9,800만 명을 기록한 것으로 나타났다. 이 수치는 글로벌 경제 상황이 어려운데도 불구하고 전년 대비 4.3% 증가한 것이다.[12] 1970년에서 1990년 사이에 유럽에서의 박물관과 유적지 문화관광은 2배 이상의 급속한 증가를 나타냈고, 현재 박물관, 갤러리, 역사적 건물, 유적지, 건축물, 극장과 음악회, 스포츠는 도시관광의 핵심적인 요소다. 2014년 3월, 파리는 세계 1위 관광도시로 선정됐다. 파리관광위원회는 호텔 객실 점유율을 바탕으로 조사한 결과, 10년 동안 세계 관광객 중 파리를 찾은 관광객이 가장 많았다. 2013년 한 해 동안에만 3,230만 명이 파리를 방문했는데, 이 가운데 외국인 관광객은 1,550만 명으로 전년보다 8.2% 증가했다고 발표했다. 관광객의 국적을 살펴보면 영국이 210만 명으로 가장 많았고, 미국, 독일, 이탈리아, 중국이 뒤를 이었다. 또한 2013년 파리를 찾은 관광객이 가장 많이 찾은 장소는 파리 디즈

---

10 1995년 시카고미술원(the Art Institute of Chicago)이 개최한 모네전시회에는 19주 동안 96만 명, 1996년 필라델피아미술관(the Philadelphia Museum of Art)에서 열린 세잔전시회에는 13주 동안 55만 명이 방문했다. 모네전시에서 약 300만 달러의 수익이 발생했는데 뮤지엄숍의 판매 수익뿐만 아니라 회원가입, 기부금, 기업후원, 대여비도 동시에 급증했다. 이 전시회를 관람하려고 외부지역에서 방문한 관람객들이 이용한 호텔 객실만 해도 무려 1만 실이 넘었으며, 이 전시를 통해 대략 8,650만 달러의 수익이 발생했다.

11 세계관광기구(WTO)의 통계(1996)에 의하면 세계 관광객에서 문화 관광객이 차지하는 비중은 37%이며, 매년 15%의 증가율을 보이고 있다. 안토로빅(Antolovic, 1999)에 의하면 유럽을 여행하는 미국인의 70%가 문화유산을 경험하기 위해서다(이장주, 2001, 재인용). 1996년에는 미국인의 절반에 가까운 6,500만 명이 유적지, 박물관, 공연예술, 문화 이벤트 등 문화관광에 참여한 것으로 나타났다.

12 전 지역에 걸쳐 긍정적인 결과가 나타났는데, 특히 아시아·태평양(+6%), 유럽(+5%) 및 중동(+5%)이 가장 높은 성장세를 기록했고, 미주지역(+1%)과 아프리카(+2%)는 약세를 면치 못했다. 세부 지역별로 보면 동남아시아(+12%), 남아시아(+9%) 및 중부유럽과 동유럽(+9%)이 가장 높은 성장률을 기록했다.

〈그림 3-1〉 루브르박물관 유리 피라미드

니랜드(1,490만 명)와 베르사유 궁(750만 명)이었다.

파리가 이처럼 세계 1위의 관광도시가 된 데는 특별한 정책적 지원이 있었다. 미테랑François Mitterrand 대통령은 재임기간 동안 파리 전역에 기념비적인 건축물들을 건립한다는 '그랑 프로제Grands Projets' 계획을 추진했다. 그랑 프로제는 미테랑 대통령이 프랑스혁명 200주년 기념 사업의 일환으로 1981년과 1982년에 걸쳐 공포한 10개의 기념비적인 대형 건축물을 건립하는 프로젝트로 '미테랑 프로젝트'라고도 한다. 이 계획에 따라 오르세미술관Musée d'Orsay이 재정비되고 루브르박물관Musée du Louvre의 유리 피라미드가 증축되었으며, 라데팡스 지구의 신개선문Grande Arche de la Defénse, 라빌레트 공원Parc de la Villette과 공원 내 음악당Cité de la Musique 및 산업과학관Cité des Industries et de Science, 아랍세계문화원Institut du Monde Arabe, 바스티유 오페라극장Opéra Bastille, 국립도서관BNF; Bibliothèque National de France, 재무성 청사Ministère des Finances 등이 건립되었다.

이 프로젝트는 파리의 고전적 아름다움에 현대적 건축미가 결합되어 전통보존과 도시재생 측면에서 이정표가 되었다는 평가를 받았다. 특히 루브르박물관 앞에 유리 피라미드 구조물을 세워 왕궁의 전통미와 현대미를 대비시키는 등 문화기반을 대대적으로 정비했다. 또한 바스티유 감옥을 바스티유 오페라하우스로 개조해 서민층의 문화 접근성을 높였고, 젊은 세대 문화의 중심인 현대미술관, 음악연구센터, 도서관 등이 한데 모인 복합문화공간 퐁피두센터를 건립했다. 이러한 노력의 결과로 루브르박물관은 연간 방문객 수가 세계 1위이며, 퐁피두센터는 8위, 기차역을 개조한 오르세미술관은 세계 10위다. 파리는 이와 함께 수많은 공연장, 왕궁, 정원 덕분에 집적의 경제효과를 거두고 있다.

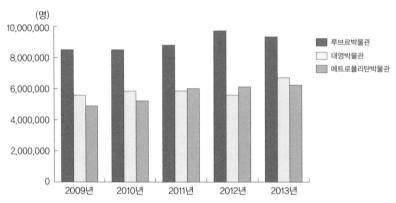

〈그림 3-2〉 루브르박물관, 대영박물관, 메트로폴리탄미술관 연간관람객 수 비교(2009~2013년)

연도	루브르박물관	대영박물관	메트로폴리탄미술관
2009	8,500,000	5,569,981	4,891,450
2010	8,500,000	5,842,138	5,216,988
2011	8,880,000	5,848,534	6,004,254
2012	9,720,260	5,575,946	6,115,881
2013	9,334,435	6,701,036	6,226,727

〈표 3-1〉 루브르박물관, 대영박물관, 메트로폴리탄미술관 연간관람객 수 비교(2009~2013년)

한편 루브르박물관과 구겐하임미술관 등이 글로벌 네트워크를 형성해 박물관 브랜딩을 통한 경제적 부가가치에 대한 새로운 접근과 사례가 등장하면서 이 역할에 대한 논의가 최근에 활발하게 이루어지고 있다. 〈표 3-1〉은 〈아트뉴스페이퍼the Art Newspaper〉(2013)가 집계한 2012년 유명 박물관 연간관람객 수다.[13] 루브르박물관, 대영박물관, 메트로폴리탄미술관이 1~3위를 점유하고 있다.[14] 앞서 언급한 슈퍼스타급에 해당하는 박물관들은 몇 가지 공통적인 특성을 지니고 있다.

첫째는 전 세계적으로 잘 알려진 유명 작품이나 유명 화가의 소장품을 보유하고 있다는 것이다. 이러한 소장품은 박물관의 대표적인 제품인 전시의 유인력을 담보하며 관람객을 흡수한다. 이 박물관들은 연간 500만 명 이상의 관람객을 유도하고 있는데, 이 가운데 외국인 관광객이 차지하는 비율은 50% 이상이다.

둘째, 소장품 가치뿐만 아니라 미학적 가치가 탁월한 건축물을 보유해 그 장소에 대한 높은 인지도를 확보하고 있다. 프랭크 게리Frank Gehry가 설계한 빌바오구겐하임미술관이나, 거대한 왕궁에 페이I. M. Pei가 만든 유리 피라미드가 놓인 루브르박물관이 관람객에게 '반드시 방문해야 할must-see' 장소로 인식되는 것도 이러한 맥락에서 이해할 수 있다.

마지막으로 이 박물관들은 두 가지 측면에서 상업적 활동이 활성화되어 있다. 하나는 박물관의 주요 수입원이 뮤지엄숍이나 레스토랑 등 부대시설에서 발생한다는 점이며, 다른 하나는 관람객들의 소비가 박물

---

13 THE ART NEWSPAPER SECTION 2 Number 245, April 2013 http://www.theartnewspaper.com/attfig/attfig12.pdf.

14 2010년에 9위를 점유했던 우리나라 국립중앙박물관은 2012년에는 상위 10위권 안에 들지 못했다.

관에만 국한되지 않고 호텔, 쇼핑 등 지역경제로 확장되며 직접적인 영향을 미친다는 점이다. 예컨대 메트로폴리탄미술관은 2013년 봄에 개최된 '인상주의, 패션과 근대성Impressionism,

〈그림 3-3〉 미국 메트로폴리탄미술관

Fashion, and Modernity', '펑크: 혼돈에서 하이패션까지Punk: Chaos to Couture'와 '루프가든 임란 쿠레쉬The Roof Garden Commission: Imran Qureshi' 등의 전시를 통해 뉴욕 시에 7억 4,200만 달러의 경제효과를 가져다주었다.[15] 메트로폴리탄미술관의 마케팅 부서가 실시한 연구에 의하면, 이 기간 관람객의 77%(170만 명)가 뉴욕시 5개 보로borough(자치구) 외곽에서 방문했으며, 21%는 트라이스테이트(뉴욕-뉴저지-코네티컷), 31%가 기타 주, 그리고 나머지 48%는 관광객으로 집계되었다. 특히 뉴욕 관광객의 54%는 메트로폴리탄미술관 방문이 뉴욕 관광의 주목적이라고 응답했으며, 이 가운데 26%가 앞서 언급한 특별전을 보기 위해서라고 밝혔다. 또한, 2013 회계연도에서 메트로폴리탄미술관이 뉴욕 시에 가져다준 경제효과는 총 54억 달러로 추정되었다.[16]

---

15 '펑크: 혼돈에서 하이패션까지'에는 44만 2,350명, '인상주의, 패션과 근대성'에는 44만 973명, '루프가든 커미션: 임란 쿠레쉬'는 25만 9,858만 명의 관람객이 몰렸다.

16 미술관이 실시한 관람객연구 조사에 따르면, 관람객 가운데 78%는 뉴욕에서 1박 이상을 머물렀으며, 이중 3/4은 호텔, 호스텔이나 대여 아파트에서 숙박한 것으로 나타났다. 관광객의 평균 체류 일수는 6.6일이었다. 타 지역에서 온 관광객들은 평균 1,139달러를 지출했는데, 내역을 살펴보면 숙박, 관광, 오락, 미술관 입장료, 교통비 등에 773달러, 쇼핑에 366달러 등을 썼다.

빌바오구겐하임미술관의 경제효과

글로벌 네트워크를 형성해 박물관이 위치한 지역, 나아가 국가 경제 발전에 기여한 가장 대표적인 사례로 스페인의 항구도시 빌바오Bilbao를 세계적인 관광도시로 탈바꿈시킨 빌바오구겐하임미술관을 들 수 있다. 1997년 10월 개관한 이 미술관은 미국 출신의 세계적 건축가 프랭크 게리가 설계했으며, 매년 전 세계에서 100만 명에 이르는 관람객이 방문한다. 인구 35만 명인 빌바오는 1980년대 주력산업이던 철강업이 붕괴하면서 실업률이 28~30%로 증가했고 결국 쇠락한 폐광 도시로 전락했다.[17] 빌바오 시의 위기는 시기상의 문제가 아니라 구조적 문제였으므로, 산업모형을 개선할 필요가 있음을 인식하고 탈산업도시로의 변모 과정에 착수했다.

그 첫 번째 단계로서 절망의 상징으로 놓였던 낡은 공장이 즐비한 네르비온 강 하류 지역을 새롭게 단장하는 계획을 기본 틀로 삼았다. 1997년부터 도심재생 프로젝트를 진행하면서 도시 홍보를 위해 순수예술 미술관, 아리아가 극장, 에스칼두나 음악·컨퍼런스홀, 시립도서관, 오페라 시즌, 골프 코스 등을 보강했으며, 가장 핵심적인 주력사업으로서 구겐하임미술관 유치를 추진했다. 빌바오 시의 이와 같은 노력은 고용창출과 함께 실업률을 8%로 낮추는 효과를 거두었다. 사실 빌바오에 구겐하임미술관을 유치하는 과정은 순조롭지 않았다. 지역주민들은 정부의 미술관 건립 제안서에 문화적 의의 외에도 경제적 요소가 포함되어 있다는 것을 이해하지 못했고, 지원금이나 보조금을 받지 못하게 된 예술단

---

17 이와 같은 예가 미국 콜로라도 주의 은을 캐던 작은 폐광촌 아스펜(Aspen)에도 있다. 아스펜은 거의 모든 예술장르를 망라한 페스티벌을 매년 여름에 개최하면서 주민 6,000명의 20배에 이르는 10만 명의 관광객이 찾는 명소가 되었다.

연도	관람객 수
1997(10～12월)	259,234
1998	1,307,065
1999	948,875
2000	930,000
2001	851,628
2002	869,022
2003	909,144
2004	965,082
2005	1,008,774
2006	1,000,963
2008	951,369
월 평균 관람객	82,500

〈표 3-2〉 빌바오구겐하임미술관 개관 후 10년간 관람객 증감추이(1997～2008)

체의 반발도 거셌다. 초기에 실시된 구겐하임미술관 건립에 대한 실행타
당성 조사에 의하면, 초기 투입비 1억 3,222만 유로[18]를 충당하려면 매
년 40만 명의 관람객이 방문해야 했지만, 당시 관람객 유입의 지속성을
보장할 만한 근거는 마련되지 못했다.

그러나 마침내 구겐하임미술관을 개관하자 첫해에만 136만 명이 이
곳을 찾았으며, 현재 월 평균 8만 2,500명의 관람객이 유입되고 있다. 전
체 관람객의 80%는 빌바오 시가 위치한 바스크 이외 지역이나 국가에
서 방문한 관람객이다. 개관 후 2년간 관람객이 지출한 비용은 건립 비
용의 3배가 넘는 4억 3,300만 유로에 달했다. 이 가운데 2,340만 유로만
미술관에서 사용되었고 나머지는 미술관의 보완재라고 할 수 있는 호

---

18 초기 투입 비용 1억 3,222만 유로 중 8,414만 유로(약 1,200억 원)는 미술관 건립에, 3,660만 유로는 미
술품 구입에, 1,220만 유로는 소장품이 빌바오를 통해 순회될 수 있도록 재단에 기부했다.

텔, 레스토랑, 뮤지엄숍에서 지출되어 엄청난 승수효과乘數效果를 낳았다. 오늘날 '빌바오 효과'는 문화가 도시 경제에 미치는 긍정적인 파급효과를 가리키는 말이 되었다.[19]

KPMG 피트 마윅KPMG Peat Marwick의 경제분석 자료에 따르면, 1997년

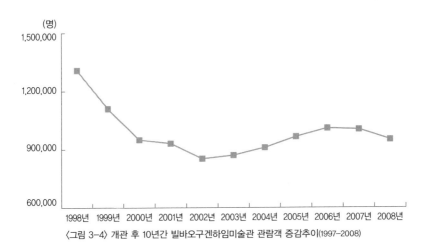

〈그림 3-4〉 개관 후 10년간 빌바오구겐하임미술관 관람객 증감추이(1997-2008)

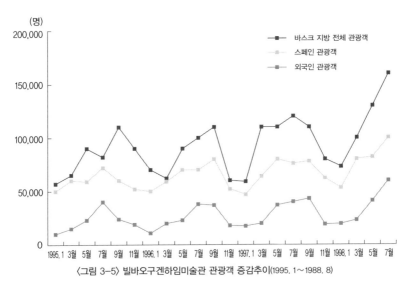

〈그림 3-5〉 빌바오구겐하임미술관 관광객 증감추이(1995. 1~1988. 8)

10월부터 1998년 10월까지 한 해 동안 미술관을 통해 거둔 바스크 지방자치 공동체의 GDP 증가액은 1억 4,400만 유로였다. 재원 증가는 바스크 지방 공공자금의 수입 증가를 의미했는데, 추가 수입금으로 첫 3년 동안에 미술관에 소요된 금액 중 8,414만 유로를 회복했으며, 5년 안에 전체 투자액 1억 3,222만 유로를 회수할 수 있었다. 실제로 2004년 지역경제효과는 1억 5,400만 유로(총 2,100억 원)였으며, 관람객 한 명이 미술관 관람을 위해 평균 176유로(24만 원)를 지출했는데, 이는 2002년에 비해 1인당 7유로(약 1만 원)가 증가한 수치였다.

빌바오구겐하임미술관의 직·간접적 효과와 귀결 효과를 고려해 실시한 2004년 연구에 따르면, 미술관 관련 사업을 통해 2004년 한 해 동안 1억 7,308만 9,191유로의 GDP 가치를 창출했다. 이는 바스크 지방 공공자금에 2,711만 850유로의 경제적 부가가치가 발생한 것을 의미한다. 이러한 경제효과에는 관광객이 미술관 관람을 위해 지불한 미술관 입장료과 팸플릿 구입 등 뮤지엄숍에서의 소비는 물론 호텔 투숙비, 음식료비, 교통비 및 각종 편의시설 이용에 드는 비용 일체가 포함되었다. 현재 빌바오 시는 매년 100만 명의 관광객이 방문하는 도시가 되었으며, 구겐하임미술관 개관 이후 10년 동안 발생한 직접적인 경제효과는 2조 1,000억 원에 이른다. 고용유지에도 기여해 1998년 3,816명에서 2004년 4,547명으로 해를 거듭해 증가하고 있다.

---

19 이러한 다른 예로 영국의 테이트모던미술관이 있다. 런던의 템즈 강변에 있는 도심의 화력발전소 건물은 1981년 공해 문제로 폐쇄되어 방치된 채로 있었다. 영국은 이 건물 외관은 최대한 그대로 두고 내부는 미술관의 기능에 맞춘 새로운 구조의 현대미술관으로 재탄생시킨다는 계획을 세웠다. 약 8년에 걸친 공사 후 2000년에 개관한 테이트모던미술관은 한 해 500만 명에 육박하는 관광객이 찾는 명소로 등극한 동시에, 런던에 활기를 불러넣는 문화적 상징물이 되었다.

루브르박물관의 브랜딩

박물관 브랜딩을 통한 경제적 부가가치에 대한 역할이 새롭게 조명된 것은 프랑스 정부가 아부다비에 루브르 분관을 설치하기로 아랍에미리트와 합의하면서부터다. 2000년대 아부다비 정부는 사디얏Saadiyat 섬에 지구촌 문화를 연결하는 '세계 일류의 장소'를 구현한다는 목표로 루브르 아부다비를 비롯해 구겐하임 아부다비Guggenheim Abu Dhabi, 해양박물관, 공연예술센터, 자이드국립박물관the Zayed National Museum의 건립을 구상했다.

프랑스 건축가 장 누벨이 설계한 루브르 아부다비Louvre Abu Dahabi는 건립 비용으로 6억 5,400만 달러(약 6,950억 원)가 투입되었으며, 2015년에 개관할 예정이다. 루브르 아비다비의 건립은 단순히 루브르의 이름을 대여하거나 해외에 전시공간을 새롭게 구성한다는 차원을 넘어 소장품과 브랜드가 수출 대상이 되었다는 것, 즉 비교역재의 전형으로 간주되던

〈그림 3-6〉 오르세미술관

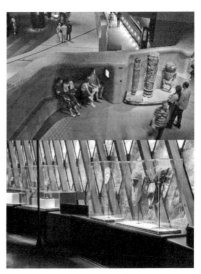
〈그림 3-7〉 케브랑리박물관

박물관이 교역재로 전환되었다는 것을 의미한다. 당시 프랑스 문화계는 이러한 합의에 반대해 박물관장, 큐레이터, 미술사 전문가를 비롯해 약 5,000명이 '프랑스의 영혼을 파는 행위'라며 탄원서에 서명하는 사태까지 벌어졌다.

프랑스 문화계의 반발에도 불구하고, 루브르박물관은 아부다비가 루브르라는 명칭을 30년간 이용하는 브랜드 사용료로 5억 2,000만 달러를 받기로 했고, 개관 후 10년 동안 소장품을 장기대여하고 특별전 및 자문 비용으로 약 7억 5,000만 달러를 받는다는 계약을 체결했다. 루브르박물관의 문화가치를 경제가치로 환산하면 약 13억 달러다. 또한 아부다비는 파리 루브르박물관의 전시실a wing of the Pavillon de Flore 증축에 3,250만 달러를 기부하는 데 동의했다. 루브르 아부다비 프로젝트를 진행한 프랑스 박물관 국제기구International Agency for French Museums에 의하면, 현재 프랑스 정부는 오르세미술관, 퐁피두센터the Georges Pompidou Center, 기메박물관the Musée Guimet, 베르사유궁전the Château de Versailles, 로댕미술관the Musée Rodin, 케브랑리박물관the Musée du Quai Branly도 새로운 국제적 파트너 모색에 큰 힘을 쏟고 있다.

또한 루브르박물관은 문화분권화 정책에 따라 2012년 12월 폐광 도시 렁스Lens에 분관을 개관했다. 총 1억 5,000만 유로(2,100억 원)가 투입된 렁스 분관에는 파리 본관이 소장해온 레오나르도 다 빈치의 〈성모자〉와 〈성 안나〉를 비롯해, 라파엘로, 루벤스, 고야, 그레코, 앵그르, 들라크루아 등 세계적인 걸작품 205점을 전시했다. 렁스 분관의 특징은 상설전시가 아니라 파리 본관의 작품을 대여 및 순회전시하는 방식으로 운영된다는 점이다. 파리 본관은 3만 5,000여 점을 전시하고 있지만, 사실상 공간이 부족해 수장고에 있는 소장품까지 합치면 총 46만 점에 이른다. 렁스 시는 인근 지역을 포함해 영국, 벨기에, 네덜란드 등에서 약

50만 명의 관람객이 렁스로 유입될 것으로 예측했다.

3. 정치적 역할

케이플러A. L. Kaeppler(1994)에 의하면, 박물관은 민족적 정체성을 형성하고 말살할 수 있는 힘을 지니고 있다. 흔히 박물관은 권력이나 정치와는 관련이 없다고 생각하기 쉽지만, 박물관이라는 문화제도 또는 문화현상 이면에는 정치적 역할이 놓여있다. 박물관은 일반 대중의 자긍심과 국가적 혹은 문화적 정체성을 고양하고 전통적 문화가치를 함양할 수 있는데, 이러한 역할을 박물관의 정치적 역할이라고 한다. 박물관은 소장품을 통해 지역사회의 변화와 연속성을 설명하고, 자신들이 자국의 문화를 대내외적으로 홍보함으로써 국가적 단결을 촉진하는 역할을 수행할 수 있다. 박물관 전시의 속성은 혼란과 불만을 잊게 하는 단일한 견해를 보유하고 획일성을 창출하기 위해 차이점을 억누르며 과거를 일종의 수동적이고 완성된 행위로 고정시킨다(전경수, 1997).

박물관을 민족이나 국가의 집합적 기억 내지 집단 기억과 밀접하게 연관된 제도라는 관점에서 본다면, 박물관의 정치적 역할에 대한 이해가 용이해진다. 홍석준(2011)은 국립박물관이 경영주체와 소장품의 특성으로 인해 국가나 민족의 정체성 구축이 재현되는 공적 특성을 지닌 공간인 동시에 문화적 텍스트와 콘텍스트의 구조화와 재구조화가 반복적으로 이루어지는 문화교육의 현장이라는 점을 강조했다. 이러한 관점에서 국립박물관 자체와 그 소장품은 정치적인 측면을 품고 있다.

문화는 끊임없이 사람이 재발명하는 과정이며 기억의 축적이다. 시간을 통해 형성된 기억 중에는 상치하는 것들이 있고, 드러내 과시하고 싶은 것도 있다. 반면 잊어버리고 싶거나 그 기억 자체를 부정하고 싶은 것도 있다. 어떤 기억을 전시할 것인가 하는 문제가 바로 국가의 헤게모니와 직결된다는 푸코Michel Foucault의 논리가 타당하게 받아들여지는 것은 경쟁 관계에 있는 기억들 중에서 어떤 것을 선택할 것인가 하는 문제와 그 선택권이 궁극적으로 국가 지배 권력의 손에 달려 있기(전경수, 1998: 662, 재인용) 때문이다. 결국 졸버그V. Zolberg(1996)의 말처럼, 박물관이란 그것이 만들어진 나라의 집합기억과 밀접하게 상호연결된 제도이며, 박물관이 전시라는 매체를 통해 어떤 메시지를 전하는가의 문제는 궁극적으로 수많은 기억의 편린들 가운데 어떤 것을 선택해 보여줄 것인가와 긴밀하게 연결된다. 이러한 관점에서 전시기획 주체의 의사결정은 국가나 개인의 표상, 그리고 과거의 기억에 대한 권력적 재현과 동일선상에 놓여있다.

앤더슨B. Anderson(2002)에 의하면, 인구통계 및 지도와 함께 박물관은 19세기 중엽 이후 서구 식민주의 이념과 정책하의 관주도 민족주의의 문화적 문법을 가장 잘 보여주는 통치 장치로서, 식민 국가가 그 영토에 기반을 두고 피식민지에 대한 지배력을 시각적으로 표현할 수 있는 대표적인 기관이다. 식민주의는 지배의 합법성을 창조하고 유지하기 위해 문화적 파괴와 왜곡을 획책하기 때문에 이 시기에 설립된 박물관은 문화식민주의 또는 문화제국주의 아래 지배 담론을 정당화하거나 피지배국의 문화를 탈맥락화하기 위한 도구로 사용되었다.

문화의 형성과정에 참여하지 않았던 집단이 침략과 지배의 목적으로 피지배국의 문화를 탈맥락화하는 경우를 문화식민주의 또는 문화제국주의라고 일컫는다. 정치학에서는 제국주의를 '어느 국가를 특정 형태로 침략하거나, 정치·경제·사회적 통제나 영향력을 행사하는 것'으로 간주하지만, 일반인에게는 다소 감정적인 동요를 발생시킨다. 본디 제국주의라는 용어는 19세기 말에 미국이나 독일 등 후발 산업국들이 세계 시장에서 영국의 몫을 잠식해 들어가면서 새로운 시장과 설탕, 고무, 면화, 아편, 금은과 같은 값싼 원료를 확보하고자 식민지를 놓고 경쟁을 벌이면서 사용되었다. 하지만 제국주의를 연구하는 대부분의 역사학자들은 '아프리카 쟁탈전'이 시작된 1878년 무렵에 공식적으로 제국의 시대가 막을 연 것으로 본다. 그러나 문화적 현실을 더 세밀하게 관찰하면, 유럽의 세계 지배권에 대한 견해는 훨씬 일찍부터 깊고 확고하게 뿌리를 내리고 있음을 발견할 수 있다. 18세기 말부터 일관되고 힘을 발휘하는 사상체계를 발견할 수 있으며, 그 후 나폴레옹이 등장해 유럽 대부분 지역을 정복하고, 민족주의와 유럽 민족국가가 부상한 것이 그 사례에 해당한다.

제국주의나 식민주의는 단순히 부를 축적하거나 착취하는 행위가 아니라, 어떤 지역과 그곳의 사람들은 '지배를 받아야 한다'는 생각을 포함한 이념적 형성에 의해 그리고 지배와 연관된 지식의 형태에 의해 추진된 것이다(에드워드 사이드, 1995: 56). 고전적인 19세기 제국주의문화는 '열등함', '종속 인종', '복종하는 사람들', '의존', '확장', '권위' 같은 개념과 용어로 표현된다. 정복 국가들은 제국적 신화를 만들어가면서, 피식민국 경영을 통해 '미개인을 문명화하는 도덕적 의무', 즉 문화제국주의를 실천하려는 의지를 구체화했다. 식민주의를 옹호했던 아르망J. Harmand은 아래와 같이 인종과 문명의 우월성에 대해 말했다.

인종과 문명에는 서열이 있으며, 우리는 우월한 인종과 문명에 속해 있다는 것 그리고 우월성이 권리도 주지만 거기에 따른 엄격한 의무도 준다는 사실을 원칙과 출발점으로 받아들이는 것이 필요하다. 토착민들의 정복을 합법화하는 것은 곧 우리의 우월성 ― 단순히 기계적이고 경제적이며 군사적인 우월성뿐만 아니라 도덕적 우월성 — 에 대한 확신이다. 우리들의 위엄은 바로 그 특성에 달렸으며, 그것은 곧 다른 인간들을 지도하는 우리의 권리를 강조한다. 물질적인 힘이란 그러한 목적을 위한 수단일 뿐이다(Philip D. Curtin, 1971: pp. 294~295).

식민모국과 피식민지의 관계는 동일자와 타자의 권력관계로 설명될 수 있다. 동일자는 자신과 다른 특성을 가진 이들을 타자로 규정하면서 특정 경계를 설정한다. 이 관계에서 동일자는 타자에 대해 우월한 존재가 되고, 반면 타자는 상대적으로 결함이나 결핍을 가진 열등한 존재가 되기 때문에 교정작업이 필요하다. 예컨대 식민주의적 헤게모니를 행사하던 조선총독부박물관은 이러한 동일자와 타자의 권력관계를 설명해 준다. 파비안Johannes Fabian(1983)에 의하면, 문화나 사회를 영상화할 수 있다는 것이 그것을 이해하는 것과 같은 맥락에서 이루어진다면, 일본은 시각적이고 영상적인 전시기법을 통해, 즉 시각적 이데올로기 형태를 통해 지배 권력인 일본과 피지배자인 조선의 제국주의적인 자기 이미지를 연출하고 더 나아가 조선통치의 타당성을 부여하는 데 주력했다.

일제강점기에는 전국적으로 다수의 박람회와 공진회가 개최되었다. 1907년 최초의 경성박람회, 1915년의 조선물산공진회, 1929년의 조선박람회, 1940년의 조선대박람회 등이다. 그중에서 식민지 조선의 변모한 모습을 모든 조선인에게 선명하게 각인시킨 행사는 1915년의 시정 5년 기념 조선물산공진회始政五年記念朝鮮物産共進會와 1929년의 조선박람회였다. 특히 조선물산공진회는 식민지로 전락한 조선의 근대모습과 일본의 지배 권력을 조선인들에게 각인시키는 기회로 활용되었다. 조선물산공진회의 상설전시는 유물의 역사성과 문화성이 결여되었으며, 동시에 비교 전시를 통해 현실의 정치와 문화를 상대화하고 궁극적으로 조선총독부의 우월성을 과시하며 제국주의적 목적을 달성하는 도구로 사용되었다(김인덕, 2011). 또한 이 전시는 불교미술적 관점이나 일본의 문화적 취향을 근거로 기획되어 조직적으로 조선의 민족문화를 왜곡한 사례에 해당한다.

조선물산공진회와 함께 지배와 동화同化 이데올로기 생산을 담당한 기관은 조선총독부박물관이었다. 전경수(1998)에 의하면, 대륙문화와 일본문화의 관계를 조명하는 데 목적을 두었던 조선총독부박물관은 행정조직상 학무국學務局 사회과 社會課의 한 분과 소속으로서 국민을 교육하는 장의 성격을 지녔으므로, 결과적으로 박물관의 정치적 특성과 조선총독부의 통치 이데올로기를 전시를 통해 재현했다. 또한 그 핵심은 고대의 한국과 일본문화의 동질성을 노출하고 강화하는 데 초점을 맞추어 유물의 선별과 전시기획 및 방법론에서 일본판 오리엔탈리즘이 연출되었다. 특히 삼국시대의 유물 일부에 대해서는 일본에서 발굴된 유물과의 유사성을 설명함으로써 조선총독부가 주창하는 '동화주의'에 대한 인식의 틀을 전시를 통해 형성했다.

한편 신생 독립국들은 국가 주도로 설립된 대다수 박물관이 과거 기억의 상기와 재현을 통해 문화적 연속성이나 민족적 정체성을 끊임없이 재생산해서 국민의 결속력을 강화하고 국가의 위상 정립에 대한 효과를 발생시킨다. 이러한 관점에서, 국립이나 공립박물관은 국가나 민족, 지역과 지역주민의 정체성 구축을 위한 공간일 뿐만 아니라 문화의 텍스트와 콘텍스트가 결합된 문화교육의 현장이기도 하다. 신생국으로 탄생한 일부 동남아 국가들은 식민통치기에 설립된 박물관들을 확장·신축하며 그 활동영역을 넓혀가고 있다. 이들 국가들은 신생국으로서 국가를 제도화하고 정통성을 확립하며 신생국민으로서 정체성을 형성해야 하는 시대적 요구로부터 역사적, 문화적 상징을 활용할 필요성이 있고 일부 국가는 다민족을 하나의 상위민족으로 통합하거나 다수 민족의 헤게모니에 복속시켜야 하는 과제를 그러한 상징화를 통해 풀어보고자 했으며, 일부 국가들은 식민정부가 도모한 박물관 프로젝트를 토착 국가 내지 집권 세력의 새로운 목적을 위해 재활용하고 있다(최호림, 2011: 1).

박윤덕(2013)은 박물관이 정치적 목적에서 구상되고 '국가 만들기' 프로젝트의 일환으로 기획된 사례로 중국 공산당 창건 40주년 기념으로 베이징 톈안먼광장에 개관한 중국혁명박물관, 국가정체성 확립 및 과시를 위해 설립된 싱가포르국립박물관, 국립민속박물관, 북한의 조선혁명박물관을 든다. 이 밖에도 캄보디아의 국립박물관은 앙코르 제국의 영향권에 놓여있던 지역에 대한 인식과 기억, 그리고 동남아시아와 외부 세계가 어떻게 연결되는지를 문화사적 측면에서 이해하는 데 도움을 주려는 목적으로 설립되었다.

4장

박물관 형성의 역사

1. 서구 박물관의 역사

역사적 관점에서 박물관은 인류활동을 통해 나온 결과물을 보관하는 장소로 기능하면서 발전과 변화를 거듭했다. "광의의 박물관은 삼라만상森羅萬象의 요지경瑤池鏡인 동시에 만휘군상萬彙群象의 타임캡슐이다. 미술관은 삶과 죽음의 프리즘이자 창의적인 활동의 결정체라고 할 수 있으며, 과학관은 현상과 원리의 저장소이자 문명의 보육기라고 할 수 있다(최종호, 2010: 33)." 박물관은 항구적 가치와 지식 추구를 향한 인간의 욕망에 의해 만들어진 역사적 산물이지만, 특정한 시기, 장소, 수집 형태를 통해 형성되었기 때문에 사회·문화적 맥락에 따라 그 의미가 다르다.

인류 최초의 박물관

인류가 과거의 유물을 수집해 보전하며 특정한 관계를 맺어온 것은 고대부터 광범한 지역에 걸쳐 나타났다. 뮤지엄museum의 어원은 고대 그리스에서 찾을 수 있지만, 인류 최초의 박물관은 기원전 280년에 프톨레마이오스 1세 소테르Ptolemaeos I Sorter의 주도 아래 이집트 알렉산드리아에 건립된 알렉산드리아 뮤세이온Museion of Alexandria이다. 이 박물관 건립은 테오프라스토스Theophrastos(그리스의 철학자, 과학자)의 리케이온Lykeion(아테네에 있던 교육기관과 정원)을 알고 있던 아테네의 전 총독 드미트리우스Demetrius Phalereus의 도움으로 진행되었다(박윤옥, 2013: 68).

앱트J. Abt(2006)는 박물관의 기원을 알렉산드리아 뮤세이온보다 앞선 기원전 340년 중반에 아리스토텔레스가 레스보스 섬을 여행하면서 시작되었다고 본다. 아리스토텔레스는 이 섬을 테오프라스토스와 함께 돌아보면서 식물 표본을 수집·연구·분류했다. 또한 그는 리케이온을 통해 생물학과 역사를 체계적으로 연구하기 위해 학자와 학생들을 중심으로 공동체를 설립했으며, 여기에는 뮤세이온이 포함되어 있었다(박윤옥, 2013: 67). 한편 루이스J. Lewis(2012)는 박물관과 관련된 아이디어를 기원전 2000년경 메소포타미아의 라사로 보고 있다(박윤옥, 2013: 65, 재인용). 일부 역사학자들은 기원전 530년에 신바빌로니아 왕국의 우르Ur에 설립된 에니갈디-나나 박물관Ennigaldi-Nanna's museum을 최초의 박물관으로 본다. 당시 큐레이터는 나보니두스의 딸 에니갈디 공주였으며, 메소포타미아 유물을 소장했다. 현대의 고고학자들이 우르를 발굴했을 때, 고대유물뿐만 아니라 세 가지 언어가 표기된, 진흙으로 제작된 원통형의 레이블도 발견했다.

몇몇 학자들로부터 이견이 제기되고 있기는 하지만, 오늘날 대부분의 박물관학 연구자들은 알렉산드리아 뮤세이온이 박물관의 효시라고 생각한다. 알렉산드리아 뮤세이온은 그리스 문명권에서 규모가 가장 큰 연구기관이었으며, 플라톤의 아카데미아Academia처럼 유클리드나 에라토스테네스와 같은 헬레니즘시대의 석학들이 문예와 철학을 연구한 곳이었다. 기능 측면에서 본다면, 알렉산드리아 뮤세이온은 박물관 외에도 천문학 관측이나 해부학과 같은 연구를 위한 별도의 공간과 극장, 강의실, 신전, 연구소와 학사원, 도서관의 다목적 기능을 수행한 대학의 원형에 근접한다.[20]

알렉산드로스 도서관에는 알렉산드로스 대왕이 수집한 파피루스 두루마리와 방대한 양의 필사본을 합쳐 약 50만 권의 도서가 있었던 반면, 알렉산드리아 뮤세이온에서 소장하고 있던 의료 기구, 천체 기구, 동물 가죽, 코끼리뼈, 조각상, 인물 흉상과 같은 소장품은 연구와 교육을 위해 활용되었다. 프톨레마이오스 2세 필라델푸스Ptolemaeos II Philadelphus는 부왕 프톨레마이오스 1세 소테르의 뜻에 따라 조각을 비롯한 예술작품, 진귀한 동물, 도서 등을 수집했다. 이 박물관은 270년경 화재로 소실될 때까지 프톨레마이오스 왕가의 후원을 받으며 파라오가 임명한 사제에 의해 운영되었다.

한편 기원전 228년경 소아시아의 아탈로스 1세Attalos I는 페르가몬 Pergamon의 아크로폴리스를 위해 헬레니즘 조각과 그림을 다량으로 수집해 페르가몬 뮤세이온을 설립했다. 예술작품 수집에 대한 관심은 로마시대까지 이어져, 로마군은 정복 지역의 예술작품을 전리품으로 약탈했다. 로마의 장군들은 제국전쟁에서 수집한 각종 예술작품을 가지고 로마로 돌아왔는데, 풀비우스Fulvius와 같은 장군은 기원전 189년 1,000여 개의 브론즈와 대리석상, 금은제 공예품을 가져왔다(Kotler N. & Kotler P, 2005: 13). "로마는 그리스미술의 박물관이 되었다"는 폴리트 Jerome Pollitt(1978)의 말처럼, 정복정책을 구사한 로마는 문화재와 예술작

---

[20] 버코(G. E. Burcaw, 1997)는 알렉산드리아 뮤세이온이 현대 박물관과 동일한 기능을 수행했다고 추정하나 이를 검증할 만한 자료가 남아 있지 않다고 기술하고 있다.

품을 약탈하고 전리품을 수집하는 데 심취했다. 이에 그리스의 조각상은 공공정원, 사원, 극장, 목욕탕 등의 공공장소와 건물을 비롯해, 상류계층의 개인 소유의 건축물을 장식하는 데 사용되었다. 이러한 현상으로 인해 로마인들의 '뮤제움museum'은 더 이상 그리스의 무세이온과 같은 공공기관이 아니라 '철학적 토론을 나누는 저택'이라는 한정된 의미로 사용되었으며(Bazin, 1967), 로마 멸망 이후에 뮤제움이란 단어가 재등장한 것은 계몽주의시대의 영국에서였다(서원주, 2013: 41~42).

수도원 중심의 로마 박물관

로마의 몰락과 함께 서유럽은 암흑시대Dark Age로 접어들었다. 중세 유럽에서 지적 활동의 중심이자 예술의 후원자는 로마 가톨릭교회였다. 성당, 교회, 수도원이 중심이 되어 종교 유물을 수집했으며, 이러한 소장품은 종교적인 목적 이외에 군주·도시·국가의 세속적인 권위를 강조하려는 목적으로 사용되었다. 또 교회 외에 귀족이나 부호의 후원으로 종교유물, 예술작품, 보석, 필사본, 태피스트리 등을 수집했다. 15세기 말에는 교황 시스투스 14세Sixtus PP. XIV의 주도 아래 걸작 수준의 예술작품과 성물이 다량으로 수집되었고, 각 수도원은 십자군전쟁을 통해 비잔틴제국과 아랍에서 약탈한 전리품을 소장하는 공간을 마련했다. 이 시기에는 종교적 성골함과 대성당의 성구실聖具室을 박물관으로 지칭하면서 종교적 유물, 예술품, 골동품 등을 축적했다(Bazin, 1967·김형숙, 2001: 11). 그리스도와 관련된 성물, 성인들과 관련된 유물을 소장하고 있던 성 마르코 성당에는 콘스탄티노플의 교회, 궁전, 광장 등에 놓여있던 유물이 유입되었다. 중세 말 교회의 권위가 쇠퇴하고 그 자리를 호사스러운 부호나 군주들이 차지하면서 점진적으로 개인 소장가가 형성되기 시작했고(심상용, 2000: 71), 14세기 이후 고대의 유물과 각종 예술작품을 위한 전시실이 급증했다.

문예부흥기인 르네상스Renaissance시대에는 당시의 사회·문화적 맥락이나 학술과 사상에 영향을 받아 수집된 유물의 내용과 유형에 커다란 변화가 발생했다. 이 시기에 미술과 작가에 대한 후원은 괄목할 만하며, 특히 메디치가Medici의 후원자[21] 역할은 앞으로 전개될 박물관의 형성에 의미 있는 영향력을 미친다. 메디치가는 13세기부터 17세기까지 피렌체에서 강력한 영향력을 행사한 가문이다. 오늘날까지도 메디치가가 예술 후원의 대표성을 띠는 이유는 당시 일반적이었던 과시적 소비에서 탈피해 예술 자체에 열정을 품고 지원활동을 지속했기 때문이다. 레오 10세, 클레멘스 7세, 레오 11세 등 세 명의 교황뿐만 아니라 피렌체 통치자 가운데서도 예술의 후원자로 널리 알려진 코시모 데 메디치Cosimo de Medici를 배출하면서 피렌체를 예술과 인문주의 기반의 이탈리아 르네상스의 산실로 만드는 데 큰 역할을 했다. 특히 인문학적 소양이 뛰어나고 학자와 예술가들과 활발히 교류한 메디치는 유럽과 비잔틴제국에 학자들을 파견해 고문서를 수집하도록 함으로써, 1443년 산마르코 수도원에 방대한 양의 장서를 소장한 메디치가 도서관Bibliotecha Mediceana Laurenzians을 탄생시켰다. 또한 산마르코 광장 정원에 고대 미술품을 수집하고 미술학교를 세웠으며, 1462년에는 기원전 387년 아테네 근교에 세워졌던 아카데미아를 표방해 아카데미아 플라토니카Accademia Platonica를 열어 르

---

21 예술과 학문의 후원자를 '메세나(mecenat)'라 부르고, 후원하는 행위를 '메세나티즘(macenatism)'이라고 부른다. 메세나는 보다 전문적인 용어이며, 일반적으로 후원을 페이트로내지(patronage)로, 후원자를 페이트론(patron)이라고 부른다. 메세나라는 용어는 에츠루리아 출신의 로마 귀족이었던 카이우스 실니우스 마에체나스(Caius Silnius Maecenas, B.C. 69~A.D. 8)에서 비롯되었다. 후원자는 시대별로 다양한 의미를 띠는데, 로마시대에는 미술품 수집가, 중세시대에는 교회를 설립하고 미술품을 수집하는 주문자, 르네상스시대에는 자신의 취향에 맞는 작가를 선정해 작품을 주문하는 의뢰인, 근대에는 화랑의 고객, 현대에는 수집가나 박물관에 재정적인 지원을 제공하는 기증자나 기부자를 의미한다.

네상스의 사상적 토양을 제공했다. 또한 그의 후손인 코시모 1세 데 메디치Cosimo I de' Medici는 1560년에 베키오 궁Palazo Vecchio을 건립하고 메디치 가문이 소장한 예술품을 궁내에 배치해 방문객들이 감상할 수 있도록 했다.

코시모의 손자 로렌초 데 메디치는 도나텔로의 제자인 베르톨도 디 지오반니를 선생으로 고용해 다양한 그림과 고대 흉상과 조각들을 학교의 화실과 야외에 설치하도록 독려하면서 후원을 아끼지 않았다. 르네상스의 거장 미켈란젤로 디 로도비코 부오나로티 시모니Michelangelo di Lodovico Buonarroti Simoni와 레오나르도 다 빈치Leonardo da Vinci는 로렌초의 관심과 후원을 통해 성장한 대표적인 작가에 해당한다.[22]

결과적으로 신흥귀족들은 자신의 취향에 맞는 작가를 선정해서 그에게 자신의 정치적 선전을 위해 작품을 그리게 하는 한편 미적감상이나 취미를 위해 거장들의 작품을 수집하면서 예술작업에 대한 후원을 아끼지 않았다. 이러한 변화는 예술가들의 사회적 지위 향상에 영향을 미쳤으며, 예술가들은 작품관리 및 보존을 위한 공간을 확보하거나 전문가로부터 조언을 받았다. 박물관 경영이나 소장품 관리에 대한 전문지식과 실무 경험이 필요하다는 인식은 이때부터 싹텄다. 16~17세기 전유럽에 걸쳐 개인에서 군주에 이르기까지 다양한 계층이 갖고 있던 수집 욕구는 백과사전식 지식에 대한 욕구를 발생시켜 계몽주의의 탄생에 영향력을 미쳤다. 수집 과열 양상은 로마 인근 지역의 발굴 사례처럼

---

22 로렌초 데 메디치는 미켈란젤로의 재능과 열정에 감탄해서 그를 양자로 삼고 메디치 궁에 머물게 하면서 4년 동안 최고의 작업 환경을 제공했다. 이로써 미켈란젤로는 역사에 이름을 남길 수 있는 대가로 성장했다. 또한 피렌체에 있는 베로키오의 작업실에서 일하던 레오나르도 다 빈치를 본 로렌초는 레오나르도의 조숙한 재능에 지대한 관심을 보였다. 결국 그는 밀라노의 루도비코 스포르차 공작이 선친의 기마상을 조각할 예술가를 찾자 기회를 놓치지 않고 공작에게 레오나르도가 말의 머리를 본떠 만든 은제 수금을 보내면서 그를 추천했는데, 이는 정치적인 목적 또한 가미된 일이었다.

문화재의 무분별한 훼손으로 이어졌다. 피어스Susan M. Pearce(1992)의 말처럼, 수집 행위는 문화적 표현의 노력이라기보다는 개인적인 특성이 강하며 파괴 행위와 긴밀한 관계에 있다.

로마 가톨릭교회가 세운 바티칸박물관Musei Vaticani의 경우, 실제로 일반에게 공개된 것은 클레멘스 14세 때인 1773년이지만, 그 기원은 1506년으로 거슬러 올라간다. 당시 로마의 산타 마리아 마조레 대성전 인근의 포도밭에서, 그리스신화 속 인물인 라오콘을 묘사한 조각상이 발견되었다. 라오콘은 트로이 사람들에게 그리스군의 선물인 거대한 목마를 도시 안에 들이지 말라고 경고했던 성직자다. 교황 율리우스 2세는 발굴된 유물을 조사하고자 바티칸에서 일하던 줄리아노 다 상갈로와 미켈란젤로 부오나로티를 파견했다. 그들의 추천으로 교황은 즉시 포도밭 주인에게서 그 조각상을 구매했으며, 바티칸에 진열해 대중이 볼 수 있게 했다.

16~17세기의 군주나 수집가들은 예술작품뿐만 아니라 보석, 무기, 희귀한 자연물 등 모든 것을 수집 대상으로 삼았다. 이 시기에 이탈리아를 중심으로 예술품의 보존, 전시, 관리, 감정에 관한 전문지식과 실무 경험이 학술적으로 논의되기 시작했고, 17세기 후반부터 영국과 프랑스를 중심으로 수장정책과 예술품 공개를 통해 박물관 경영에 관한 사회적 관심이 본격적으로 일기 시작했다. 특히 1492년 콜럼버스가 아메리카 대륙을 발견한 이후 유럽인들은 남북 아메리카 대륙을 비롯해 아시아와 아프리카 등을 탐험했다. 또한 마젤란Ferdinand Magellan은 지구를 한 바퀴 도는 항해를 최초로 지휘하고, 코페르니쿠스Nicolaus Copernicus, 갈릴레오Galileo Galilei 등 과학자들이 등장해 우주 및 천체와 관련된 이론을 발표했다. 새로운 세계에서 유입된 진기한 물건들은 유럽인의 관심을 끌기에 충분했으며, 이로 인해 '진기한 캐비닛cabinet of curiosities'이라는 단어

가 등장했다.

15세기 유럽에서는 피렌체의 로렌초 디 메디치의 소장품을 지칭하기 위해 뮤제움museum이란 용어가 다시 등장했지만, 이 용어는 매우 포괄적이며 광범위한 개념이었다. 한편 독일에서는 '진기한 것들의 방wunderkammer', '미술품과 진기한 것들의 방Kunst-und wunderkammer', '호기심 찬 것들의 캐비넷 또는 방kuriositäten-kabinett or kammer', '희귀한 것들의 캐비넷 또는 방raritäten-kabinett or kammer'이라 지칭하고, 이탈리아에서는 '박물관museo', 서재라는 의미의 '스투디올로studiolo', 예술작품을 소장한 공간을 '갤러리아galleria'라고 불렀다(이은기, 2013: 104).

한편 코펜하겐의 올레 보름Ole Worm의 소장품이나 영국의 존 트라데스칸트John Tradescant의 소장품을 박물관이라고 불렀다. 트라데스칸트는 진귀한 정원수를 수집하기 위해 아들과 함께 세계 각지를 여행하면서 다양하고 방대한 표본과 물건을 수집해서 런던 남부 람베스Lambeth의 저택에 전시했다. 1656년에 출판된 소장품 도록에는 '뮤세이움 트라데스칸티아눔Musaeum Tradescantianum'이라고 쓰여 있고, 출판 연도는 로마자를 사용해 'MDCLVI(1656)'로 표기되어 있다. 이 도록은 영국 최초의 도록에 해당한다.

도록 출판 이후, 트라데스칸트 부자는 관람객의 신분에 관계없이 동일한 입장료를 징수하는 등 소장품의 운영이 박물관의 모습에 한층 근접하게 되었다(서원주, 2013: 42). 1677년 변호사 엘리아스 애시몰Elias Ashmol에게로 트라데스칸트 부자의 소장품에 대한 소유권이 양도된 후, 애시몰은 자신의 소장품과 트라데스칸트 부자의 소장품을 옥스퍼드대학에 기증함으로써, 1683년 최초의 근대 박물관인 애시몰리언박물관이 설립되었다.

교황 시스투스 14세Sixtus PP. XIV가 로마의 중앙청capitole에 조성한 고

전유물보관실antiquarium이나 코시모 1세 데 메디치가 세운 우피치갤러리Uffizi Gallery는 초기 박물관의 대표적인 유형이라고 볼 수 있다. 우피치갤러리는 국가의 주요 13개 행정관청이 통합된 일종의 종합청사였으며, '우피치'는 오피스office를 뜻한다. 건물 설계는 미술사가이며 화가인 조르조 바사리Georgio Vasari가 담당했다. 바사리는 그 당시 행정의 중심지인 베키오 궁과 아르노 강, 그리고 도시 전체의 조화를 고려해 박물관을 설계했다. 또한 바사리는 건축할 때 미켈란젤로가 로마의 카피톨리노 언덕 위에 설계한 로마시청을 참고했다. 그 결과 베키오 궁과 강 위에 그림같이 걸린 베키오 다리의 조화를 이루기 위해 'ㄷ'자형으로 건축했다. 고문서, 도서, 회화, 조각 작품으로 구성된 우피치갤러리의 방대한 소장품은 바르젤로국립미술관Museo Nazionale del Bargello 등 피렌체의 여러 곳에 나뉘어 보관되었고, 우피치갤러리는 1765년에 제한된 방식으로 소장품을 공개했다.

이후 예술작품은 재화적 가치와 사회계층의 상징이라는 의미 외에도 문화의 표본으로서 인식되기 시작했고 이로 인해 궁정 소장품의 수량도 증가했다. 캐머런D. F. Cameron에 의하면, "권력을 지닌 사회 세력들은 박물관을 창립했고, 이 박물관은 그들 세력이 의미 있고 중요하고, 가치 있다고 여긴 것들을 안치한 사원이었다. 무엇이든 박물관 안에 있으면 그것이 진짜일 뿐 아니라 어떤 우수한 기준을 나타낸다는 생각을 공중은 널리 받아들였다. 만약 이것은 이렇고, 저것은 저렇다고 하면 그것이 진리의 언명이었다(W. R. West, 2002)."

루브르박물관의 방대한 소장품은 루이 14세가 유럽 각국에서 구입한 4,000여 점을 기초로 한다. 독일의 알테 피나코테크Alte Pinakothek는 16세기부터 비텔스바흐 가문이 수집한 소장품을 근거로 300년 만에 완성된 미술관으로서, 14~18세기 독일과 플랑드르, 르네상스의 걸작뿐만 아니라 이탈리아의 중세 성화로부터 프랑스의 로코코에 이르는 유럽회화 7,000여 점을 소장하고 있다. 뮌헨 레지덴츠Münchner Residenz는 옛 바이에른 왕국의 통치자였던 비텔스바흐 가문의 본궁이었는데, 알브레히트 공작Duke Albrecht V이 1568~1571년에 이곳에 조각 수집품을 수장하며 '안티쿼리움Antiquarium'이라고 명명했다. 또한 스페인 국왕 펠리페 4세는 루벤스와 벨라스케스, 로댕의 후원자로서 예술작품 수집에 아낌없이 투자했다.

시민혁명과 공공박물관의 등장

앞서 언급한 바와 같이 근대 공공박물관의 등장은 트라데스칸트박물관(1656)과 애시몰리언박물관(1683) 등 17세기 중반부터 시작되었다. 근대 계몽주의시대에서 괄목할 만한 변화는 박물관에 공공성이 확보되었다는 것과 박물관이라는 용어가 정착했다는 것이다. 대부분 귀족이나 부호들의 개인 소장품이 대중에게 공개되면서 공공박물관으로 성격에 변화가 생겼다. 공공박물관의 의미는 국가나 공공단체가 설립주체 혹은 운영주체일뿐만 아니라, 일반 대중에게 박물관을 점진적으로 공개하면서 그들을 위한 프로그램이 개발되기 시작했다는 것을 뜻한다. 구드George Brown Goode가 언급한 바와 같이, 공익과 대중봉사가 박물관의 주요 기능이 되었다는 것은 단지 유리 전시관 안에 소장품을 나열해놓는 것이 아닌 대중이 소장품을 이해하는 데 유익한 기능을 갖추어야 한다는 사실을 의미한다(G. Edson·D. Dean, 1996: 4).

시민혁명을 거치면서 박물관은 학자나 예술가 등 특정 계층을 위한 학술연구 기관의 특성을 띠게 되었고, 대중에게 지식을 보급하기 위한 교육기관으로서의 역할이 점차 강조되기 시작했다. 다른 유럽국가와는 달리 영국은 국가정책적 차원에서 박물관의 발전이 이루어졌다. 1845년

〈그림 4-1〉 대영박물관

영국의회가 제정한 박물관령Museum Act of 1845에서는 박물관의 공공기관
으로서의 역할과 교육기능을 강조했다. 박물관령의 공포에 힘입어 대영
박물관은 왕립학사원장을 지낸 의학자 한스 슬론 경Sir Hans Sloane의 고
미술, 메달, 동전 등 6만 점이 넘는 방대한 소장품을 기반으로 의회법Act
of Parliament에 의해 1753년에 설립되었다. 현재는 대영박물관 법안The
British Museum Act 1963과 박물관과 미술관 법안The Museums and Galleries Act
1992의 적용을 받고 있다.

개관 초기 소장품은 기증, 구매, 대여를 통해 점차 증가했으며, 전문적
인 방식으로 소장품 수집정책이 실행된 것은 1807년 유물담당부가 설

---

23 대영박물관은 재원 확충의 일환으로 개관 때부터 수차례에 걸쳐 입장료 징수를 시도했지만, 박물관의
공공성에 대한 중요성으로 인해 결과적으로 무료입장 정책을 유지할 수밖에 없었다.

립되면서부터다. 대영박물관은 개관할 때부터 무료입장 정책을 시행했으며,[23] 신임장 제시를 요구해 관람 계층이 제한적이었다. 뿐만 아니라 입장을 승인받으려면 복잡한 절차를 거쳐 2주 정도를 기다려야 했고, 1일 관람객은 30명, 관람시간은 오전 11시와 12시 사이로 운영 측면에서 제약 요소가 있었다(G. E. Burcaw, 2001: 36; Kotler N. & Kotler P., 2005: 15).[24] 규모 측면에서 살펴보면, 1827년 대영박물관 안에 왕립도서관이 건립되고, 1852년에 도서관을 양쪽 날개에 둔 박물관 본관이 로버트 스머크 경Sir Robert Smirke의 설계와 국고지원으로 건립되었으며, 1914년까지 거의 원형 그대로 유지되었다. 이후 1979년에 특별전시를 위한 공간인 '신전시실New Wing'이 국고지원을 받아 신설되었고, 그 밖의 공간은 대부분 민간후원금에 의해 신축되었다. 2000년, 민간재단의 후원을 받아 그레이트 코트Great Court가 건립되었으며, 이 공간을 통해 관람객의 접근성이 향상됐고, 공간 중앙에 리딩룸Reading Room도 재개관했다.

　프랑스의 경우, 루이 16세는 1750년부터 룩상부르왕궁 Palais de Luxembourg을 갤러리로 용도 변경했다. 다수의 회화작품으로 구성된 이 갤러리는 일주일에 이틀만 일반 대중에게 공개되었다. 룩상부르갤러리가 폐쇄된 후, 루이 16세는 프랑스의 영광을 알리는 중앙박물관Museum Central des Arts 건립을 계획했다. 루브르의 그랑갤러리를 최고의 전시공간으로 바꾸는 이 프로젝트에는 건축가와 예술가들이 참여해, 이탈리아, 네덜란드, 프랑스에서 예술작품을 조직적으로 구입하고, 계몽주의를 지향한 전시를 기획했다. 프랑스혁명(1789)으로 최초의 공공박물관 건립

---

24 영국 최대 국립박물관인 대영박물관은 1,300만 점의 소장품을 보유하고 있으며, 약 250점의 한국 소장품을 기반으로 한국관을 운영하고 있다. 영국의 대부분 박물관이 그러하듯이, 국제박물관헌장에 의거해 특별전을 제외하고 무료입장 정책을 유지하고 있다.

프로젝트는 중단되었지만, 혁명정부는 교회와 국외로 도피한 귀족의 재산을 몰수하면서 이 계획의 실현을 앞당기는 계기를 마련했다.

프랑스혁명은 박물관학에 새로운 변화를 가져왔다. 18세기 중반까지 서구 유럽의 박물관들은 수집과 보존에 집중했던 반면, 혁명 이후의 박물관들은 기존의 폐쇄성을 버리고 시민을 위한 공공기관으로서 존재해야 하며, 이를 위해 시민교육이라는 봉사를 제공해야 한다는 새로운 개념이 생겼다. 1789년 법령을 통해 박물관 건립의 필요성을 강조했으며, 1792년 팔레 루아얄Palais Royal에 갤러리를 설치했다. 혁명 이후 절대왕정시대의 왕실과 귀족이 소유하던 소장품과 혁명의 전리품은 시민의 것으로 전환되어 루브르 궁의 그랑갤러리Grand Galerie에 전시되면서 1793년에 근대적 의미의 박물관이 탄생했다.

비록 루브르박물관이 공공박물관의 개념을 표방했지만, 개관 초기에는 매주 3일 동안만 대중에게 개방되었다. 루브르박물관의 탄생에는 국가 문화유산에 대한 개념의 제도화와 민족의식 고취뿐만 아니라 혁명적 선전도구, 공화정의 아카데미 등 매우 중요한 정치적 함의가 놓여있다(심상용, 2000: 74~75). 1793년 루브르박물관의 개관과 함께 박물관과 관련된 정책적 제도들이 점차적으로 마련되면서 박물관 기본헌장La Charte fondamentale du Muséum nationale이 공포되었다. 이 헌장은 시장에 나온 예술작품들이 외국으로 매각되는 것을 방지하기 위해 국가가 우선 매입할 수 있도록 10만 파운드를 지원한다는 내용을 담고 있다. 이 조항은 1921년 12월 31일에 제정된 재정 관련 법안에서 예술작품에 대한 국가의 우선적 매수권을 보장하는 조항으로 발전한다.

당통Georges Danton에 의하면, 당시 혁명가들은 "시민들에게 자유와 조국에 대한 사랑을 불어넣기 위해" 시각과 청각을 자극하는 다양한 예술활동을 활용했다. 당시 다비드Jacques-Louis David를 비롯한 상당수 예술가들은 혁명의 문화정책을 수용했을 뿐만 아니라 이를 적극적으로 주도하면서 예술작품을 통해 혁명의 대열에 동참했다(박윤덕, 2013: 123). 이러한 관점에서 당시 프랑스에서 박물관이란 제도는 혁명을 정당화 및 강화하고, 공공의 문화적 재산이라는 개념을 통해 프랑스 국민에게 자유와 평등, 계몽과 시민의식, 질서 유지를 각인시키는 가장 강력한 수단이었다.

루브르박물관 개관은 유럽 곳곳에 영향을 미쳤는데, 그 가운데 하나가 1764년에 러시아에 설립된 예르미타시박물관Hermitage Museum이다. 이 박물관은 예카테리나 2세의 소장품을 기반으로 한 개인 박물관에서 시작되었는데, '은둔지'를 의미하는 '예르미타시'라는 명칭도 그런 연유에서 붙었다. 초기에는 왕족과 귀족을 대상으로 했으며, 19세기 말에는 일반인에게도 개방되었다. 박물관은 소예르미타시Малый Эрмитаж, 구예르미타시Старый Эрмитаж, 신예르미타시Новый Эрмитаж, 예르미타시극장Эрмитажный театр, 동궁Зимний дворец 등 5개의 건물로 구성되어 있다.

현재 본관인 동궁은 로마노프 왕조시대의 황궁이다. 1922년부터 예르미타시박물관으로 명명된 이곳은 현재 1,020개의 방에 레오나르도 다빈치, 미켈란젤로, 라파엘로, 루벤스, 피카소, 고갱, 고흐, 르느와르 등의 작품을 전시하고 있다. 또한 러시아, 이집트, 그리스, 로마, 페르시아, 터키, 인도, 중국, 비잔틴, 일본 등 세계 각지의 고대유물과 예술작품, 고고학적 유물, 화폐와 메달, 장신구, 의상 등 300만 점을 보유하고 있다. 박물관 지붕 위에는 176개의 조각상이 놓여있으며, 제정시대의 보석과 왕관 등도 지하보물실에 전시되어 있다.

대영박물관(1753), 국립예르미타시박물관(1764), 루브르박물관(1793)의 경우에서 보듯이, 공공박물관은 국립박물관 형태로 전환되었다. 그러나 이러한 박물관들은 지식확산 및 교육기회 확장과 같은 계몽주의적 공공박물관의 특성을 지향하기는 했어도 초기에는 일부 특정인에게만 개방했을 뿐 일반 대중을 전적으로 수용하지는 않았다. 결과적으로 박물관의 증가와 발전은 개인에게는 성공이나 부의 상징으로, 국가에는 선진문화정책의 산물로 인식되면서 대중의 사회교육과 문화적 참여권의 확대에 기여했다(G. E. Burcaw, 1997: 26).

서원주(2013)에 의하면, 이전의 박물관들이 개인 저택의 일부 또는 저택 자체를 전시실로 사용한 것과 달리 이 시기의 국립박물관들은 국가나 왕실 소유의 소장품을 시민에게 공개하기 위해 왕궁의 시설을 이용하거나 박물관을 위한 전용 건물을 신축하는 움직임이 나타났고, 박물관 규모나 건축양식의 웅장함이 국가위상과 연계되었다. 영국과 프랑스에서 이와 같은 박물관 제도의 변화는 박물관을 통해 문화보전과 발전을 도모하려는 국가의 의지를 대변하며, 뮌헨에 위치한 알테 피나코테크 미술관Alte Pinakothek(1836)을 비롯해 유럽 박물관의 양적증가에 유의미한 영향을 미쳤다.[25]

유럽에서 박물관의 양적증가에 영향을 미친 또 다른 요인으로 제국주의를 들 수 있다. 루브르박물관, 대영박물관, 베를린박물관 등과 같이 박물관이 제국주의적 특성을 지니게 된 것은 유럽의 사회정치적 현상에 대한 반응이었다. 제국주의는 식민지정책과 통치를 효율적으로 수행하기 위해 식민지의 역사와 문화를 연구하도록 유도했다. 또한 유적지 발굴 사업을 통한 문화재 수집은 박물관 사업으로 자연스럽게 연계되었

---

25 독일 뮌헨의 알테피나코테크미술관은 북유럽 후기 고딕회화, 이탈리아 르네상스, 바로크, 로코코 등 14세기부터 18세기에 이르기까지 미술사의 대표적인 걸작 4,000여 점을 소장하고 있다. 이 소장품들은 16세기 빌헬름 4세부터 19세기 루트비히 1세까지 과거 바이에른 통치자들의 취향을 보여준다. 루트비히 1세는 프랑스혁명을 통해 시민들에게 예술작품을 공개한 루브르박물관을 접한 후 일반 대중에게 미술관 공개를 결정했다. 건축 기간이 10년이었던 이 미술관은 1836년에 개관했으며 일요일에는 무료입장을 허용하고 있다.

고, 이러한 방식으로 수집된 문화재는 교화나 정치적 목적을 위해 사용되었다. 19세기의 첫 10년 동안 나폴레옹이 이끈 프랑스 제국은 나폴레옹전쟁(1803~1815)에 휘말렸다. 나폴레옹의 야망이 노골적으로 드러나기 시작한 것은 1804년 유럽 군주국들이 영국을 중심으로 제3차 대프랑스 동맹을 맺으면서부터였다. 프랑스군을 이끈 나폴레옹은 그 동맹에 대항해 한때 유럽의 대부분을 정복했을 뿐만 아니라 이집트까지 진출했다. 이 정복전쟁 속에서 무분별하게 문화재를 약탈하고 전리품을 수집했으며, 국립박물관이 제국주의의 선전과 식민지배를 정당화하는 책임을 맡았다.

산업혁명에 힘입어 산업, 과학, 기술이 발전하면서 시민들의 삶 또한 향상되었고, 그러한 발전적 결과물을 소개하고 정보와 아이디어를 공유하기 위해 19세기부터 영국, 프랑스, 스페인, 러시아 등 유럽 각지에서 박람회가 성행했다.[26] 또한 이 시기부터 유럽국가들은 박람회 개최를 통해 제국의 위상을 경쟁적으로 드러냈다.[27] 특히 19세기 중엽 영국은 산업화에 따른 사회혼란에서 벗어나 번영의 시대로 접어들었고, 식민지 경영을 통해 정치, 경제, 사회, 문화 등 전 영역에 걸쳐 유럽에서 우위를 차지했다. 이 시기 영국은 세계의 유일한 공업국으로서 산업혁명을 기점으로 전 세계 공업제품의 40%를 생산했으며, 런던 또한 세계무역 및 금융 중심지로서 입지를 군혔다. 이때 새로이 등장한 산업자본가인 신흥 부호들은 절대왕정시대 국왕과 귀족들이 주도했던 예술작품 수집에 높은

---

26 박람회의 전통적 형태는 장시(場市, fair)다. 장시의 역사는 인류 역사만큼이나 오래되었다. 구약 에스더서에는 페르시아 왕 크세르크세스가 성도(聖都) 수산 성에서 180일간 대규모 장터를 열었다는 기록이 보인다.

27 산업박람회를 좀 더 활성화하고 이를 정치적으로 이용한 나라는 오히려 프랑스였다. 나폴레옹 집권기에 전국 규모의 박람회를 기획한 이래, 프랑스에서는 5년마다 전국 산업박람회가 열리고 있다.

관심을 보였으며, 크리스티Christie나 소더비Sotheby와 같은 경매상도 이와 같은 배경에서 탄생했다.

최초의 산업박람회는 1756~1757년 왕립기술협회Royal Society of Arts가 영국의 기술진흥을 위해 개최했는데, 홍보 부족 때문에 전국 규모로 발전하지 못했다. 한 가지 흥미로운 것은 만국박람회가 외견상으로는 '박람회 왕립위원회Royal Commission for the Great Exhibition of 1851'를 비롯해 국가가 주도하는 형식을 갖추었으면서도, 그 구체적인 준비 과정은 처음부터 끝까지 자원주의voluntarism 전통에 의거해 진행되었다는 점이다. 박람회 왕실위원회는 박람회 개최를 위해 수정궁Crystal Palace을 건축했으며, 전시내용은 근대산업 및 공업기술과 디자인에 초점을 두었다.[28] 박람회는 영국인들의 열광적인 관심 속에 대단한 성공을 거두었다. 역사가들은 박람회가 빅토리아시대의 찬란한 성과이자 '평화와 진보와 번영'을 상징했다고 표현한다.[29] 최초의 산업국가 영국이 '세계의 공장'으로서의 자신감과 나아가 자유주의의 전범을 과시함으로써 '가장 강력하고 진보한 국가의 위상'을 확인하려는 시도였다(G. M. Trevelyan, 1937: 295). 다른 한편으로 박람회는 빅토리아시대 사회적 안정을 나타내는 '국내 평화의 연출 무대'이기도 했다(G. M. Young, 1977: 69).

깁스 스미스C. H. Gibbs-Smith(1981)에 의하면, 그해 5월 1일부터 10월 11일까지 박람회 관람객은 총 603만 9,195명이었는데, 이는 당시 영국 인구의 20%에 이르는 엄청난 숫자였다. 또한 빅토리아 여왕은 박람회장

---

28 사람들은 유리와 철제 골조로만 이루어진 박람회장을 '수정궁'이라 불렀다. 수정궁이라는 표현은 박람회장을 짓던 1850년 11월 한 신문에서 처음 나타났고, 그 후 박람회장을 가리키는 말로 널리 쓰였다. 또한 수정궁은 영국 산업 문명의 승리를 상징하고 입헌군주국 브리튼을 연상시키는 신비로운 분위기로 연출되었다.

29 이 대회의 공식명칭은 '세계산업물산 대박람회(The Great Exhibition of the Works of Industry of All Nations)'다.

을 15차례 방문했고, 박람회가 열린 수정궁에 9만 명의 관람객이 몰린 적도 있었다. 런던박람회는 그 명칭 그대로 영국과 해외 식민지, 유럽과 아시아의 여러 나라들이 공식 참가한 국제박람회의 효시였다. 뿐만 아니라 빅토리아앤드앨버트박물관Victoria and Albert Museum과 더불어 사우스켄싱턴박물관South Kensington Museum의 전신인 제조업박물관Museum of Manufactures(1852)의 설립을 촉진했으며, 일부 전시물이 박물관으로 흡수되었다.

알렉산더E. P. Alexander(1983)에 의하면, 산업화에 적극적으로 대처하고 이와 관련된 문제점들을 해결하기 위해 건립된 사우스켄싱턴박물관은 사무실, 박물관, 학교가 함께 어우러진 복합문화공간으로서 1899년부터 빅토리아앤드앨버트박물관으로 이름이 바뀌었다. 사우스켄싱턴박물관은 여러 측면에서 새로운 시도를 많이 했다. 최초로 디자인과 산업예술을 포괄적으로 다루었을 뿐 아니라, 더 많은 사람들의 방문을 유도하기 위해 저녁 시간까지 문을 열었다. 그러나 사우스켄싱턴박물관이 이전 박물관들과 구별되는 가장 중요한 특징은 디자인 감상 수업을 비롯해 다양한 교육프로그램을 운영해 대중교육을 공식적으로 내세운 최초의 박물관이라는 점이다. 대중교육을 목표로 삼은 사우스켄싱턴박물관은 당시 영국이 직면한 문제들을 해결하는 데 박물관을 적극적으로 이용하려고 노력했다.

한편 제국주의에 대해 사우스켄싱턴박물관은 직접적인 지지를 표명하지는 않았지만 전시를 통해 영국인들에게 제국을 생생하게 전달하는 역할을 했다. 세계 각지에서 수집된 작품들이 전시된 사우스켄싱턴박물관은 영국과 식민지의 권력관계나 이해관계를 가시화했다. 이처럼 사우스켄싱턴박물관은 영국을 중심으로 한 세계관을 재현함으로써, 영국인들의 자부심을 높이고 제국의 영광에 대한 시민의 관심을 통합하는 데 기여했다. 하지만 사우스켄싱턴박물관의 사회·교육적 기능에 대한 개념은 1870년대 미국 박물관의 설립뿐만 아니라, 미술과 산업을 연결시키고자 했던 보스턴과 매사추세츠 주의 교육프로그램에도 영향을 미쳤다. 예컨대 메트로폴리탄미술관은 사우스켄싱턴박물관의 철학과 모델을 답습했으며, 대다수 미국 박물관들은 사회적 문제점을 박물관 교육을 통해 치유할 수 있다는 사우스켄싱턴박물관의 사회·교육적 이념에 공감했다(정현경, 2002: 21).

앞서 살펴본 바와 같이 계몽주의와 시민혁명이 근대 박물관의 제도화에 지대한 영향을 미친 것은 사실이지만, 산업혁명에 따른 부의 축적 및 자본주의의 발달, 중산층의 성장도 박물관을 보편화하고 대중화하는 데 적지 않은 역할을 했다. 실제로 자본주의적 생산양식은 대중문화의 제도적 기반과 민주적 문화의 물적 토대를 구축하는 데 지대한 영향을 미쳤다. 이러한 사실은 자본주의 경제체제가 확립된 유럽과 미국에서 자본주의가 고도로 발전하던 시기에 다수의 박물관이 설립되었다는 사실을 통해 입증된다.

소장품의 다양화

19~20세기에 이르러 박물관 활동의 가장 혁신적인 변화로 전문박물관의 형성을 들 수 있다. 19세기 이전의 박물관은 대부분 종합박물관과 같은 특성을 지니고 있었으나, 19세기 이후 과학의 진보에 따른 수집품의 증대와 분류·정리가 이루어지면서, 과학박물관과 같은 전문박물관이 설립된다. 박물관이 과학 분야에 관심을 갖기 시작한 것은 1800년에 근접한 때로, 1799년에 설립된 파리의 이공학박물관Science Museum이 이에 해당한다. 인류학과 고고학에 대한 관심도 19세기 들어 증가했는데, 1807년 덴마크의 고고학자 톰슨Christian Jürgensen Thomsen이 세운 고고학

박물관이 대표 사례라고 할 수 있다. 인류학, 과학, 기술에 대한 관심과 함께 대중이 이용하는 사회·교육적 기능의 박물관 개념과 체계적인 소장품 관리, 전시체계도 이 시기에 발전했다.

미술관은 1800년대 중반에 들어 회화작품을 유파에 따라 진열하기 시작했다. 1781년 빈의 한 미술관이 그림을 유파에 따라 연대기 순으로 전시한 사례가 있었으나, 이러한 접근 방식은 1880년대 파리의 클루니 박물관Musée de Cluny이 소장품을 체계적으로 분류하기 전까지는 매우 드문 경우였다(G. E. Burcaw, 2001: 36). 19세기 박물관 사업의 또 다른 특징은 신흥도시가 번영의 힘을 과시하려는 목적으로 박물관 설립에 나섰다는 점이다. 런던국립미술관, 맨체스터시립미술관이 대표적인 사례다. 이러한 박물관의 특징은 건물에 장식과 기교가 많고 화려하다는 것이다. 그러나 한편으로 당시 독일의 힐트 교수는 박물관 건물의 불필요한 장식을 제거하고 효과적인 조명 연출을 해야 한다며 과학적 접근 방식의 필요성을 강조했다.

멘시Peter van Mensch(2004)에 의하면, 19세기 말(1880~1920), 박물관과 관련된 지식과 전문성을 개발해야 한다는 요구가 증가했는데, 이 시기에 '첫 번째 박물관 혁명'이 발생했다. 박물관학에서 주요한 성장이 이루어지면서 1889년 영국에 박물관 전문인력과 관련된 국가전문기관인 박물관협회the Museum Association가 창립되고, 프랑스에서는 1882년 루브르학교Ecole du Louvre가 문을 열었으며, 독일 베를린에서는 1888년 보존연구소Rathgen Forschungslabor가 설립되고 세계 최초의 박물관 전문학술지 〈박물관학과 고대미술Zeitschrift für Museologie und Antiquitätenkunde〉이 출판되었다.

공공박물관의 형성과정과 발전은 유럽과 미국에서 다소 상이한 양상으로 발전했다. 유럽에서는 지배계급과 정부의 도구로서 자국의 문화를 기념하기 위해 박물관이 설립되었다. 또한 개인 소장품이 국가나 공공기관에 기증되면서 국가 주도 아래 중앙집권 방식의 박물관 건립이 활성화되었다. 예를 들어, 대영박물관은 박물관령에 힘입어 슬론 경이 정부에 기증한 개인 소장품을 기반으로 설립되었으며, 프랑스에서는 박물관 대부분이 혁명정부의 관습을 답습하고 중앙집권적 정치 구조 속에서 설립목적부터 관리상 세세한 원칙들이 국가의 정책과 동일선상에서 이루어졌다. 반면에 미국에서는 개개인과 가족, 지역사회가 지역사회의 전통을 보전하고 지역주민을 계몽하면서 그들에게 위락과 즐거움을 제공하려는 목적으로 설립되었다(Kotler N. & Kotler P., 2005: 15). 예컨대 예술작품 애호가나 수집가 또는 개인재단 등 민간차원에서 박물관을 설립했으며, 일반 대중에게 봉사한다는 설립취지를 명시화함으로써 소장품 증가와 대중 접근성이 동시에 균형을 이루며 발전했다.

미국 최초의 박물관은 1773년에 사우스캐롤라이나 찰스턴에 설립된 찰스턴박물관the Charleston Museum이다. 이 박물관은 대영박물관의 설립에 영감을 받아 찰스턴도서관협회에 의해 설립되었으며, 사우스캐롤라이나 지역의 자연·문화와 자연과 관련된 소장품을 보유하고 있어서 지역이나 도시 박물관적인 특성을 지닌다. 1780~1800년의 초기 박물관들은 새로운 시민정신을 고양한다는 취지 아래 상류 계층의 주도로 설립되었다. 이들은 자신의 이상과 이익 추구를 위해 민주주의 실천, 사회질서, 시민의 의무 등과 같은 사회가 요구하는 덕목을 교육하는 수단으로 박물관을 인식했다. 앞서 언급한 바와 같이, 대다수 미국 박물관들은 사우스켄싱턴박물관의 사회·교육적 이념에 공감했기 때문에 결과적으로 박물관의 사회·교육 기능에 높은 비중을 두었다.

미국의 박물관 건립에 미친 또 다른 외부 환경요인으로는 프랑스혁명을 들 수 있다. 혁명 이후, 미국 사회에서도 보수세력이 쇠퇴함에 따라 의사, 변호사, 상인 등의 중산층이 부상했고, 이들은 박물관을 통합적인 교육체계를 실현할 수 있는 제도로 보았다. 결과적으로 미국에 설립된 박물관은 여러 사상가의 영향으로 이루어졌다. 1780년대 필라델피아에 미술관과 자연사박물관을 설립한 필Charles Willson Peale, 스미스소니언협회Smithsonian Institution의 구드George Brown Goode, 뉴왁박물관Newark Museum 의 다나John Cotton Dana, 브루클린박물관의 유츠Philip Youtz, 메트로폴리탄 미술관 관장을 지낸 테일러Francis Henry Taylor 등이 이에 해당한다(Kotler N. & Kotler P., 2005: 15). 이 가운데 필은 일반 시민에게 교육기회를 주려는 목적으로 박물관을 설립했는데, 근로자에게 박물관의 지적 즐거움을 제공한다는 취지로 주중에 제한적으로 야간개장을 실시했다.

워싱턴 DC에 교육재단을 설립해 인류의 지식증진과 보급을 위해 사용해달라는 유언을 남긴 영국인 과학자 스미슨James Smithson의 유산과 수집품은 미국의 가장 중요한 문화·과학적 자산인 스미스소니언협회의 주춧돌이 되었다. 스미슨은 1829년 사망 당시 약 55만 달러의 유산을 남겼으며, 1846년에 미국 의회는 그의 유증을 수용하고 관련 법령을 통해 스미스소니언협회의 설립을 인준했다. 1858년에 문을 열었으며, 현재 총 1억 4,000만 점의 소장품을 보유한 19개의 박물관, 9개의 연구소, 20개의 도서관과 함께 상근 직원 6,100명, 자원봉사자 7,000명이 근무하는 세계 최대 규모의 박물관단지로 발전했다.[30]

스미스소니언박물관의 초대 관장 구드는 박물관이 대중에게 봉사하

---

30 스미스소니언협회는 국립동물원을 포함해, 아프리칸미술관, 항공우주박물관, 아프리카계 미국인 역사문화박물관, 미국미술관, 미국역사박물관, 아메리칸인디언박물관, 아나코스티아 커뮤니티박물관, 예술과 산업 빌딩, 프리어미술관, 허시온박물관과 조각공원, 자연사박물관, 초상화미술관, 우편박물관, 렌윅미술관, 새클러미술관 등 19개의 박물관과 미술관으로 구성되어 있다. 또한 뉴욕에는 아메리칸인디언박물관과 휴잇국립디자인박물관이 있다.

고 뚜렷한 교육 목적을 가져야 한다고 주장했으며, 비형식적인 학습 공간이라는 철학 아래, 대중을 위해 라벨과 패널 등 다양한 설명문을 부착했다. 구드는 이렇게 말했다. "민주주의 국가에서 미래의 바람직한 박물관은 전문직 종사자와 여가를 즐기는 사람뿐만 아니라 기술자, 공장장, 노동자 심지어는 세일즈맨의 요구사항에도 부응해야 한다. (…) 어떠한 박물관도 배움의 장이라는 역할에 충실하지 않으면 발전할 수 없다(Kotler N. & Kotler P., 2005: 15, 재인용)."

롤린스Karin Elizabeth Rawlins와 호우Winifred E. Howe는 1870년대를 미국 박물관 형성 역사의 '전환기'라고 표현했는데, 이는 이 시기에 다수의 박물관 설립되었기 때문이다(정현경, 2002: 26, 재인용). 이러한 발전의 이면에는 남북전쟁으로 인한 경제구조의 변화, 사회적 진보, 보편적 교육의 중요성 증대, 산업자본가 계층의 부각 및 문화에 대한 후원, 박람회 개최 등이 작용했다. 특히 1876년 필라델피아의 미국독립 100주년 기념 대박람회the Centennial Exposition in Philadelphia와 1851년 런던 대박람회Great Exhibition는 박물관 사업을 크게 촉진해 뉴욕의 자연사박물관the American Museum of Natural History, 메트로폴리탄미술관the Metropolitan Museum of Art, 보스턴미술관Boston Museum of Fine Arts 등의 설립에 동기를 제공했다. 또한 시카고박람회(1883)와 미국 신대륙 발견 400주년 기념 박람회(1893)는 자연사박물관인 필드박물관the Field Museum을 탄생시켰다. 더글러스 알랜Douglas Allan에 의하면, 정부가 엄청난 재정지원을 한 박람회를 마친 후에 귀중한 예술작품을 무작정 방치하는 것에 대한 자구책으로 박물관이 설립되었다(G. E. Burcaw, 1997: 27, 재인용).

이 가운데 메트로폴리탄미술관은 1866년 파리에서 미국 독립기념일을 축하하기 위해 모인 미국인들의 회합에서 설립이 제안되어 1870년에 개관했다가 1880년에 현재 위치인 5번가로 이전했다. 이 미술관의 가장 큰 특징은 국가나 정부기관이 아닌 민간이 주도해 설립했다는 점이다. 또한 구입과 기증을 통해 소장품을 적극적으로 늘려나갔으며, 개관 2년 뒤인 1872년부터는 성인을 위한 강좌를 개설했다.[31]

이 시기에 설립된 박물관 대부분은 일반 대중의 지식개발을 돕는 시민의 교육기관이라는 위상을 갖추면서 교육프로그램을 제공했다. 박물관이 학생 교육, 일반 대중의 지식개발, 전문가 연구 등 교육에 기여하는 바가 크다는 인식이 확산되었다. 대중의 시대로 접어들면서 소수의 특정 계층을 위한 박물관의 이념은 사회구성원에게 인정받아야 한다는 '공공성'을 부각하며 대중 친화적인 박물관의 모습으로 변모한다. 아울러 자연과학 발달, 인류의 기원에 관한 생물학, 인류학, 고고학 등의 연구가 활발해지면서 그에 발맞추어 박물관 건립이 급증했다.

미국의 박물관과 경제공황

미국 내 설립된 박물관의 역할에 유의미한 변화가 생긴 것은 경제공황에 기인한다. 1929년 뉴욕 증시의 폭락과 함께 시작된 경제대공황은 경제 위기로 악화되었으며, 1932년에 선출된 루스벨트Theodore Roosevelt 대통령의 뉴딜정책은 문화예술 영역에도 적지 않은 변화를 가져왔다. 첫 번째, 실업자와 관련된 정책을 추진하면서 미국 정부가 공식적으로 예술가를 지원하는 정책과, 기관과 제도들을 지원하는 정책을 분류해서 실행했다. 두 번째, 뉴딜정책이 실행되는 과정에서 미국 사회에서 박물관 교육에 대한 관심이 커졌다. 종합하면, 정부가 예술을 지원한 목적은

---

31 현재 메트로폴리탄미술관은 회화와 조각, 사진, 공예품 등 300만 점을 소장하고 있으며, 미술관 운영과 관리는 평의원회(Board of Trusty)가 담당하고 있다. 창립 100주년인 1970년부터 시작된 개조 계획에 따라 미술관 규모가 크게 확장되었다. 또한 1938년에 개관한 포트 트라이언 파크의 분관 클로이스터스(The Cloisters)에서는 중세 유럽의 예술작품을 전시하고 있다.

궁극적으로 문화예술 프로그램을 개발하고 보급, 연구하기 위한 것이었고, 박물관은 정부지원을 받기 위해, 그리고 생존 전략의 일환으로서 소장에서 교육으로 역할의 중심축을 이동시켜 비공식적인 사회교육기관으로 성장해야 했다.

미국의 1930~1940년대는 자본주의와 자유민주주의에 근거한 대중사회로 옮겨가는 시기였으며, 이에 따라 막대한 재력을 배경으로 한 개인이라는 후원주체가 새로운 후원의 양상으로 본격적으로 나타났다(임정미, 2000: 3~4). 예를 들어, 록펠러Rockfellor나 굿이어Goodyears, 구겐하임Guggenheim 등 재벌기업가들이 미술품 수집에 관심을 기울이면서 국가적 차원의 예술지원에 버금가는 돈이 이익의 사회환원 차원에서 이루어졌다. 이러한 재벌들은 실제로는 예술의 보호나 육성과는 관계없이 기업의 이윤추구를 위해 예술작품의 수집에 앞장섰는데, 궁극적으로는 예술의 보호 육성, 예술의 사회적 보급, 시민교육이란 효과를 성취했다.

사실 미국은 유럽의 국가와는 달리 일관된 문화정책을 가지고 있지 않았다. 그러나 미국 연방정부는 예술작품을 구입하는 개인이나 법인에게 세제혜택을 줌으로써 간접적으로 문화와 예술의 발전을 유도했다. 이러한 현상으로 인해, 1945년 이후 정부 주도의 후원과 사립재단의 후원에 힘입어 많은 박물관이 형성되고, 지원금을 제공하는 직접적인 지원과 판매와 전시, 비평 활동을 통한 간접적인 지원이 동시에 이루어졌다. 1950~1960년대 미국의 박물관 증가 추이는 괄목할 만하다. 1876년에 약 200개였던 미국의 박물관 수는 1919년에 600개, 1940년에 2,500개, 1965년에 5,000개로 늘었으며, 1974년에는 약 7,000개로 집계되었는데, 이 수치는 평균 30년마다 3배 증가한 것이다(G. E. Burcaw, 2001: 45).

경제대공황기 이후 미국의 박물관은 그 공간적 차단으로 인해 예술작품은 진행 중인 역사와 무관한 것이며, 상품가치가 있는 것이고 미적 소비재라는 왜곡을 심화시킨다는 비판을 받았다. 이는 동시대 예술관이나 미학에 대한 무관심으로 해석될 수 있으며, 최근까지 그 맥락이 이어지고 있다. 이에 박물관에 현실적인 의미를 부여하고자 동시대 작품에 더 많은 관심을 가져야 한다는 움직임이 활발하게 진행되었다. 1929년 뉴욕현대미술관Museum of Modern Art, 1931년 휘트니미술관Whitney Museum of American Art, 1937년 구겐하임미술관Guggenheim Museum, 1941년 워싱턴 DC의 국립미술관National Gallery of Art이 이러한 배경에서 신흥재벌의 후원으로 건립되었다. 이러한 박물관들은 개인 소장자가 보유한 소장품을 기부하는 방법으로 설립되었으며, 19세기 말 이후의 작품들이 주를 이루어 현대미술을 일반에 알리는 데 기여했다.

이 가운데 구겐하임미술관은 철강계 기업가인 벤저민 구겐하임Benjamin Guggenheim이 1912년 타이타닉호 침몰로 사망한 이후, 상속녀인 페기 구겐하임Peggy Guggenheim이 막대한 유산으로 세계의 예술작품을 수집하면서 설립의 기틀을 마련했다. 당대 최고의 건축가 프랭크 로이드 라이트Frank Lloyd Wright가 디자인과 설계를 맡아 1959년 개관했으며, 미국의 3대 미술관으로 꼽힌다. 구겐하임미술관은 세잔, 드가, 고갱, 마네, 피카소, 로트렉, 고흐 등 프랑스를 중심으로 활동한 화가들의 작품과 피카소의 초기 작품, 클레, 샤갈 등의 작품을 보유하고 있으며, 특히 칸딘스키의 작품을 전 세계에서 가장 많이 보유한 미술관으로 명성이 높다.

어린이박물관 설립

미국에서 전문박물관 형성에 가장 두드러진 현상은 어린이박물관 설립이다. 1899년 미국 브루클린에 존 듀이John Dewey의 교육이념 '체험학습learning by doing'을 행동으로 실천한 브루클린어린이박물관Brooklyn Children's Museum이 선구자로서 자리매김을 한 후,[32] 1913년 보스턴어린이

박물관Boston Children's Museum, 1917년 디트로이트어린이박물관the Detroit Children's Museum, 1925년 인디애나폴리스어린이박물관the Children's Museum of Indianapolis, 1927년 코네티컷 웨스트 하트퍼드의 어린이박물관the Children's Museum, 1930년 덜루스어린이박물관the Duluth Children's Museum, 그리고 1976년에는 포트디스커버리Port Discovery와 플리즈터치박물관Please Touch Museum이 연이어 개관했다.

미국으로부터 어린이박물관에 대한 개념이 확산됨에 따라 1978년 유럽 최초로 브뤼셀에 어린이박물관Le Musée des Enfants이 설립되었고, 1992년 영국의 유레카국립어린이박물관EUREKA The National Children's Museum과 1994년 오스트리아의 줌어린이박물관ZOOM Children's Museum이 그 뒤를 이었다.[33] 필리핀에서는 1994년 뮤제오팜바타the Museo Pambata가 설립되고, 베네수엘라에서는 카라카스어린이박물관the Children's Museum of Caracas이 설립되었다. 우리나라에서는 삼성문화재단에 의해 1995년 삼성어린이박물관이 개관했다.

어린이박물관협의회Association of Children's Museums에 의하면, 현재 22개 나라에 341개의 어린이박물관이 있으며, 이 가운데 23%는 최근에 개관했다. 2005년 통계에 따르면, 미국의 경우 1975년에는 어린이박물관 수가 38개에 불과했으나, 1976~1990년에 80개, 1990~2005년에 130개가

---

32 세계 최초의 어린이박물관인 브루클린어린이박물관이 1899년 개관할 당시 큐레이터는 "즐거운 휴양지이자 정보의 안내소"라고 박물관을 표현했다. 설립 초기 도서관도 개관해 매일 400~500명이 이용했으며, 아울러 도시 아동들에게 자연을 학습할 수 있는 기회를 제공하기 위해 자연사 표본 기증품과 프랑스에서 가져온 체험식 식물모형 전시도 기획했다. 이 박물관은 시대의 변화와 아동학습에 대한 연구 성과를 신속히 반영했으며, 가족들이 아이들과 함께 즐기며 배울 수 있는 안전하면서도 지적이고 흥미로운 장소로 인식될 수 있도록 많은 노력을 기울였다.

33 영국 웨스트 요크셔 지방에 위치한 유레카국립어린이박물관은 경험과 상호작용을 통한 박물관 구성과 교육 철학을 기반으로 전시물뿐만 아니라 로고, 심볼, 티켓, 안내표지판, 시설에 이르기까지 아동의 시각으로 박물관을 운영하고 있다. 또한 필라델피아 메모리얼 홀에 건립된 플리즈터치박물관은 'fun, playful, creative, nurturing, unique'를 목표로 하는 대표적인 어린이박물관에 해당한다.

신설되었고, 현재 약 80개 정도가 개관을 준비하고 있다. 또한 어린이박물관협의회의 2007년 자료에 의하면, 당해 연도 관람객이 3,000만 명에 이르렀다.

어린이박물관의 양적 성장은 박물관 전시 및 교육부문뿐만 아니라 주제 영역별 교육영역 및 아동교육 등 교육영역 전반에 걸쳐 실험적이며 혁신적인 새로운 방법론의 적용과 발전을 가능케 했다. 어린이박물관과 기존 박물관의 가장 큰 차이점은 바로 체험식 전시기법hands-on이다. 관람 과정에서 자발적인 학습동기가 생긴다는 데 그 가치가 있다. 이러한 상호작용과 직접체험을 통해 습득된 관람경험은 학습에 활용될 수 있는 지식 형태로 저장되고, 설령 즉각 지식으로 전환되지 않더라도 시간이 흐르면서 자신이 가진 기존 지식과 결합된다. 관람 과정에서의 자발성은 학습자의 감성과 잠재력을 발현시키는 촉매 역할을 한다. 또한 창의성 존중, 열린 교육, 개방형 교육, 자기주도적 학습, 자유로운 커뮤니케이션, 사회성 증진 등 최근 관심을 받고 있는 교육목표를 구현하기에 적합한 학습환경이라는 평가를 받고 있다.

어린이박물관은 소장품 영역에 따라 구분되기보다는 전시매체의 특성에 따라 구분된다. 부연하면, 어떤 소장품으로 이루어지고 무엇을 연구해 전시하느냐에 따라 결정되는 것이 아니라 주체적 대상에 의해 정의되는 박물관이다. 어린이박물관의 출발은 어린이가 성인과 다른 사고를 가지고 있다는 구성주의 철학자들의 이론을 바탕으로 한다. 전시를 눈으로만 감상하는 관람 방식에서 벗어나 직접 손으로 만져보고, 귀로 들어보고, 온몸으로 체험하며 느낌으로써 전시물의 의미를 이해한다. 전시매체뿐만 아니라 해석 매체의 경우, 설명문의 분량은 짧고 쉽게, 활자의 크기는 읽기 쉽도록 크게 제작하고, 그 위치 또한 어린이 눈높이에 맞게 부착한다. 이와 같은 전시물의 매체적 특성은 참여participatory와 상호작용interactive이라는 개념으로 확장되었으며, 1969년 샌프란시스코의 익스플로라토리움Exploratorium과 같은 체험형 박물관의 기반을 마련하는 데 핵심이 되었다.[34]

2. 한국 박물관의 역사

우리나라 경우, 박물관의 기능적 흔적은 삼국시대에 기원을 두고 있다. 《삼국사기三國史記》 '신라 진평왕眞平王 43년조'에 의하면, 당 황제가 신라에서 간 견당사遣唐使(당唐의 건국 이후 삼국, 특히 신라에서 당나라에 보낸 사신)에 대한 답례사를 보내면서 조서와 함께 병풍과 비단을 보냈다는 기사가 나온다. 또한 '성덕왕聖德王 32년조'에는 중국 황제가 신라 왕에게 보낸 선물 등에 대한 사의를 표하는 말 가운데 "사람에게 보여 모두가 경탄했다"는 내용이 보인다. 또한 '백제본기 제3진사왕조辰斯王條'에는 "왕 7년 정월 궁실을 중수하여 못을 파고 동산을 갖추어 기금이훼奇禽異卉를 길렀다"는 기록이 있고, '동성왕조東城王條'에는 "왕 22년 임류각臨流閣을 궁궐 동쪽에 일으켜 못을 파고 기금이훼를 길렀다"는 기록이 있다(문화관광부, 1997: 6~7). 이것은 초기 단계의 수집과 보관 기능을 갖춘 시설을 만들어 여러 사람에게 보여주기도 했던 것으로 해석된다.

---

34 익스플로라토리움은 1969년 프랭크 오펜하이머(Frank Oppenheimer)에 의해 설립되었으며, 일상생활과 연관된 과학 체험을 통해 과학적 원리와 현상을 자연스럽게 습득할 수 있는 체험형 과학박물관이다. 이 기관은 "세계의 여러 진기한 현상과 많은 과학적 진리에 호기심을 품은 사람들에게 혁신적인 환경과 프로그램, 여러 도구를 통해 이해하고 좀 더 발전적인 사고를 형성하게 하는 것"을 목표로 설립되었다. 과학뿐만 아니라 예술과 인류 등 다양한 분야와 관련된 1,000점 이상의 참여형 전시물이 설치되어 있다. 또한 과학 교사의 전문성을 심화하기 위한 연수프로그램과 교수학습 자료제공 등 학교와 연계된 교육적 기능에 주력하며, 타 박물관과의 세계적 교류도 추진하고 있다.

이와 유사한 내용은 《삼국유사三國遺事》에도 있다. '기이紀異 제1연오랑세오녀조延烏郎細烏女條'에는 "신라 해안에 살던 이들이 동해를 건너 어디론가 가버린 뒤 신라에서는 태양이 빛을 잃어 이들을 도로 데려오려 했으나 이미 바다 건너에 왕국을 건설했으므로, 왕비가 된 세오녀의 비단을 가져다 하늘에 제사하여 다시 태양이 빛났으므로 이것을 어고御庫에 보관하고 그곳을 귀비고貴妃庫라 했다"는 기록이 있다(문화관광부, 1997: 6~7). 이 밖에도 "만파식적萬波息笛을 월성 내 천존고天尊庫에 보관"했다는 기록 등은 고대의 보물관이나 보고의 존재를 말해주는 것이다. 비슷한 시기에 일본의 쇼소원正倉院이 일본 황실의 보고로 기능해 아마도 두 기관이 매우 비슷한 성격을 지녔던 것으로 추정된다. 이후 통일신라시대의 대표적 유적인 경주의 안압지에서는 고대 정원庭苑의 전형으로 동물의 우리, 동물에게 물을 먹인 욕조浴槽 등이 발굴되었고, 인근 지역에서 호랑이 뼈, 곰 뼈 등이 발견됨에 따라 동물원이 있었을 가능성이 확인되었다.

중국 송나라 사신 서긍徐兢(1091~1153)이 1123년, 고려 개경에 한 달간 다녀간 뒤 쓴 《선화봉사고려도경宣和奉使高麗圖經》 '궁전조宮殿條'를 보면 "궁궐 안 장화전長和殿의 행랑에 나라의 보물을 보관하고 경비를 엄하게 했으며, 태평정太平亭에는 태자의 편액을 걸고 명화이과名花異果와 진완지물珍玩之物을 나열했다"는 기록이 있다. 또한 의종 19년에는 진완서화珍玩書畵를 수집했고 20년에는 진기한 물건들을 진열했다고 하며, 예종 16년에는 보문각寶文閣과 청연각淸燕閣에 각각 서화를 보관했을 뿐 아니라 송에서 보낸 서화를 선시宣示했다고 전해진다. 여기서 '선시宣示'는 진열을 의미한다.

한편 조선시대에는 태조의 옛집이 있던 함흥의 경흥전慶興殿에 사립絲笠·일월원경日月圓鏡·궁조장전弓韜長箭 등을 소장했으며, 상의원尙衣院은 왕의 의대 및 궁중의 재화와 금보 등의 보물과 귀중한 물품을 공궤하는 일을 관장한 관서로 알려져 있다(정현경, 2002: 43, 재인용).

우리나라에서 박물관에 대한 인식은 개항과 더불어 점차적으로 싹텄으나, 일본 주도 아래 있었다. 하계훈(2008)에 의하면, 이러한 인식은 19세기 말 개화파 인사들을 중심으로, 일본과 미국 등 외국문물에 대한 긍정적 관심과 수용적 태도를 갖게 되면서 생겨났다. 박물관이라는 용어가 처음 등장한 것은 강화도조약 이후 1876년에 일본에 수신사로 파견되었던 김기수가 《일동기유日東記遊》(1877)[35]와 《수신사일기修信使日記》(1876)[36]에서 일본의 박물관을 언급하면서부터다. 강민기(2002)에 의하면, 《수신사일기》에는 박물관에서 '고금의 기이한 물건'과 동식물 등의 '살아있는 것'을 관람했다는 대목이 나오며, 《일동기유》에는 '박물원博物院'에서 본 여러 물건들에 대한 언급이 있다. 이후 1881년에 일본에 파견되었던 소위 신사유람단紳士遊覽團이라고 불렸던 조사시찰단이 당시 동경에서 개최되었던 제2회 '내국권업박람회內國勸業博覽會'와 박물관을 견학하고 쓴 보고서에서 박물관의 기능과 관련법규를 자세히 소개했다(서원주, 2013: 50). 또한 1882년에는 민영익과 홍영식 등이 미국 워싱턴에 외교관으로 부임하면서 스미스소니언박물관을 관람했다는 기록이 남아 있다(강민기, 2002·하계훈, 2008). 이러한 기록과 사실을 근거로 추정해보면 앞서 언급한 바

---

35 《일동기유》는 1876년(고종 13) 강화도조약이 체결된 뒤 수신사로 처음 일본에 다녀온 김기수(金綺秀)가 메이지유신(明治維新) 이후 발전한 일본의 문물을 시찰하고 기록한 책이다. 이 책은 김기수가 일본에 갔다온 사명과 일본의 정치·경제·문화·사회 상태를 기록한 것으로, 근세 한일외교사의 연구에 중요한 자료일 뿐 아니라, 메이지유신 직후의 일본을 연구하는 데 귀중한 자료다. 이 책의 내용은 4권으로, 1권에 사회(事會)·차견(差遣)·수솔(隨率)·행구(行具)·상략(商略)·별리(別離)·음청(陰晴)·헐숙(歇宿)·승선(乘船)·정박(停泊)·유관(留館)·행례(行禮)가, 2권에는 완상(玩賞)·결식(結識)·연음(燕飮)·문답이 실려 있다. 3권에는 궁실·성곽·인물·속상(俗尙)·정법(政法)·규조(規條)·학술·기예·물산이, 4권에는 문사(文事)·귀조(歸朝)·환조(還朝)·후서(後敍)가 수록되어 있다.

36 수신사(修信使)는 1876년 이후 조선에서 일본에 파견한 외교 사절이다. 1876년 강화도조약 체결 이전까지 일본에 파견한 사절을 '통신사'로 불렀는데, 조선과 일본의 관계가 바뀌면서 '수신사'로 명칭이 바뀌었다. '통신사'가 문물을 주는 입장이라면, '수신사'는 문물을 받는 입장을 고려한 이름이다. 수신사는 1876년부터 1882년까지 3차에 걸쳐 파견되었으며, 《수신사일기》는 김기수와 김홍집이 일본의 문물을 돌아본 것을 기록한 기행문으로, 개항 이후 조선의 외교 관계를 이해하는 데 중요한 자료이다.

와 같이, 이 시기부터 계몽사상을 지향하는 개화파 인사들을 중심으로 박물관에 대한 관심이 점차 확대되었다는 것을 알 수 있다.

우리나라 박물관 설립의 특성은 유럽의 계몽주의시대의 박물관 설립과 관련성이 전혀 없어 보이지는 않는다. 예컨대 특정 계층의 소유였던 소장품을 시민들에게 제공했다는 '공공성을 지닌 개방' 측면에서는 유사하지만 그 정황적 측면에서는 실제로 큰 차이가 있다. 서양에서는 왕실·귀족·신흥 부호 등의 지배 계층이 자율적으로 소장품을 개방한 반면, 우리나라는 일제의 강압에 의해 그리고 교화라는 목적을 위해 타율적으로 박물관이 설립되었다. 서성록(1998)은 근대개화기라는 정치·사회적 한계와 박물관 형성의 관련성을 지적했다. 강제로 국제사회로 편입하게 된 조선이라는 국가가 국제사회에서 부여받은 지위도 예속적이며 종속적이었다. 또한 불평등 조약인 을사늑약으로 인해 국권은 침탈당하고 국제무대에서 정당한 시민권을 행사할 수도 없었다. 근대국가 형성기에 식민지가 된 상황에서 우리나라는 박물관 설립의 주체가 될 수 없었고, 일제가 선정한 유물을 전시함으로써 그들의 의도에 따라 박물관의 정체성과 방향성이 조정될 수밖에 없었다.

우리나라 최초 근대박물관

우리나라 최초의 근대박물관은 1909년에 개관한 제실박물관帝室博物館이다. 1907년 경운궁에서 즉위한 순종이 창덕궁으로 이어移御한 후, 창경궁의 전각에 동물원·식물원·박물관을 설립해서 1909년에 일반인에게 공개했다. 1912년에 발행된《이왕가박물관 소장품 사진첩》서문에서 궁내부 차관이었던 고미야 미호노마쓰小宮三保松가 밝힌 바에 의하면, 순종 황제가 이어할 창덕궁 수선 공사를 돌아보던 중에 내각 총리대신 이완용과 궁내부 대신 이윤용에게 창경궁에 동물원·식물원·박물관의 건립을 제의해 착수되었다.[37] 이를 위해 1908년에는 동물원·식물원·박물관 사업의 관장부국인 어원사무국御苑事務局을 설치하고 불상·도자기·서화·회화 등을 구입했으며, 명정전 등 창경궁 내의 건조물을 보수·정비해 진열관으로 이용했다. 《승정원일기》(융희 2년, 1908)에 의하면, 1908년 3월 7일 시모고리야마 세이이치下郡山誠一를 주임 대우로 박물관 조사 사무를 맡긴 것이 박물관 사무의 시작이었다. 이어 5월 29일에 스에마쓰 구마히코末松態彦를 주임 대우로 동물원·식물원·박물관 서무 및 회계를 맡겼으며, 6월 18일 유한용을 판임 대우로, 7월 15일에 야야베 시게루野野部茂에게 박물관 사무를 맡겼다. 한편 유한성이 운영하던 동물원의 동물을 매입하고 식물원 운영은 일본인의 주도로 추진되었다.

박물관 사업을 완료한 후, 순종 황제와 이토 히로부미伊藤博文 통감 등이 박물관을 관람했다. 이후, 공사 중에 순종이 일반 개방을 명령함으로써 일반 관람이 허용되었다(목수현, 2000·차문성, 2008). 제실박물관의 설립경위와 목적은 정확히 알려지지 않고 있다. 이왕직李王職 사무관이었던 스에마쓰 구마히코末松態彦는 그 설립목적을 "이왕가李王家 일가에 취미를 제공함과 더불어, 조선의 고미술을 보호·수집하고자" 궁내부 차관 고미야 미호노마쓰에게 건의했다고 한다. 이에 대해 이구열(1993)은 이토 히로부미에게 문화적 침략 계획의 의도를 받은 이완용이 계획·실행한 음모였다고 주장한다.

당해 연도 1월 〈대한매일신보〉에는 "궁내부에서 본 연도부터 제실박물관, 동물원과 식물원을 설치할 계획으로 목하에 조사하는 중"이라는

---

37 고미야 미호노마쓰의 회고에 의하면, 당시 내각 총리대신 이완용과 궁내부 대신 이윤용이 "황제께서 무료해하실 것을 달래 드릴 오락이 없겠는가"라고 물어, 동·식물원과 박물관 창설을 제의하고 계획의 대략을 설명하니 크게 기뻐하면서 찬성했다고 한다. 이러한 관점에서 본다면 박물관은 순종의 무료함을 달래주려는 목적으로 설립되었다고 말할 수 있다.

기사가 실렸으며, 1908년 2월 〈황성신문〉에는 "제실박물관을 설립한다함은 이미 보도했거니와 그 목적인즉 국내 고래의 각도, 고미술품과 현세계에 문명적 기관 진품을 수취, 공람케 하여 국민의 지식을 계몽케 함이라더라"라는 기사가 게재되었다(서원주, 2013: 51, 재인용). 1909년 11월 〈대한민보〉 기사에 의하면, 동물원·식물원·박물관에서 일반인들의 관람을 허락했는데 그 입장료는 어른 10전, 아이 5전이었다(윤병화, 2013: 13~14, 재인용).

제실박물관은 이왕가박물관李王家博物館·창경궁어원박물관昌慶宮御苑博物館·창경원박물관昌慶苑博物館·이왕직박물관李王職博物館 등 다양한 명칭이 사용되었다. 박물관의 공식명칭이 없었으므로, 당시 공식 기록인《승정원일기》나《순종실록》에는 단순히 '박물관'으로만 쓰여 있다. 박물관 설립을 보도한 1908년 1월 9일자 〈대한매일신보〉에는 제실박물관으로 적혀 있다. 사실 제실박물관이라는 명칭은 일본의 것을 차용한 것으로 일본 박물관의 경우 관리부서가 변경될 때마다 문부성박물관, 내무성박물관 등으로 명칭이 바뀌다가 1889년에는 일본 제국의 역사와 문화를 뒷받침하는 기관으로서 정체성을 내세우기 위해 제국박물관으로 개칭했다. 이왕가박물관이라는 명칭은《이왕가박물관 소장품 사진첩》(1912)에서부터 공식화된 것으로 보인다.

1910년 8월까지 비록 우리나라 국호는 '대한제국'이었지만 조선을 합병한 일본이 일본 황실 안에 조선의 왕계를 편입해 일본 황실보다 격이 낮은 여러 왕가 중 하나로 붙인 칭호가 '이왕가'였다. 한일합병을 알리는 일본 천황의 조서를 실은《순종실록》부록의 1910년 8월 29일자 기사에 "전 한국 황제를 책봉하여 왕으로 하고 창덕궁 이왕이라 칭하니"라는 문구가 있다. 따라서 이왕가박물관이라는 명칭은 일본 통치자의 입장에서 부른 것이다. 왕실은 일본 황실의 아래격인 왕가의 하나로 취급되었기 때문에 이왕가는 총독부 산하가 아니라 일본 궁내성 관할이 되었다. 그러나 이왕직이 형식상으로는 일본 궁내성 관할 아래 있었어도 이왕직 장관 등 이왕직 직원의 임명과 징계에 관한 건이 조선 총독의 관할 아래 이루어졌으므로, 이왕직은 실질적으로는 총독부의 통제를 받았다.

1911년 전시기능 강화를 위해 창경궁 자경전에 박물관 본관을 2층으로 신축했는데, 그 구조는 일본풍의 기와로 만든 2층 건물이었다. 1·2층 중앙에는 홀이 있어 좌우로 여섯 개의 전시실이 마련되어 신라·고려·조선의 불상과 고분 출토품, 고려 자기 등을 전시했고, 양화당·영춘헌·관경정 등의 전각에는 조선왕실의 의장기儀仗旗·석기·토기·금속기·옥석·서화 등을 전시했다. 1912년에는 이왕가박물관의 본관 건물이 낙성되고 당시 소장품이 1만 2,230점으로 집계되었다. 소장품은 불상·금공·석공·목조·칠기·자수 및 직물·도기·유리·회화 등으로, 그 중심은 도자기와 회화였다. 1938년 덕수궁에 이왕가미술관이 창설됨과 동시에 장서각으로 계승되었으나, 이후 철거를 둘러싸고 의견이 엇갈리다가 1992년에 해체되었다.

1909년 3월 퇴위한 고종은 덕수궁(경운궁)에 업무를 보기 위한 편전과 침전을 마련하고 고관대작과 외국 사신들이 선물한 진귀한 물품을

---

38 덕수궁(德壽宮)은 조선 후기부터 대한제국 시기를 거치는 동안 경운궁(慶運宮)으로 불렸다. 경운궁은 임진왜란으로 의주까지 피난했던 선조가 이듬해인 1593년에 돌아와 머무른 곳이다. 이후 광해군이 즉위해 1611년 창덕궁으로 이어(移御)하면서 경운궁이라는 이름을 갖게 되었다. 1623년 인조반정에 의해 광해군이 축출되고, 인조는 경운궁에 머물던 인목대비를 찾아가 왕위 계승 절차를 밟고 즉조당에서 즉위식을 거행했다. 인조의 즉위는 왕위 계승의 전통이 바뀐 것이었고, 후계 왕들에게 경운궁은 자신들의 왕계가 시작된 곳이어서 기념비적인 곳이다. 또한 경운궁은 조선 왕조 최대의 전란이었던 임진왜란을 극복하고 왕조 부흥의 기틀을 마련한 곳이기도 하다. 특히 외세 침탈 속에서 국가의 자주권을 수호해 재도약의 틀을 마련하기 위해 고심했던 고종에게는 각별한 의미가 있었다. 이러한 이유로, 고종은 아관파천 이후 경운궁을 정궁으로 삼아 1897년 이곳에서 대한제국을 선포하고 자주 국가를 내세웠다.

보관하기 위해 석조전을 건립했다.[38] 한국에서 가장 오래된 신고전주의 양식의 석조건물인 석조전은 우리나라의 전통적인 목조건축과 서양식 석조건축을 융합해 기둥 윗부분은 이오니아식, 실내는 로코코풍으로 장식했다. 이 건물은 당시 총세무사로 일했던 영국인 브라운J. M. Brown에 의해 건설계획이 발의되었고, 하딩J. R. Harding이 설계를 맡아 1900~1909년에 지었다. 석조전 동관은 3층으로 1층은 거실, 2층은 접견실 및 홀, 3층은 황제와 황후의 침실·거실·욕실 등으로 이루어졌다. 서관은 동관이 완공되고 27년 뒤인 1937년 이왕직박물관李王職博物館으로 개관했으며, 이는 미술관으로 사용하기 위해 지어진 우리나라 최초의 건축물이다.

조선총독부는 1933년 5월에 석조전을 미술품 전시가 가능하도록 개수한다는 계획을 발표했고, 1933년 10월 1일에 덕수궁을 개방했다. 이어 정전인 중화전도 내부 입장과 참관을 가능케 했으며, 더욱이 석조전 동관에 근대 미술품과 조선왕실이 소장한 조선고화를 진열할 것이라고 고지했다. 총독부박물관은 고고미술 계통의 박물관에서 출발했다. 이러한 특성은 식민지 통치 명분이나 체계적인 발굴조사와 무관하지 않다. 한사군 지배와 관련된 평양 지역과 '임나일본부설任那日本府說'과 관련된 가야 지역 고분에 대한 집중적인 발굴조사는 조선강점을 정당화하기 위한 일종의 기호와 같은 의미를 지닌다. 결과적으로 식민지 상황에서 발굴 주체와 방법, 유물에 대한 해석 방법은 당시 설립된 박물관의 성격, 역할, 전시내용에 직접적인 영향력을 미쳤다.

이왕가박물관이 덕수궁으로 옮겨지는 과정에서 삼국시대 이래의 조각·공예품·도자·회화와 조선 출토 중국 도자기 등의 미술품이 선별되었고, 이후 두 전시관이 합쳐져 이왕가미술관이 되었다. 1933~1943년에는 '이왕가 덕수궁 일본 미술품 전시'가 열렸는데, 이 전시에는 메이지

明治 초기 이래의 일본회화 및 조각공예의 근대작품이 진열되었다. 전시목적은 조선인의 미술의식을 높이고 근대예술을 접하게 함으로써 풍부한 생활을 영위하도록 한다는 것이었다. 그러나 본래 석조전에 전시하기로 한 미술품은 근대 일본 미술품이 아니라 조선왕실의 소장품이었기 때문에, 조선인들은 오히려 일본에 대한 불신감만 더욱 커졌다.

이왕가미술관은 구조나 시설 측면에서 미술관의 기능을 다할 수 있도록 8개의 전시실과 수장고, 강당 등을 갖춘 우리나라 최초의 미술관이다. 이후 1946년에 덕수궁미술관으로 개편되었다가 1969년 5월 국립박물관에 통합되었다. 1950년 한국전쟁이 발발하면서 덕수궁미술관의 주요 소장품은 부산으로 옮겨져, '제1회 현대미술 작가 초대전'과 '이조회화 초대전' 등으로 기획되었다. 1953년 환도 후에는 미술관과 박물관이 경복궁으로 이전했으나, 경복궁을 구舊황실관리총국에 넘겨주고 덕수궁미술관은 남산에 있는 민족박물관 자리로 이관했다.

조선총독부박물관은 1915년 경복궁에서 개최한 산업박람인 '시정오년기념 조선물산공진회'의 결과물로 세워진 박물관이다. 당시 조선총독부는 조선신궁朝鮮神宮과 조선총독부 신청사 건립계획을 갖고 있었고, 이를 위해 부지 확보가 필요했다. 좋은 위치와 넓은 공간을 보유한 경복궁에서 대규모 박람회 행사를 개최하면서 궁내의 많은 전각을 훼손했다. 일본에 의한 공간의 재조직화는 그 장소에 새겨진 왕실 권력을 무기력하게 만들었다. 조선총독부는 이 행사를 개최하기 위해 근정전 동쪽에 미술관을 세우고 회화·조각·불상·서적·공예 등 조선의 고미술과 고고자료를 전시했다.

조선물산공진회에는 160만 명의 관람객이 찾았으며, 식민지로 전락한 조선의 근대모습과 일본의 지배권력을 조선인들에게 각인시키고, 열등한 조선문화와 일본 자본주의를 학습하는 장소로 활용되었다. 이러한 목적을 위해 전시는 본질적으로 역사성과 문화성이 결여된 상태로 재현되었고, 비교전시를 통해 현실의 정치와 문화를 상대화했으며, 조선총독부의 지배담론과 효율성을 과시하는 공간으로서의 목적에 충실했다(김인덕, 2011). 특히 조선물산공진회 포스터는 식민지 조선의 현실을 극명하게 보여준다. 포스터에는 경복궁 경회루 실루엣과 서구 양식주의 건축의 공진회장을 배경으로 조선의 기생이 전면에 세워졌다. 전근대의 상징으로 사용된 경복궁의 경회루와 식민 경영의 성과를 과시하는 근대적 모습의 전시회장, 그리고 어깨춤을 추는 조선 기생의 모습은 식민 통치 아래 조선의 현실을 희화적으로 재현했다.

공진회를 마치고 이듬해 미술관은 총독부박물관으로 사용되었는데, 이 박물관은 대륙문화와 일본문화의 관계를 조명하는 데 목적을 두었다. 서양식 2층 석조건물로 지어진 조선총독부박물관은 정면에 석단기둥을 세우고, 내부는 중앙의 큰 홀을 중심으로 좌우 2방씩 모두 6방으로 나누어 전시실을 구성했다. 총독부박물관이 간행한 〈박물관약안내〉(1931)에 의하면, 조선총독부박물관 설립목적은 '조선총독부가 실시한 고적조사에 의해 수집되고 정리된 확실한 자료를 진열하여 반도 2000년의 문화를 분명히 하는 것'이었다.[39] 이에 조선총독부박물관은 행정조직상 학무국學務局 사회과社會課의 한 분과에 소속되었으며, 지배와 동화同化 이데올로기의 생산을 담당하는 권력이며 정치도구이자 국민교육의 장이 되었다. 결과적으로 박물관의 정치적 특성과 조선총독부의 통치 이데올로기가 전시를 통해 재현되었고, 그 핵심은 고대의 한국과 일본 문화의 동질성을 찾아내고 강화하는 데 초점이 맞춰졌다.

---

39 1916년에 조선총독부는 '고적과 유물 보존 규칙'을 발표하고 일본에서는 처음으로 고적에 대한 단속·보존·조사의 강목을 규정하는 등 조선총독부박물관의 설립과 더불어 고적 조사 사업의 법제상 정비 및 사업의 본격적인 조직화를 진행했다.

1923년 조선총독부박물관의 전시는 조선물산공진회의 1층 전시내용을 옮겨 중앙 홀에는 경주남산약사불, 석굴암부조 등을 전시하고 동실에는 고기물, 서실에는 각종 미술품을 전시했다. 본관 전시 또한 조선물산공진회의 내용에 조금 변화를 주어 본관 1층 동실에 낙랑·대방 등에서 발굴된 유물, 조선시대의 유물과 회화 및 벽화 등을 전시했는데, 이 중 가장 관심을 쏟은 전시실은 '삼국시대 고분 출토품'과 '낙랑·대방군 시대 유물' 두 전시실이었다. 김인덕(2011)에 의하면, 중국 유물 19%, 조선시대 4.5%, 나머지 석기시대, 금석병용기시대, 삼국시대, 고려시대 76%로 시대별 전시 유물이 구성되었다.

최석영(1999)은 전시 유물의 시대별·문화적 점유율에 대한 몇 가지 시사점을 다음과 같이 설명했다.

첫 번째, 중국 유물의 비율이 19%를 차지하는 것은 한국문화의 형성과정에서 타율적인 측면이 존재한다는 사실을 강조함으로써, 일제의 식민지통치에 대한 역사적 타당성을 보여주고 있다.[40] 두 번째, 조선시대 유물의 비율이 낮은 것은 그 시대의 문화적 비약성이나 사회·정치적 결함 등을 드러냄으로써 조선이 식민지로 전락할 수밖에 없었다는 작위적인 논리를 유도하는 것이다. 세 번째, 전체 유물 가운데 삼국시대 관련 유물의 비율이 높은 것은 고대의 한일문화 교류역사를 재현함으로써, 당시의 지배-피지배 관계의 부당성에 대한 인식을 의도적으로 둔감하게 만들려고 했다. 불교 관련 유물의 비중이 34.5%를 차지하고 있는 것도 불교문화의 동질성이나 유사성을 제시함으로

---

40 김인기(2011)에 의하면, 중국의 한대(漢代) 문화가 조선과 일본에 영향을 미쳤고 이러한 측면에서 "반도 문화에서 가장 의미 있는 시대"라고 왜곡된 역사 규정을 보편화했으며, 이는 일제의 조선에 대한 우월주의를 나타내는 동시에 그것을 유지하기 위해 저지른 문화 파괴 행위였다(p.72).

써, 양국 간 문화교류를 역사적으로 제시하고자 했다. 특히 삼국시대의 유물 일부에 대해서는 일본에서 발굴된 유물과의 유사성을 설명해줌으로써 조선총독부가 주창하고 있던 '동화assimilation'주의에 대한 인식의 틀을 형성했다. 마지막으로 예술적이거나 시각적 가치가 높은 유물을 전시함으로써, 유물을 역사적 맥락으로부터 분리시켜 관람객들이 이데올로기적인 측면보다는 미적 감상에 몰입하도록 유도했다(pp. 114~120).

조선총독부박물관은 일제강점기에 지방분관을 지휘·감독하는 중앙박물관으로서의 역할을 수행했고, 1926년 6월 20일에 경주분관, 1939년 4월 1일에 부여분관을 개관했다. 해방 이후에는 국립박물관(1945~1953년), 구舊황실재산관리사무국(1955~1970년, 1961년에 문화재관리국으로 개칭), 학술원과 예술원(1971~1987년), 전통공예관(1988~1995년)으로 사용되었다.

지방박물관의 형성을 살펴보면, 1910년 경주 시민에 의해 출발한 경주신라회는 1913년 경주고적보존회로 정식 발족하고, 경주시 동부동에 있던 옛 객사 건물에 박물관을 개설하고 신라문물을 전시해 박물관으로서 기능하기 시작했다. 1921년 가을, 고분에서 금관이 출토되어 금관총이라 불렸는데, 금관을 비롯한 화려한 금제유물이 드러나면서 경주는 나라 안팎에서 관심을 끌게 되었다. 금관총 조사를 계기로 경주 시민은 금관고를 지어 보존과 전시를 동시에 할 수 있도록 서울로의 반출을 금지했다. 1926년에는 총독부박물관의 분관으로 편입되었고, 1925년에 당시 일본 왕이 성혼 25주년을 기념해 과학박물관 건립에 착수해, 왜성대에 있던 총독부 청사가 새 청사로 옮겨갔다. 그러자 그 자리에 과학박물관을 세워 1927년 일반에 공개했다.

부여에서는 1929년 부여고적보존회가 발족하면서 백제관을 유물 전시관으로 사용하다가 1939년 총독부박물관의 분관이 되었다. 한편 1934년에는 공주에서 공주고적보존회가 발족해 1940년 옛 관아인 선화당을 옮겨 공주읍박물관을 운영했다. 그리고 개성에서는 개성부립박물관(1931)이 고려시대 유물을 중심으로, 평양에서는 평양부립박물관(1933)이 고구려와 낙랑시대를 중심으로 개관했다. 또한 1940년 11월 조선총독부 시정기념관施政紀念館이 개관했다가 1946년에 국립민족박물관으로 개편된다.

우리나라 최초 사립박물관

우리나라 최초의 사립박물관은 일제강점기인 1938년 전형필이 세운 보화각葆華閣에서 출발했다. 보화각은 전형필 자신이 수집한 우리나라의 전적 및 서화·회화·도자기·불상 등의 고미술품과 국학자료를 전시하기 위해 지은 건물로서, 건축가 박길룡이 설계를 맡았다. 1971년부터 간송미술관澗松美術館이라는 이름 아래 10월 겸재전謙齋展을 시작으로 전시회를 개최했고 현재까지 해마다 2회에 걸쳐 특별기획전을 열고 있다. 또한 한국민족미술연구소韓國民族美術研究所를 운영하며 〈간송문화 澗松文華〉를 발간해서 한국미술사를 이끌어가는 데 선구자 역할을 하고 있다.

국립박물관은 광복과 함께 경복궁 내 조선총독부박물관을 인수해 동년 12월 3일 개관했다. 이때 경주박물관·부여박물관·공주박물관이 국립박물관 분관으로 편재되었고, 1946년에는 개성부립박물관이 국립박물관 개성분관으로 편재되었다. 1909년에 설립된 제실박물관은 1911년 이왕가박물관, 1938년 이왕가미술관, 광복 이후인 1946년에 덕수궁미술관으로 각각 개편되었다가 1969년 5월 국립박물관에 통합되었다. 1950년 한국전쟁의 발발로 국립박물관 소장품은 부산 광복동 사무실로 분산되었다. 1950년 12월에는 서울 남산에 있던 국립민족박물관이 남산

분관으로 통합되고, 1951년부터 광주·부여·공주의 3개 분관이 개관해 정상적인 운영을 재개했다. 1953년 환도 후에는 경복궁 철수 명령으로 남산으로 이전하고 구청사를 구황실재산사무총국에 이관했다. 한국전쟁이 끝난 1953년에 경복궁으로 복귀했다가, 그해 10월에 남산 민족박물관 자리로 이전해 1954년에 개관했다. 1954년 11월에 덕수궁 석조전으로 재이전해서 1955년에 개관했다. 또한 1955년에는 남산분관에서 덕수궁 석조전으로 이전 개관했으며, 1969년에 덕수궁미술관과의 통합이 이루어졌다. 1957~1959년에는 워싱턴 등 미국 8개 도시에서 최초로 해외순회전시인 '한국국보전Masterpieces from Korean art'이 열렸다. 국립박물관에서 국립중앙박물관으로 명칭이 변경된 것은 1972년이며, 이때 직제도 개편되었다. 1979년에는 국립광주박물관이 문을 열었고, 국립민속박물관이 국립중앙박물관 직제로 흡수되었다. 국립진주박물관(1984)·국립전주박물관(1990)·국립대구박물관(1994)·국립김해박물관(1998)·국립제주박물관(2001)·국립춘천박물관(2002)·국립나주박물관(2013) 등 1980년부터 현재까지 본격적으로 지방박물관의 건립이 활성화되었다. 1986년에는 국립중앙박물관이 구 중앙청으로 이전하면서 그 산하에 7개의 지방박물관을 갖추고, 역사·미술·민속 분야로 본격적인 활동을 시작해 수집·보존·조사·연구·전시·교육 등의 사업을 추진하게 된다. 1996년에는 현재의 국립고궁박물관 자리로 이전·개관했다가, 2005년 10월 28일에 용산에 건물을 신축해 이전·개관했다.

민속학자 송석하는 일제의 민족말살정책과 서구문화의 침투에 의해 점차 사라져가는 우리 민속을 보존하고자 민속자료를 조사·수집해 1945년에 서울시 중구 예장동 2번지에 국립민족박물관을 설립하고, 이듬해 개관했다. 이후 1950년에 국립박물관에 흡수·통합되었으며, 1966년에는 문화재관리국 소속으로 편입되어 경복궁 내 수정전에서 한국민속관으로 개관했다. 1975년에는 한국민속박물관으로 개칭하고, 문화재 관리국 소속에서 국립중앙박물관 소속 국립민속박물관으로, 1992년에 국립중앙박물관 소속에서 문화부 1소속 국립민속박물관으로 직제가 개편되었다. 2009년에는 국립박물관으로는 최초로 어린이박물관이 국립민속박물관 제2차 소속기관으로 신설되었다가 2010년에 폐지된 후, 어린이박물관과가 신설되었다.

1908년에 창경궁에 마련되었던 제실박물관은 해방 이후 1946년에 덕수궁미술관으로 개칭했으며, 1969년에 국립박물관으로 통합·개편되었다. 이후 1992년에 덕수궁사무소가 궁중유물전시관으로 확대·개편되면서 궁중유물전시관이 신설되었다. 2004년에 조선왕실역사박물관추진단이 발족함에 따라 2005년에 국립고궁박물관이라는 명칭으로 개관했으며, 현재 조선과 대한제국시대의 왕실복식 및 생활관련 유물 4만여 점을 소장·전시하고 있다.

이왕가미술관은 해방 이후 문화재관리국 산하 덕수궁미술관으로 운영되어오다가 1969년에 국립박물관에 통합되었다. 1969년 경복궁에서 개관한 국립현대미술관은 이후 1973년 덕수궁 석조전 동관으로 이전했다가 1986년 현재의 과천 부지에 국제적 규모의 시설과 야외 조각장을 겸비한 미술관을 완공·개관했다. 1998년에는 서울 도심에 위치한 덕수궁 석조전 서관을 국립현대미술관 분관인 덕수궁미술관으로 개관해 근대미술관으로서 특화된 역할을 수행하고 있다. 현재 국립현대미술관은 과천관(1986)·덕수궁관(1998)·서울관(2013)에 이어 2015년에 개관될 청주관 등 4개 관의 유기적인 활동 체계를 확립하고 있고, 각각의 미술관은 기능과 소장품 측면에서 차별화 전략을 지니고 있다.

예컨대 과천관은 건축·디자인·공예 등 다양한 시각예술 장르를 광범위하게 다루고 있으며, 덕수궁관은 국내외 근대미술관으로서 특화된 역할을 수행하고 있다.

국립현대미술관이 내세운 도심화 전략의 일환으로 2013년에 설립된 서울관은 국군기무사령부가 있던 소격동에 전시실을 비롯한 프로젝트 갤러리·영화관·다목적 홀 등 복합시설을 갖추었다. 이 미술관은 동시대 미술에 집중하면서 다양한 미술관 활동으로 우리 국민뿐만 아니라 국내거주 외국인, 외국 관광객에게 한국의 과거·현재·미래의 문화적 가치를 전달하며 문화 브랜드를 높일 수 있는 문화허브로서의 역할을 담당하고 있다.[41] 2016년 완공을 준비하고 있는 청주관은 국립 미술품 수장·보존센터로서 2만여 점의 작품을 수용할 수 있는 수장고 및 국내 최고의 보존·수복 센터를 갖춤과 동시에, 복합 예술·과학·인문학을 비롯한 다양한 학문이 현대미술과 소통할 수 있는 융합의 장으로 기대를 모으고 있다.

---

41 우리나라로 유입되는 외국 관광객의 약 80%가 방문하는 장소가 경복궁 일대와 인사동이다. 내외국인 포함, 하루 약 4만 명으로 추산되는 이들은 우리의 전통문화·현대예술·문화관광 등 수준 높은 콘텐츠를 요구하고 있어서 서울관은 이러한 요구에 적절히 부응할 수 있다는 평가를 받고 있다. 또한 현재 청계천·종로·을지로(시청 포함)의 가로축 관광 동선과 경복궁에서 세종로·인사동 등의 세로축 동선이 외국 관광객이 가장 집중하고 있는 동선이다. 이 지역 중심에 기무사 부지가 위치해 도심관광의 시작과 출발이 가능한 완충기능을 할 것으로 전망하고 있다.

5장

박물관과 관람객

1. 한국 박물관 운영현황

1970년대 이후 국립박물관들이 지방으로 확장되고 공립·사립·대학 박
물관의 설립에 힘입어, 그 수효가 크게 증가했다. 2011년 나라지표에 의
하면, 등록박물관과 미술관은 총 911관에 이른다. 박물관의 경우, 국립박
물관, 등록박물관과 미등록박물관을 합해 총 801관이 운영되고 있으며,
미술관(171)은 박물관(740) 수치의 1/4를 차지하는 수준에 머물고 있다.[42]
2005년과 2012년의 수치를 비교하면, 등록박물관과 등록미술관은 거의
2배 이상의 유사한 증가율을 나타내지만, 박물관이 미술관에 비해 4배
이상 수적으로 우세한 현상은 동일하게 유지되고 있다. 특히 2012년의

---

42 2004년 전국 문화기반시설 최소기준수립 연구(한국문화관광정책연구원)보고서에 따르면 OECD 주요
국가박물관 현황과 국내 지역별 인구와 면적당 적정 기관 산출 기준에 근거해 박물관·미술관 확충의
최소 기준을 1001관으로 정하고, 각 시·도별로 적정 기관수를 제시했다. 그러나 박물관 인프라 확충 정
책과 함께 이미 운영 중인 박물관의 운영 활성화 방안에 대한 지원정책을 병행실시하는 것이 타당하
다고 판단해, 2012년까지 900관을 목표로 설정했다(인구 5.3만 명당 1개관 수준).

경우, 박물관은 716관으로 집계되었는데, 이 수치는 전년 대비 22관 증가했고, 미술관은 173관으로 집계되어 27관의 증가 추이를 보였다. 또한 미등록박물관과 등록박물관의 비율은 대학박물관(25:90)과 사립박물관(82:262) 모두에서 동일하게 30% 이상을 차지했다.

연도	국립(A)	등록박물관				미등록박물관			총계 (D) =
		공립	사립	대학	소계(B)	사립	대학	소계(C)	(A)+(B)+(C)
2011	30	312	262	90	664	82	25	107	801

		2006	2007	2008	2009	2010	2011	2012
박물관	계	399	511	579	630	655	694	740
	1관당 인구 (명)	122,800	93,933	83,949	77,376	77,123	72,046	67,573
	국립	30	27	27	29	30	30	32
	공립	134	225	255	282	289	312	326
	사립	163	180	215	234	251	262	287
	대학	72	79	82	85	85	90	95
미술관	계	92	115	128	131	141	146	171
	1관당 인구 (명)	532,609	417,391	379,740	372,115	358,267	326,797	292,421
	국립	1	1	1	1	1	1	1
	공립	18	24	27	25	27	28	39
	사립	70	87	97	100	108	110	124
	대학	3	3	3	5	5	7	7

〈표 5-1〉 박물관 현황(2011.12.31 기준, 출처: e-나라지표)43

---

43 상기 박물관 통계는 국립·공립박물관 및 등록 사립·대학 박물관만 포함하며, 과학관육성법 제1조(목적)의 규정에 의거 건립된 과학관은 제외되었다. 공립박물관 수에는 미등록박물관도 포함되었다.

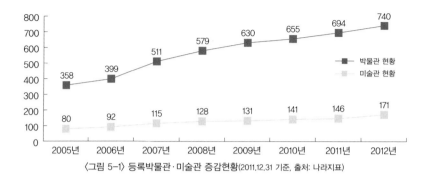

〈그림 5-1〉 등록박물관·미술관 증감현황(2011.12.31 기준, 출처: 나라지표)

또한 시·도별 총 박물관 수를 비교해보면, 서울시에 국립박물관이 편중되긴 했지만 박물관 총계는 경기도(144)·경상도(128)·서울시(117)·충청도(97)·강원도(78)·전라도(71) 순으로 나타나 서울시보다 경기도와 경상도에서 더 많은 박물관이 운영되고 있음을 알 수 있다. 이와 같은 지방박물관의 양적증가는 1996년부터 국가균형발전계획의 일환으로 문화기반시설 확충을 위한 지방자치단체의 공립박물관 건립사업을 지원(건립비의 40%)한 것에 대한 효과로 해석할 수 있다. 또한 사립박물관과 미술관에 대한 세제 및 행정상 인센티브를 제공함으로써 박물관의 양적증대를 유도했다.[44]

(단위: 억 원)

구분	2001까지	2002	2003	2004	2005	2006	2007	2008	2009
국고 지원액	64	32	53	40.5	50.5	50.5	30.9	45.5	31.4

〈표 5-2〉 공립미술관 건립 국고지원 현황(출처: e-나라지표)

---

44 1987년 부산시립박물관을 시작으로 광주시립박물관·인천시립박물관·서울시립미술관·경기도박물관·광주민속박물관·제주도 민속자연사박물관이 개관했다. 그즈음에 대학박물관도 여럿 설립되었다. 1934년 고려대의 전신인 보성전문학교가 민속자료를 중심으로 문화유산을 수집하고 전시하면서 대학박물관의 효시가 되었고, 1935년 이화여자전문학교박물관, 1941년에는 경성제국대학박물관이 설립되었다. 1961년 5월5일에는 한국대학박물관협회가 조직되었는데, 이때 18개 대학이 가입해 발족했다.

시도명	국립 (A)	등록박물관				미등록박물관			총계 (D) = (A)+(B)+(C)
		공립 (미등록포함)	사립	대학	소계 (B)	사립	대학	소계 (C)	
서울시	10	10	63	23	96	7	4	11	117
경기도	2	53	53	11	117	22	3	25	144
강원도	2	41	21	5	67	9		9	78
부산시		3	3	6	12		5	5	17
인천시		11	10	1	22	2		2	24
광주시	1	4	1	2	7		1	1	9
대전시		4	6	6	16	2	1	3	19
울산시		7	1	1	9				9
대구시	1	4	5	3	12	4	3	7	20
충청북도	1	25	9	6	40	4	3	7	48
충청남도	5	21	14	3	38	3	3	6	49
전라북도	1	22	6	4	32				33
전라남도	1	26	8	2	36		1	1	38
경상북도	2	36	11	11	58	13	2	15	75
경상남도	3	30	13	5	48	2		2	53
제주도	1	15	38	1	54	13		13	68
계	30	312	262	90	664	82	25	107	801

〈표 5-3〉 시·도별 박물관 현황(2011.12.31 기준, 출처: e-나라지표)

사립박물관의 경우, 정책적으로 적극적인 등록을 유도함에 따라 1997
년에 180관에서 2011년 694관으로 10여 년간 3배 이상의 증가현상을
보이고 있다.[45] 2004년에 380관이었던 등록박물관은 2008년에는 거의
100% 이상의 성장을 보여 707관이 되었는데, 그 가운데 공립박물관이

---

45 기업박물관은 1964년에 한독약품 창립 10주년 기념으로 한독약사관(한독의약박물관)이 개관하면서 첫
선을 보였다. 1980년대 기업 내 문화재단 설립이 확산되면서 삼성문화재단이 1982년 호암미술관을 개
관했는데, 서울 중심에서 떨어져 있는 점을 고려해 시내에 호암갤러리와 함께 운영하면서 특별전시회
를 개최하고 있다. 그 밖에 온양민속박물관·태평양박물관·맥주자료관·삼성출판박물관·한국민속촌박
물관·롯데월드민속관·워커힐미술관 등이 설립되어 박물관 문화의 대중화에 기여했다. 기업박물관 외
에도 한국자수박물관·에밀레박물관·해강도자박물관·건들바우박물관·목아불교박물관·제주민속박물
관·성암고서박물관·절두산순교기념관·호림박물관 등을 비롯한 사립박물관이 다수 설립되었다.

255관으로 크게 늘어났다. 하지만 공립미술관은 2011년까지 참여정부 미술부문 공약인 '1시·도 1미술관 건립'을 목표로 사업이 추진되었으나 도서관, 박물관 등 타 문화시설에 비해 공립미술관 인프라 구축이 필요하다는 지적을 받고 있다.[46] 사립박물관 역시 2004년 126관에서 2008년 215관으로 증가했으며, 각 지자체에서 실시하고 있는 등록 절차를 거치지 않은 미등록박물관까지 포함한다면 1천여 개를 넘을 것으로 추정된다(최병식, 2010: 28).

2. 박물관과 전시, 관람객

전 세계적으로 박물관은 202개 나라에서 약 5만 5,000곳이 운영되고 있다(De Gruyter Saur, 2012). 이 박물관들은 경영주체나 봉사대상, 또는 소장품과 전시 및 교육프로그램의 규모, 관람객 유입현황 등에서 유사성과 차별성을 지니고 있다. 특히 관람객 수의 경우, 연간 1,000만에 가까운 관람객이 유입되는 박물관부터 겨우 1,000명에 이르는 박물관까지 큰 편차를 보인다. 프레이Bruno Frey(1998)는 메트로폴리탄미술관·보스턴순수미술관·국립미술관·시카고미술원·구겐하임미술관·프라도박물관·루브르박물관·예르미타시박물관·우피치미술관 등을 '슈퍼스타박물관Superstar Museum'이라고 표현했다. 이러한 박물관들의 주요특징은 인지도 높은 작가나 작품, 또는 참신한 전시기획을 통해 관람객에게 '지식의 보고'가 되고 '대중에게 과거·타인·환경과의 관계성을 보여주는

---

46 2011년 기준으로, 공립박물관은 312개관이며, 공립미술관은 공립박물관의 10%에 못 미치는 28개 관으로 집계되었다.

제시자presenters와 해석자interpreter'로서의 역할을 넘어 '반드시 관람해야 한다must-sees'는 필요성과 확신을 갖게 만든다. 그 결과, 전시는 관람객의 영혼을 고양시켜 사고와 감각의 폭을 넓히고, 기억에 남을 만한 아름답고 매혹적인 경험을 선사한다.

〈표 5-4〉는 2009~2013년 세계 랭킹 10위권에 속한 박물관의 연간

박물관명	2009	2010	2011	2012	2013
루브르박물관	8,500,000	8,500,000	8,880,000	9,720,260	9,334,435
대영박물관	5,569,981	5,842,138	5,848,534	5,575,946	6,701,036
메트로폴리탄미술관	4,891,450	5,216,988	6,004,254	6,115,881	6,226,727
영국국립미술관	4,780,030	4,954,914	5,253,216	5,163,902	6,031,574
테이트모던미술관	4,747,537	5,061,172	4,802,287	5,304,710	4,884,939
워싱턴국립미술관	4,605,606	4,775,114	4,392,252	4,200,000	4,093,070
퐁피두센터	3,530,000	3,130,000	3,613,076	3,800,000	3,745,000
오르세미술관	3,022,012	2,985,510	3,154,000	3,600,000	3,500,000
프라도미술관	2,763,094	2,732,000	2,911,767	2,911,767	2,306,966
한국국립중앙박물관	2,730,204	3,067,909	3,239,549	3,128,550	3,052,823
뉴욕현대미술관	2,672,761	3,131,238	2,814,746	2,805,659	3,066,337
중국고궁박물원			3,849,577	5,064,546	4,500,278
바티칸미술관				5,064,546	5,459,000

〈표 5-4〉 세계 주요 박물관 연간관람객 증감추이

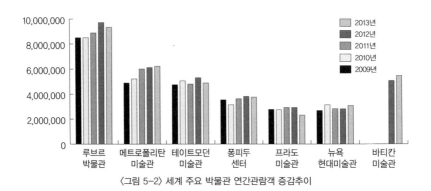

〈그림 5-2〉 세계 주요 박물관 연간관람객 증감추이

관람객 증감추이다. 이 표에서 중국고궁박물원은 2009년과 2010년에는 100대 순위 안에 포함되지 못했으며, 바티칸미술관도 2009부터 2011년까지 동일한 이유로 수치가 제공되지 않았다. 관람객 증감현황을 살펴보면, 루브르박물관은 2009년에 850만 명에서 2012년에 972만 260명으로 괄목할 만한 성장을 이루었으며, 대영박물관과 메트로폴리탄미술관도 지속적인 증가현상을 나타내고 있다. 그 밖에 영국국립미술관·테이트모던미술관·워싱턴국립미술관이 470만 명에서 600만 명 범주 안에 있어 점진적인 성장률을 나타내며, 퐁피두센터와 오르세미술관은 소폭의 증가율을 보였다. 한편 한국 국립중앙박물관은 2009년에 처음으로 세계 10위권 안으로 진입해서 2013년 현재까지 15위 안에 머물고 있고, 국립민속박물관은 2011년 235만 5,956명으로 집계되면서 16위를 차지했다.[47]

〈표 5-5〉는 아트뉴스페이퍼Art Newspaper가 집계한 2012부터 2013년까지의 블록버스터 전시현황을 총 관람객 수를 기준으로, 〈표 5-6〉은 2013년 하루 관람객 수를 기준으로 10위권 안에 포함된 전시명과 박물관명을 제시한 것이다. 특히 현대미술관MOMA의 전시 유인력attracting power이 상당히 높게 나타났는데, 이 미술관은 2007부터 2013년까지 '가장 인기 있는 전시Most Popular Exhibition' 100위 안에 포함되며 전시 횟수가 괄목할 만큼 증가하고 있다. 〈표 5-7〉을 보면 'Abstract Expressionist New York(2011, 115만 9,229명)'과 'Edvard Munch: The Scream(2013, 101만 7,146명)'는 한 전시에 100만 명이 넘는 관람객 유입이 이루어져 당

---

47 국립민속박물관에 따르면 2011년 기준, 내방 관람객 총 235만 5,956명 중 외국인 관람객이 50%를 상회하는 125만 명으로, 국립민속박물관은 국내 박물관 중 최다 외국인 관람객을 유치하고 있으며, 외국인 관람객은 매년 증가하고 있다. 2011년 실시한 고객만족도 조사에 의하면 '한국문화에 대한 관심'과 '특정 민속 전시를 보기 위해' 방문한 외국인 관람객이 61%, '관광 일정의 일부'가 39%로 나타났다.

연도	관람객 수	전시명	박물관명
12'	789,241	Golden Flashes	우피치미술관
	758,266	Masterpieces from the Mauritshuis	도쿄도미술관
	696,362	De Kooning: a Retrospective	뉴욕현대미술관
	605,586	Cindy Sherman	뉴욕현대미술관
	600,989	David Hockney RA: A Bigger Picture	영국왕립미술원
	599,332	India	브라질은행 문화센터
	586,372	Golden Age of the Rui State	상하이박물관
	540,382	Japanese Masterpieces from the AFA, Boston	도쿄 국립박물관
	494,085	Matisse: Pairs and Seried	퐁피두센터
	469,087	Print/Out:Multiplied Art in the Information Era	뉴욕현대미술관
13'	1,017,146	Edvard Munch: The Scream	뉴욕현대미술관
	1,007,062	The Western Zhou Dynasty	대만국립고궁박물관
	921,130	The Lingnan School of Painting	대만국립고궁박물관
	790,090	Dali	퐁피두센터
	732,339	Dali	레이나 소피아 국립미술센터
	655,941	Paper	사치갤러리
	612,334	Breaking the Ice: Moscow art 1960~80s	사치갤러리
	590,639	Claes Oldenburg: The Street and The Store	뉴욕현대미술관
	572,799	World of Faberge	상하이박물관
	561,142	Impressionism: Paris and Modernity	브라질은행 문화센터
	505,246	Raphael	국립서양미술관

〈표 5-5〉 2012～2013년 블록버스터 전시현황(출처: Art Newspaper)

전시회명	박물관명	하루 관람객 수 (명)
The Western Zhou Dynasty	국립고궁박물관	10,946
the Lingnan School of Painting	국립고궁박물관	10,711
Impressionism: Paris and Modernity	브라질은행 문화센터	8,099
Dali	퐁피두센터	7,364
Dali	레이나 소피아 국립미술센터	6,615
Cai Guo-Qiang: Peasant da Vincis	브라질은행 문화센터	6,409
Raphael	국립서양미술관	6,172
World of Fabergé	상하이박물관	5,967
Move Yourself Through Movies	브라질은행 문화센터	5,761
Elles: Women artists in the Pompidou	브라질은행 문화센터	5,657

〈표 5-6〉 2012~2013년 블록버스터 전시의 일일 관람현황(출처: Art Newspaper)

해 연도 최고 관람객 수를 기록한 전시에 해당한다.

우리나라에서 열린 해외전시의 관람객 유입현황을 살펴보면, 2006년에 국립중앙박물관에서 열린 '루브르박물관 전'에 52만 3,482 명,[48] 2012년에 두 번째로 개최된 '루브르 전'에 39만 35명, '오르세미술관 2007전' 47만 1,654명, '팀 버튼 전' 48만 명, '행복을 그린 화가 르누아르 전' 61만 명, 서울시립미술관에서 열린 '불멸의 화가 반 고흐 전'에 28만 명이 들어 상위 기록을 세웠다. 뒤의 〈표 5-8〉과 〈그림 5-3〉은 지앤시 미디어GNC Media가 제시한 국내에서 열렸던 해외 블록버스터 전시 관람객 유입현황이다. 우리나라 관람객들은 박물관 인지도에 비해 작가나 작품 인지도에 대한 의존도나 선호도가 높다는 것을 알 수 있다.

---

[48] 2007년 예술의전당 한가람미술관에서 개최되었던 '오르세미술관 전 – 〈만종〉과 거장들의 영혼(2007. 4. 21~9. 2)'에는 47만 명의 관람객이 방문했다.

연도	전시회명	관람객 수
2007	• Richard Serra Sculpture: 40 Years • What is Painting?	737,074 330,446
2008	• Dali: Painting and Film • Martin Puryear • Home Delivery	448,483 393,322 521,871
2009	• Joan Miró: Painting and Anti-Painting • Pipilotti Rist: Pour Your Body Out • James Ensor • Ron Arad: No Discipline • Martin Kippenberger: Problem Perspective • Marlene Dumas: Measuring Your Own Grave • Van Gogh and the Colours of the Night • Aernout Mik • Into the Sunset • In & Out of Amsterdam • León Ferrari & Mira Schendel • Artist's Choice: Vik Muniz, Rebus	377,068 391,476 379,408 347,995 305,894 266,821 436,343 323,132 256,714 261,869 202,276 205,362
2010	• The Original Copy: Photography of Sculpture • Marina Abramovic: the Artist is Present • Matisse: Radical Invention, 1913~1917 • William Kentridge: Five Themes • Henri Cartier-Bresson: the Modern Century • Tim Burton • Bauhaus 1919~1933: Workshops for Modernity • Gabriel Orozco • Rising Currents: Projects for NY's Waterfront • Monet's Water Lilies • Bruce Nauman: Days	749,638 561,471 602,524 492,196 412,379 810,511 397,101 384,269 881,520 857,386 299,963
2011	• Abstract Expressionist New York • Carlito Carvalhosa: Sum of Days • Talk to Me • German Expressionism: the Graphic Impulse • Francis Alÿa Story of Deception • Picasso: Guitars 1912~1914 • Andy Warhol: Motion Pictures • On Line: Drawing through the 20th Century • Counter Space - Small Scale, Big Change • Small Scale, Big Change	1,159,229 454,800 518,934 500,520 394,978 497,008 393,613 324,170 821,145 311,188

2012	• De Kooning: a Retrospective	696,362
	• Cindy Sherman	605,586
	• Print/Out: Multiplied Art in the Information Era	469,087
	• Sanja Ivekovic: Sweet Violence	499,479
	• Century of the Child: Growing by Design	453,107
	• New Photography 2011	450,803
	• Alighiero Boetti: Game Plan	359,155
	• Diego Rivera: Murals for MoMA	692,384
	• Ecstatic Alphabets/Heaps of Language	387,084
	• Foreclosed: Rehousing the American Dream	569,346
2013	• Edvard Munch: The Scream	1,017,146
	• Claes Oldenburg: The Street and The Store	590,630
	• Tokyo 1955~70: a New Avant Garde	407,987
	• Soundings: a Contemporary Score	331,109
	• Inventing Abstraction, 1910-25	425,577
	• Quay Brothers	546,310
	• Alina Szapocznikow	402,507
	• Ellsworth Kelly: Chatham Series	389,502
	• New Photography 2012	394,592
	• Dieter Roth	421,011
	• Wolfgang Laib	148,423
	• Artist's Choice: Trisha Donnelly	710,181
	• Hand Signals: Digits, Fists and Talons	407,386
	• 9+1 Ways of Being Political	692,569
	• Cut 'n' Paste	683,307
	• Akram Zaatari: Projects 100	295,618
	• Born Out of Necessity	627,862
	• New to the Print Collection	386,875
	• Eyes Closed/Eyes Open	309,831
	• The Shaping of New Visions	679,906
	• Abstract Generation: Now in Print	528,655
	• Bill Brandt: Shadow and Light	485,341
	• Musée de la Danse	108,271
	• Shadow Monsters	77,193

〈표 5-7〉 뉴욕현대미술관(MOMA) 전시의 관람객 유입현황(2007~2013)

전시회명(연도)	관람객 수(명)	전시회명(연도)	관람객 수(명)
반 고흐 전(2007)	820,000	르누아르 전(2009)	610,000
마르크 샤갈 전(2004)	550,000	루브르박물관 전(2006)	530,000
팀 버튼 전(2012)	480,000	오르세미술관 전(2007)	471,654
오르세미술관 전(2011)	467,263	서양미술400년 전(2004)	450,000
클로드 모네 전(2007)	400,000	반 고흐 in 파리 전(2012)	400,000
루브르박물관 전(2012)	390,035	국립퐁피두센터특별 전(2008)	387,562
오르세미술관 전(2000)	350,000	밀레의 여정 전(2002)	280,000

〈표 5-8〉 국내에서 개최된 해외 블록버스터 전시의 관람객 유입현황(2000~2012)

국립중앙박물관은 〈표 5-9〉에서 보는 바와 같이 2009년을 기점으로 전체 관람객이 20.6% 증가했으며, 2011년부터 전년 대비 증가율이 점차 감소 추세를 보이고 있다. 외국인 관람객의 경우, 2009년에 26% 늘어났다가 그 후 증가율이 둔화된 후 2012년에 전년 대비 31.5% 늘어나는 괄목할 만한 성장을 이루었다. 야간개장도 2009년에 111%라는 초유의 성장을 보였음에도, 2011년 3.9%로 증가율이 점진적으로 감소하다가 2013년 0.3%의 소폭 증가만 거두었다.

2008년 국립중앙박물관에서 열린 '한국 박물관 개관 100주년 기념 특별전 : 여민해락與民偕樂'에는 몽유도원도·천마총·천마도·훈민정음해례본·석가탑 무구정광대다라니경·강산무진도·태조 이성계 어진 등이 전시되어 관람객들의 큰 호응을 얻었다. 아트뉴스페이퍼가 실시한 2009년도 세계 박물관 관람객 수 조사결과에서, 국립중앙박물관의 '이집트문명전'과 '한국 박물관 100주년 기념 특별전'이 아시아 1위, 세계 10위를 차지했다.[49] 세계문명전 시리즈의 하나였던 '이집트문명전'은 고대유물 전시 부문 2위(44만 8,208명), '한국 박물관 100주년 기념 특별전'은 아시

---

[49] 2009년 국립중앙박물관의 관람객수는 275만 3,654명이었다.

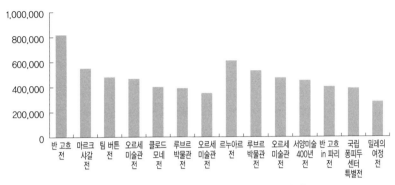

<그림 5-3> 국내에서 개최된 해외 블록버스터 전시의 관람객 유입현황(2000~2012)

연도	이용현황(증감인원/증감률)					야간개장 (증감인원 /증감률)
	합계	내국인	외국인	유료	무료	
2005	1,339,709	1,331,510	8,199	−	1,339,709	−
2006	3,287,895	3,200,749	87,146	2,288,084	999,811	8,778
2007	2,281,700	2,188,072	93,628	1,395,677	886,023	26,794
2008	2,283,425 (1,725/ 0.1%)	2,188,659 (587/ 0.03%)	94,766 (1,138/ 1.2%)	369,147 (△1,026,530/ △73.6%)	1,914,278 (1,028,255/ 116.1%)	32,184 (5,390/ 20.1%)
2009	2,753,654 (470,229/ 20.6%)	2,634,255 (445,596/ 20.4%)	119,399 (24,633/ 26.0%)	421,389 (52,242/ 14.2%)	2,332,265 (417,987/ 21.8%)	67,903 (35,719/ 111.0%)
2010	3,045,353 (291,699/ 10.6%)	2,900,053 (265,798/ 10.1%)	145,300 (25,901/ 21.7%)	480,785 (59,396/ 14.1%)	2,564,568 (232,303/ 10.0%)	89,661 (21,758/ 32.0%)
2011	3,239,549 (194,196/ 6.4%)	3,106,828 (206,775/ 7.1%)	132,721 (△12,579/ △8.7%)	322,186 (△158,599/ △33.0%)	2,917,363 (352,795/ 13.7%)	93,146 (3,485/ 3.9%)
2012	3,128,550 (△110,999/ △3.4%)	2,954,008 (△152,820/ △4.9%)	174,542 (41,821/ 31.5%)	256,732 (△65,454/ △20.3%)	2,871,818 (△45,545/ △1.6%)	87,688 (△5,458/ △5.8%)
2013	3,052,823 (△75,727/ △2.4%)	2,905,776 (△48,232/ △1.6%)	147,047 (△27,495/ △15.8%)	233,964 (△22,768/ △8.9%)	2,818,859 (△52,959/ △1.8%)	87,823 (135/ 0.2%)

<표 5-9> 국립중앙박물관 관람객 증감현황(2005~2013)

아 유물 전시부문에서 7위(10만 7,203명)에 올랐다. 2009년을 기점으로 국립중앙박물관은 다소 증감은 있지만, 300만 관람객을 유지하고 있다.

한편 국립중앙박물관의 해외순회전시는 2013년 11월부터 2014년 2월 23일까지 메트로폴리탄미술관에서 열린 '황금의 나라: 신라Silla: Korea's Golden Kingdom'전에 일일 평균 관람객이 2,000명에 달했으며, 12월 17일 기준 7만 명 이상의 관람객이 유입되었다.[50] 1981년 '한국 미술 5000년 전' 이후 최고의 한국 문화재가 선보인 이 전시에는 국보 83호 반가사유상 등 국보 10점과 보물 14점을 포함해 총 132여 점이 전시되었다. 국립중앙박물관·국립경주박물관·메트로폴리탄미술관이 5년 동안 공동으로 기획한 전시 프로젝트에 해당한다.

50 http://koreajoongangdaily.joins.com/news/article/article.aspx?aid=2982108

6장

박물관 경영

MUSEUM MANAGEMENT
AND MARKETING

1. 박물관 재원과 정체성

리플리S. Dillon Ripley(1978)는 "관람객이 넘치는 박물관은 훌륭한 박물관이다"라고 말했다. 박물관의 핵심적인 제품은 전시이고, 이 제품에 대한 관람객의 소비가 이루어지지 않는다면 결과적으로 공익을 기반으로 한 설립취지를 달성할 수 없게 된다. 리브와 울러드J. Reeve·V. Woollard(2011)는 박물관과 관람객의 관계성에 대해 다음과 같이 기술했다.

> 지난 50년 동안 박물관과 관람객의 관계에는 큰 변화가 일어났다. 1960년대에는 그 관계가 일차원적으로 매우 단순했고, 박물관은 강력하고 이의를 제기할 수 없는 권위 그 자체였다. 박물관 직원들은 일반인을 자신들과 같은 존재로 여겼다. 즉 대중도 전시물의 실제적, 상징적 의미와 그것이 지닌 사회적 가치를 잘 알고 있다고 생각했던 것이다. (…) 지난 30년 동안 일어난 가장 큰 변화는 대중 속에서 비록 박물관을 방문하지 않더라도 자신들의 욕구를 드러내고 관점을 알리고 싶어 하는 다양한 집단이 존재하고, 이 사실

을 박물관이 인정하기 시작했다는 점이다(p. 6).

관람객에 대한 박물관의 시각은 이방인stranger에서 손님guest, 고객 client으로 발전했으며, 현대 박물관에는 이러한 세 가지 유형의 관람객이 공존한다(Zahava D. Doering, 1999: 74). 관람객에 대한 박물관의 시각은 본질적으로 박물관의 기능적 발전과 밀접한 연관성이 있다. 현재까지도 박물관은 그 탄생부터 끊임없이 제기되어온 양자택일의 문제, 엘리트 계층에 봉사해야 하는가 아니면 대중과 함께 호흡해야 하는가라는 문제를 끊임없이 고민하고 있다. 고전적인 박물관은 유물 지향적이며 조사 연구 기능에 주력했고, 당시 관람객은 특정 엘리트 계층으로 제한되어 박물관은 대중에게 관심을 둘 필요가 없었다.

18세기 후반 계몽주의의 영향으로 공공박물관이 출현하면서 교육과 문화에 대한 열망과 욕구를 가지고 있던 '대중'이 관람객의 자리를 점유했다. 그러나 박물관은 '호기심의 상자box of curiosity'에 다가온 대중을 배타적인 태도로 '이방인' 취급을 했다. 포스트모더니즘적 시각에서 전통적인 박물관은 무소불위의 권위를 자랑하며 거창한 해설을 제공하면서 관람객의 행동·예술·역사·문화 등에 대한 육체적·정신적 접촉을 제어하는 억압적이고 훈육적인 기관이었다(J. Reeve·V. Woollard, 2011: 9). 19세기 박람회의 영향으로 정부 차원에서 박물관 설립에 적극적으로 개입했고, 공공봉사와 사회·교육적 기능이 강조되었다. 이에 따라 관람객에 대한 시각은 '손님'으로 도약했고, 이후 20세기 현대 박물관에서는 새로운 문화 소비주체인 '고객'으로 한 단계 발전했다.

현대 박물관은 평생교육에 대한 사회적 요구와 기대에 부응하면서, 관람객과 상당히 긴밀한 관계를 유지하고 있다. 신 박물관학New Museology의 관점에서 본다면, 박물관의 기능이 '유물 중심object-centered'에서 '지역사회 중심community-centered', 그리고 '관람객 중심visitor-centered'으로 관심 대상이 이동한 것이다. 박물관과 관람객의 관계에 변화가 생기면서 관람객뿐만 아니라 제품과 서비스로서 전시나 교육프로그램이 시장에서 거래 및 소비되는 방식에 대한 이해도 필요했다. 여기서 '시장'은 박물관이 운영되고 있는 외부환경을 의미하는데, 이 환경은 끊임없이 변화하며, 박물관을 재원money, 경쟁력power, 정체성identity과 관련된 도전과 위기의 상황으로 몰아넣었다(Stephen E. Weil, 1983). 예컨대 공공기금 지원 방식의 변화·후원자의 수적 감소·여가餘暇의 감소·소비자의 기대 상승·산업구조의 변화로 인한 여가활동의 다양성 증대·고급문화와 대중문화의 경계 모호 등은 박물관 거시 환경의 변화요인에 해당한다(Bonita M. Kolb, 2001).

현대 박물관이 직면한 문제점에 대한 고민과 논의가 활발히 진행되던 1980년대 후반, 국제박물관협의회ICOM를 중심으로 '새로운 세기, 새로운 박물관의 비전은 무엇인가'에 대한 성찰이 이루어졌다. 아래에 기술된 일곱 가지 내용을 면밀히 검토하면, 박물관을 둘러싼 다양한 변화가 재원, 경쟁력, 정체성의 강화로 귀결되고 있음을 알 수 있다.

첫째, '보존 중심'에서 '보존과 활용의 조화'로 변하고 있다. 둘째, 박물관의 초점이 '유물 중심'에서 '관람객 중심'으로 이동하고 있다. 셋째, 21세기 박물관의 활동 기준과 가치는 '공급자의 역할'에서 '이용자의 경험'에 대한 비중이 높아졌다. 넷째, 1900년대 후반부터 나타난 새로운 경향으로 박물관을 평가하는 가치 기준이 '표준화'에서 '특성화'로 전환되었다. 이와 함께 박물관의 규모를 키우기보다는 글로벌 네트워크의 형성을 통한 국제화 추세가 가속화되고 있다. 다섯째, 박물관의 공공목적을 보다 더 적극적으로 수행하기 위한 경영 합리화 방안으로 기금조성과 마케팅강화와 같은 다양한 방식의 재원조성이 요구되고 있다. 여섯째, 박물관의 인력 운영이 '학예연구원 중심'에서 '다양한 인력 간의 네트워크'로 전환되고 있다. 또한 경직적 특성이 강한 수직 조직에서 효율성을 높이기 위해 프로젝트 단위의 팀제 조직task force으로 조직에 탄력성을 발휘하고 있다. 마지막으로, 프로그램 운영 및 정보 공유 측면에서는 '오프라인 중심'이었던 홍보와 교육이 접근성을 강화해서 '온라인과 오프라인의 결합'으로 변화하고 있다(서명애·이상복, 2008).

전통적으로 박물관을 포함한 비영리적 특성을 지닌 문화예술기관은 경영 개념에 무관심했고, 영리기관과는 완전히 분리된 것으로 생각했다. 또한 박물관 전문인력들은 경영이라는 용어를 도전적이며 공격적으로 받아들였다. 박물관은 결코 상업적으로 타협할 수 없는 기관이라는 자부심을 갖고 있었기 때문에 영리기관에서 구사하는 경영을 수용할 필요가 없다는 단호한 입장을 취했다. 하지만 재원·경쟁력·정체성과 관련된 문제에 직면하면서 박물관과 전문인력들은 현실을 직시하게 되었다. 관람객뿐만 아니라 이해당사자stakeholder[51], 그리고 다른 세분 시장에 속하는 소비자를 포함한 대중을 대상으로 관람을 통해서 얻을 수 있는 편익에 대해 알려야 한다는 생각을 하게 된 것이다.

이러한 태도변화는 박물관이 공익과 사명지향적인 고유한 특성을 간과해서가 아니라, 고급문화와 대중문화의 경계를 자유롭게 왕래하면서 관람객이 박물관에 자신들의 권리나 욕구를 전달하고자 하는 양상이 나타나면서 생겨났다. 미디어와 복제기술의 발전과 함께 등장한 대중문화는 거대한 엔터테인먼트 산업으로 발전했고, 여가가 줄어든 소비자는

---

51 이해당사자란, 박물관의 목적과 운영방식에 이해관계를 갖고 있는 사람을 뜻한다.

문화 해독력이 필요한 고급문화와는 일정 거리를 유지하면서 자유롭게 대중문화 소비를 즐기며 문화예술기관에 대해 더 많은 것을 기대했다. 박물관이 경영과 마케팅·관람객 개발·커뮤니케이션과 상업 부문 등 시장 지향적인 활동에 더욱 주력하면서, 시장에서는 영리기관과 서로 경쟁 관계에 놓이게 된 반면, 내부적으로는 정체성 혼란의 문제를 겪게 되었다. 최근 비영리기관인 미국 박물관이 글로벌 경제 위기로 인해 재정난이 가중되면서, 비용·절감과 수익창출 방안을 모색하는 차원에서 경영의 중요성이 더욱 새롭게 조명되고 있다.

박물관의 정체성에 가장 심각한 영향을 미친 것은 재정난과 재원조성이었고, 이 두 요인은 현재까지도 쉽게 해결되지 않고 있다. 소장품 관리, 전문인력 고용, 공공프로그램 개발을 위해서는 예산이 증가할 수밖에 없는데 공공기금지원 방식의 변화와 후원금의 감소는 이러한 상황을 더욱 어렵게 만들었다. 수백 년 동안 윤리적 책임감과 기업시민주의Philanthropy를 근거로 각종 기부활동을 통해 문화예술 분야에서 적극적인 공헌을 해오던 후원자들이 점차 노령화되면서 수적으로 감소했고, 다른 후원자 집단이 나설 가능성 또한 보이지 않았다. 전통적으로 고급예술을 옹호해온 기업들이 후원에 대한 열망을 버리지 않은 것은 한편으로는 다행스러운 일이지만, 메세나 활동의 대가로 서비스와 편익을 지나치게 요구하고 기대하는 것은 박물관에 적지 않은 갈등요소로 작용했다. 후원자 감소 문제는 최근까지도 지속되고 있는데, 이는 예술보다 사회에 직접적인 영향력을 가져올 수 있는 다른 유형의 자선사업에 관심을 갖게 되었다는 것을 의미한다. 미국예술진흥협회Americans for the Arts(2005)가 발표한 자료에 의하면, 1992년과 2005년의 기부활동을 비교하면, 예술 분야가 차지하는 비율은 8.4%에서 5.2%로 하락했다(용호성, 2010: 62).

정부는 더 이상 예전과 동일한 방식이나 수준으로 박물관을 포함한 문화예술기관 지원하기를 주저하면서, 공공기관으로서의 박물관의 사회적 책무와 대중 접근성에 대한 압력을 한층 강화했다. 또한 한정된 공적 재원은 당위가 아닌 성과를 기반으로 분배되었다. 이러한 환경에서 사회적 단위로서 박물관은 자신의 역할과 기능, 정체성을 성찰해야 했고, 경영에 대한 통찰력을 기반으로 한 관람객 개발이 필요했다. 박물관은 무관심한 대중을 유도할 전략을 세우고 공공프로그램에 관람객을 참여시켜, 관람객 수가 늘고 공공기금이 확대되었다. 경영은 박물관의 발전과 진흥에서 필수 요소이며, 박물관의 기능과도 유기적인 관계를 맺고 있다. 예컨대 경영이 원활하게 이루어지지 않는다면 소장품 관리, 전시기획, 교육프로그램 개발 등을 지원할 수 없고, 이로 인해 대중의 관심과 신뢰는 사라질 것이며, 결국 박물관의 존립 자체가 위기에 처한다(G. Edson·D. Dean, 2001: 31).

2. 박물관의 비영리적 특성과 예술경영

드러커Peter Ferdinand Drucker는 논문 〈경영의 새로운 패러다임Management's New Paradigms〉(1998)에서 경영의 연구대상을 영리기관의 영역을 넘어 사회적 조직에 확대·적용해야 하는 필요성, 경영의 사회적 기능에 대한 중요성, 경영학의 변화·확장에 대해 피력했다. 본래 경영학의 연구대상은 이윤추구를 목표로 하는 영리기관으로 국한되었지만, 학교·교회·병원·박물관·공익단체 등과 같은 공익에 대한 이념과 철학을 가지고 비영리 목적을 위해 운영되는 단체나 조직으로 확대되었다. '비영리기관non-profit organization'이란 용어는 이윤이나 영리를 추구하기 위한 목적으로 설립된 조직이 아니라 공익의 실현을 최우선 과제로 삼고 설립·운영되는 조직을 지칭한다(W. Thomas, 1990: 5·W. Stephen, 2002).

국제박물관협의회(2007)에 의하면, 박물관은 교육·연구·향유를 위해 인간 및 인간환경과 관련된 유형·무형의 유산을 수집·보존·연구·교류·전시해 일반 대중에 공개하며, 사회와 그 발전에 기여하는 항구적이며 비영리적인 기관이다. 이 정의를 근거로 하면, 박물관은 공익을 위해 존재하며 비영리기관이기 때문에 이윤을 극대화할 수 없다는 것이 박물관 철학의 본질이다. 하지만 박물관이 카페·뮤지엄숍·대관 등을 통해 수익창출 활동을 하면서 비영리기관과 영리기관의 이중적 특성을 갖게 되었고, 효율성과 효과성을 추구하는 사고의 도구로서 경영의 개념과 원리를 도입했다. 웨일Stephen Weil(2002)은 이러한 박물관의 정체성 변화에 대해 전통적인 박물관 모델의 위력이 약화되고, 새롭게 대두된 사회적 기업social enterprise 모델로 이행되는 과정이라고 진단했다. 이러한 상황이 반영되어 현재는 문화예술기관이 그 설립목적에 따라 영리부문과 비영리부문으로 구분되고 있다. 전자는 자체적인 사업 운영수입만으로 운영을 지속할 수 있는 기관인 반면, 후자는 재원조성을 통해 외부로부터 필요한 예산을 확충한다(용호성, 2010: 20).

문화예술기관에 경영이 도입된 것은 예술경영에 대한 개념이 사회적으로 형성되면서부터인데, 그 기원은 고대 그리스의 축제 전통과 공연예술에서 비롯되었다. 박물관의 경우, 16~17세기에 이탈리아를 중심으로 예술품 보존·전시·관리·감정에 관한 전문지식과 실무 경험이 학술적으로 논의되기 시작했다. 17세기 후반부터는 영국과 프랑스를 중심으로 수장정책과 예술품 공개를 통해 박물관 경영에 관한 사회적 관심이 본격적으로 일어났다. 박물관보다 공연예술기관에 경영의 개념이 먼저 적용·확산된 이유도 이러한 맥락에서 이해할 수 있다.[52] 셔어Harvey Shore(1987)에 의하면, 현대적 의미의 예술경영은 1960년대 미국에서 출발했다. 이 용어는 박물관이나 연극·오페라·음악·무용·극장과 같은 공연예술기관과 시설에 대한 경영을 의미한다.

미국의 경우, 1929년 10월 뉴욕 증시의 폭락과 함께 시작된 경제대공황을 기점으로 거의 모든 박물관이 예산을 충당하는 데 어려움을 겪고 있었기 때문에, 뉴딜정책의 일환으로 지원되는 공공기금에 대한 의존도가 높았다. 이러한 사회 서비스에 대한 수요가 급증하면서 민간 비영리단체에 의한 구호 체제로는 역부족이었고, 정부의 전격적인 개입이 불가피하게 되었다. 또한 전후 베이비붐 세대를 기반으로 문화예술계는 성장을 거듭했지만 문화예술계를 이끌어오던 리더십이 교체되면서 전과 다른 리더십이 요구되었고, 과잉 공급 상태에 처한 문화예술기관은 운영난에 직면했다. 이로 인해 예술활동의 경제성과 공적지원의 당위성에 대한 검토가 제도적으로 이루어졌다.

1950년대부터 연방정부 차원에서 문화예술지원에 대한 공공지원을 고민하던 미국은 1965년 국립예술인문재단법National Foundation on the Arts and Humanities Act이 제정됨에 따라 이를 근거로 국립예술기금National Endowment for the Arts: NEA과 국립인문기금National Endowment for the Humanities: NEH을 설립했다(용호성, 2010: 56). 정부보조금은 정책적 차원에서 시민들의 문화향유에 대한 기회를 확대하기 위한 목적으로 제공되었기 때문

---

52 용호성(2010)에 의하면, 문화예술기관에 경영 개념이 도입된 기원은 고대 그리스의 축제 전통과 공연예술에서 비롯되었다. 이후 중세에는 수도원 중심의 교회 예술이 주류를 이루었고, 14세기에 세속적인 연극이 출현하면서 도시 정부와 더불어 지역의 길드 조직이 실질적인 제작자 역할을 맡아 소규모 직업 극단들이 공연 활동을 펼쳤다. 르네상스 시기에는 메디치 가문을 비롯한 귀족들이 예술과 학문을 후원했는데, 당시 왕실과 귀족을 중심으로 소장품이 형성되어 박물관이 설립되었다. 또한 직업 극단과 함께 공연장이 설립되어 이를 운영할 전문인력에 대한 수요가 생겨났다. 공연 제작에 필요한 지원은 대부분 왕족과 귀족이 후원했는데 이를 위해 공연 제작자는 재원조성을 담당했다. 18~19세기의 근대사회는 현대적 의미의 예술 시장이 형성된 시기였으며, 본격적으로 예술작품의 수요와 공급 체제를 갖추게 되었다. 예술 시장이 형성·발전됨에 따라 예술 해석자, 즉 생산자와 소비자 간의 매개자 역할이 중요한 위치를 차지했다.

에, 박물관은 사회·교육적 기능의 확대와 공공서비스의 사명에 대한 정부의 요구사항을 수용해야만 했다. 이 시기에 이루어진 정부의 예술지원은 예술 그 자체에 대한 정부의 애정과 관심도 영향을 미쳤지만, 한편으로는 정부의 사회 통제와 안정에 대한 열망에 기인했다고 볼 수 있다.

미국 복지국가의 발전은 자유주의 이데올로기가 지배적인 미국 사회에서는 한계가 있었다. 1960년대 '위대한 사회the Great Society'라는 슬로건 아래 전개된 복지 확대가 민간 비영리부문의 확산을 가져옴에 따라, 공공지원 대상이 되는 비영리부문을 영리부문으로부터 분리해 제도를 운영했다. 정부가 정책적으로 복지프로그램을 전개할 수는 있지만, 서비스 전달체계에서는 정부가 직접 하는 것보다 민간 비영리단체를 통해 전달하는 것이 관료지배를 우려하는 국민적 저항을 약화시킬 수 있었기 때문이다. 1917년 기부에 대한 세제혜택이 시작되기 전에도 이미 예술기부가 활성화되어 있었다. 민간기부에 의한 예술지원 방식은 비영리부문이 발달한 미국 사회의 특징과 밀접한 관련이 있다. 미국에서는 민간 주도 형식으로 교육·보건·자선·순수예술 분야에서 비영리기관이 설립되었고, 이 기관들은 상당히 오랫동안 부유한 후원자들의 기부에 의존해 운영되었다.[53] 이러한 후원 문화는 사적인 동기와 자율성을 중시하며, 표현·신념·결사의 자유를 중시하는 미국 사회의 전통을 반영한 것이다. 이에 연방정부는 기부에 경제적 보상이 주어지면 더 많은 기부가 발생할 것이라는 가정 아래 기부 활성화를 위한 조세혜택을 제공했다. 연방

---

[53] 미국에서 민간 비영리부문의 성장은 정부와 보완 관계를 유지하면서 발전했다. 정부는 미국 사회의 자유주의 이데올로기 환경에서 민간 비영리부문의 보완적 도움을 받아 사회 서비스를 효과적으로 전달하고, 비영리부문은 정부의 재정지원을 바탕으로 성장했다. 또한 1970년대 후반부터 시작된 신자유주의 물결은 의료나 예술 분야의 비영리부문이 시장 원리에 의해 소득이 증가하는 결과를 초래해, 실질적인 기부금이 줄어들었음에도 불구하고 비영리부문의 성장을 지속시켰다.

세법 제501조(c)(3)은 비영리예술기관들에 세금공제가 가능한 기부를 모금할 수 있고, 면세 지위도 얻도록 제도적으로 지원했다.

공공기금 삭감과 정체된 민간부문의 지원을 충당하기 위해 박물관이 운영 수익창출에 주력하면서 비영리기관으로서의 박물관의 위상이 위협을 받게 되었다. 박물관은 공익을 실천하는 비영리기관이기 때문에 연방조세법에 의해 몇 가지 특권이 부여되는데, 대표적인 것이 재산세와 뮤지엄숍 상품의 영업세다. 하지만 박물관의 고유 활동과 관련되지 않은 사업으로 수익이 발생하면 세금면제 특권에 대한 문제가 발생한다. 미국 조세법원은 이 문제를 면밀히 검토했고, 국회는 비영리기관의 세제혜택에 대한 공청회를 개최했다. 그 결과 대형 박물관의 뮤지엄숍이 소장품과 무관한 상품을 판매하는 경우에 그 상품에 세금을 부과하도록 했다.

한편 학술 및 연구영역에서는 경영학에 대한 의존도를 높이면서 예술경영이 발전 궤도에 들어섰다. 1960년대 중반 무렵 경제학과 경영학 연구자들이 자신들의 학문적 잣대와 경험으로 예술분야를 연구했다. 1966년 경제학자 보몰William J. Baumol과 보웬William G. Bowen을 주축으로, 그간의 전통 경제학 개념과 분석 방법을 확대·적용해서 생산성 저하 및 재정적 난관에 부딪혔던 공연예술 영역을 계량 경제학적으로 분석함으로써 공공지원의 타당성이 도출되었다(Baumol & Bowen, 1966). 경영학 분야에서도 움직임이 시작되어 1966년 하버드경영대학에 예술경영연구소Arts Administration Research Institute가 설립되었다. 한편 민간 차원에서는 포드, 록펠러, 카네기재단이 예술연구기금을 지원했으며, IBM과 Exxon, Chase Manhattan, Mobil 등의 기업들이 예술진흥기업위원회Business Committee for the Arts를 설립했다. 그러나 예술경영의 핵심을 공공기금지원이라는 관점에서 본다면, 사실 그 기원은 미국보다 유럽에서 훨씬 이전에 시작되었다. 1960년대부터 경영학적 사고와 기법을 적극적으로 수용한 미국과 달리, 유럽국가들은 1970년까지도 예술경영에 대한 논의가 제기되지 않았는데, 그 이유는 사회·경제적 환경의 급격한 변화 이전에 유럽의 문화예술기관들은 비교적 안정적인 여건 속에서 예술활동을 유지했기 때문이다(용호성, 2010: 52). 이미 주지하는 바와 같이, 유럽은 오랫동안 예술후원의 역사를 갖고 있었고, 현대사회에서 정부 주도의 지원기구를 설립한 국가는 영국이었다.

영국의 예술지원 시스템의 역사는 1940년대로 거슬러 올라간다. 당시 영국에서는 예술지원에 대한 정부의 인식과 역할에 대한 논의가 활발했고, 그 결과 '예술 및 음악 촉진위원회the Council for the Encouragement of Music and the Arts'가 창설되었다. 현대 복지국가에 대한 경제적 기초를 제공했던 케인즈John M. Keynes가 이 위원회의 의장직을 맡았고, 예술진흥을 위한 국가지원을 향한 그의 의지는 1946년 세계 최초의 국가적 지원 기구인 영국예술위원회Arts Council of England를 탄생시켰다. 왕실헌장Royal Charter을 기반으로 만들어진 예술위원회는 예술에 관한 이해와 지식, 예술적 행위를 발전시키고, 대중의 예술에 대한 접근성을 높이기 위해 중앙정부와 지방정부의 부처, 그리고 관련 기관들과 협력하고 조언을 제공한다는 목적을 지녔다. 영국예술위원회가 예술기관에 정부지원금을 지원하는 방식의 원칙은 불간섭주의다. '정부는 지원은 하되 위원회를 간섭하지 않는다는 원칙Arm's Length Principle'은 지난 50년 동안 영국의 예술지원금 체계의 주요특징으로 인정받고 있다.

1980~1990년대 영국의 박물관계는 정부의 공공지원 삭감에 대해 자신들의 입장을 강하게 주장했다. 〈공공복지: 영국의 박물관과 학습 A common wealth: Museum and Learning in the United Kingdom〉(1997)은 박물관의 사회·교육적 역할에 주목했고, 이러한 역할을 위해 정부 및 박물관 자체

가 더 큰 자원을 투자해야 한다고 주장했다(필리아 쇼, 2011: 241~242). 1999년 문화미디어 스포츠부Department for Culture, Media and Sport가 출간한 〈다수를 위한 박물관: 접근성 정책 개발 시 활용할 박물관 및 미술관 기준Museums for the Many: Standards for Museums and Galleries to Use when Developing Access Policies〉은 영국 정부가 박물관의 사회적 역할을 강조한 최초의 출판물로서, 국립박물관에 대한 내용이 담겨 있지만 실제로는 모든 박물관을 대상으로 한 것이었다(캐롤라인 랭, 2011: 50). 같은 해 이 부서는 박물관·미술관위원회Museums and Galleries Commission와 파트너십을 맺어 박물관 교육을 위한 육성 기금 50만 파운드를 마련했는데, 이 기금은 지방 및 지역박물관의 교육프로그램 개발을 지원하는 데 사용되었다.

영국예술위원회는 예술보조금Grants for the Arts 지원대상에서 제외된 박물관을 위해 1993년부터 국영으로 복권기금Lottery Fund을 운영하기 시작했다. 이 기금은 신규 시설물·소장품의 디지털화 작업·온라인 전시·작품 구매·신규인력 고용·교육프로그램 확대 등에 사용되고 있다. 복권기금의 하나에 해당하는 문화유산복권기금Heritage Lottery Fund은 2005년 150개의 박물관 교육 직책을 비롯해 100개의 박물관 학습 공간, 관람객 개발 프로젝트를 지원했는데, 이 기금을 받기 위해서는 명확한 공익을 보여주는 관람객연구 기반 프로젝트, 수행 지표, 적절한 정책과 전략에 부합할 것을 요구했다.

미국은 유럽과 달리 국가정책 차원에서 문화예술을 후원하지 않았다. 이러한 사실에도 불구하고 미국이 예술경영을 주도한 것으로 인정받고 있는 이유는 정부의 공공지원이 부재한 상태에서 공연예술기관이나 박물관이 재원조성을 위해 기업후원을 먼저 착안해냈고, 그러한 배경이 경영학 기반의 예술경영을 논하게 된 계기를 마련했기 때문이다(박신의, 2009: 81). 유럽의 경우, 1980년대 문화예술기관들이 삭감된 정부지원금으로 인한 공공기금 의존도를 낮추기 위해, 민간부문에서 재원조성이 이루어지는 과정에서 미국식 예술경영의 개념을 수용했다.

하지만 예술경영이 문화예술기관의 모든 문제점을 치료해주는 만병통치약은 아니었다. 박물관과 미술관의 경우, 예술경영의 기법이 적용되면서 공공성이 훼손되고 상업성이 전면에 드러나는 부정적인 양상이 나타났다. 독립 경영 체제로 전환하기도 했고, 환경변화로 인해 발생한 재정난을 더 이상 견디지 못하고 운영을 포기한 기관도 있었다. 예를 들어, 1804년 개관한 뉴욕 최초의 박물관인 뉴욕역사협회New York Historical Society는 1990년 초반에 600만 달러를 지불할 수 없어서 폐관하고 파산을 선언했고, 디트로이트미술원Detroit Institute of Art도 예산 삭감으로 인해 직원 수와 개관 수를 조정하고 전시장의 절반을 폐쇄했다.

더욱이 미술관이 상업적 영역과 은밀한 관계를 맺으며 새로운 문화적 권력으로 군림하는 현상도 나타났다. 몇몇 미술관에서는 종교적이거나 미학적으로 대중이 수용하기 어려운 극단적 표현을 전시함으로써 사회적 마찰을 야기하기도 했다. 1989년 코코란미술관Corcoran Gallery of Art에서 개막 예정이었던 '로버트 메이플소프: 완벽한 순간Robert Mapplethorpe: The Perfect Moment'이 취소되어 워싱턴예술프로젝트Washington Project for the Arts에서 열렸다. 이듬해 신시내티의 현대미술센터The Contemporary Arts Center에서 개막한 같은 전시는, 검찰에 의해 포르노그래피 전시로 기소당해 개막과 동시에 폐쇄 조치됐다. 주 정부의 반대를 무릅쓰고 순회전을 강행하려던 신시내티 현대미술센터 관장 데니스 베리Dennis Barrie는 '외설obscenity' 죄목으로 법정에 서야 했다.

당시 공화당 상원의원 제시 헬름즈Jesse Helms는 국민세금으로 운용되는 국립예술기금NEA이 외설적이며 동성애를 지향하는 작품을 지원하고 있다며, 대표적인 사례로 메이플소프 전시를 지목했다. 이 전시를 둘러싼 보수와 진보의 논쟁은 결과적으로 연방정부의 예술지원에서 음란성 여부를 심사기준에 포함시키는 법률을 통과시켰다. 이때 국립예술기금의 지원을 받아 제작한 작품에 대해 법원이 외설 판정을 내릴 경우, 보조금을 상환해야 한다는 법안도 추가되었다. 이 논란은 국립예술기금의 40% 예산 삭감, 구조조정으로 인한 45%의 인원 감축 등 심각한 파장을 일으켰고, 이후 국립예술기금의 정책과 지원프로그램의 내용에 큰 변화를 가져왔다.[54] 개별 작가에 대한 지원은 감소한 반면 예술기관의 지원은 증가했고, 수요 창출과 매개 강화에 중점을 두고 지원정책의 방향을 직접적인 장르별 예술지원에서 예술교육의 확대, 예술에 대한 접근성 신장, 예술 조직의 경영 안정화 등 간접적이며 중장기적인 방식으로 전환했다(용호성, 2010: 59).

퀴노 James B. Cuno(2004)는 미술관의 재정적 압박은 때때로 설립취지에 기술된 본연의 임무에서 벗어난 결정을 내리게 함으로써, 사회적으로 물의를 일으키기도 한다는 점을 우려했다. 브루클린미술관Brooklyn Museum of Art에서 열린 '센세이션 전Sensation'(1999)의 경우, 뉴욕 시장과 미술관 간에 법정 공방이 발생했다. 그 과정에서 미술관의 상업주의와 작품 소장자에게 굴복하는 미술관의 실책 등이 문제점으로 드러났다. 또한 퀴노는 2001년 구겐하임미술관장 토머스 크렌스가 라스베이거스의 베네치아 호텔 카지노에 전시관을 연 것과, 기부금을 받고 구겐하임미술관에서 연 '조르지오 아르마니 회고전Giorgio Armani: Retrospective'(2000)이 극도의 자본주의적 시각에서 이루어졌다는 문제점도 지적했다. 이 전시에

---

54 로버트 메이플소프 전시로 인한 논란 이전에도, 국립예술기금은 이미 정부의 예산 삭감에 시달렸다. 레이건 행정부가 들어서면서 예산의 50%가 삭감되었고, 1983~1986년에 부가적인 삭감이 이루어졌다. 레이건 정부는 정부보조금이 차지하던 비중이 개인 및 기업후원으로 충당되면서 국립예술기금에 취했던 대대적인 예산 삭감을 완화하고 결국 6% 삭감으로 그 수준을 낮추었다.

대해 크렌스는 20세기 들어 끊임없이 새로운 디자인이 등장한 모터사이클도 하나의 예술품으로 인정해야 한다고 강변했지만, 그런 식이라면 세상에 존재하는 모든 공산품이 예술의 테두리 안으로 들어올 것이라는 반박과 격렬하게 대립했다.

전시의 예술성 논쟁을 더 한층 가열시킨 것은 '조르지오 아르마니 회고전'이었다. 이탈리아의 세계적인 패션 디자이너 아르마니의 시대별 변천을 조망한다는 것이 구겐하임미술관의 기획의도였다. 하지만 고흐와 세잔느의 작품이 놓여있던 자리에 마치 고급 의상실처럼 의류 몇 벌이 걸려 있던 구겐하임미술관의 전시는 비교적 파격적이라는 평가를 받았다. '조르지오 아르마니 회고전'은 2001년에 빌바오 구겐하임을 시작으로, 런던왕립아카데미the Royal Academy(2003), 베를린국립미술관Neue National-Galerie(2003), 국립로마유물미술관the National Museum of Roman Antiquities(2004), 상하이미술관the Shanghai Art Museum(2006) 등에서 순회전시로 열렸다.

기업 입장에서는 품격 높은 공간을 활용해 자사를 홍보할 수 있는 더 없는 기회였지만, 이 전시를 둘러본 관람객들은 '내가 지금 감상하는 것이 관련 예술인가'라는 의구심을 떨칠 수가 없었을 것이다. 무엇보다도 이 전시 비용은 〈인스타일In Style〉에서 지원한 것으로 공식 발표됐지만, 구겐하임미술관은 대관료 명목으로 아르마니 측으로부터 200억 원을 받은 것이 드러났다. 미술비평가 로베르타 스미스Roberta Smith를 비롯한 박물관계와 미술계에서는 자본에 굴복한 미술관의 지나친 상업성 추구, 예술성과 대중성의 혼란, 미술관의 역할과 의미에 대한 신랄한 비난이 쏟아졌다.

사실 이러한 비난 이면에는 구겐하임미술관으로 인해 미국 정부가 기존의 예술진흥책을 변경할 수도 있다는 우려가 깊게 내재해 있었다. 현재는 박물관과 미술관이 비영리기관으로 분류되어 조세감면혜택을 받고 있지만, 구겐하임미술관처럼 전시를 통해 막대한 수입이 보장된다면 정부에서도 세금 추징을 고려하지 않을 수 없다. 이러한 비난에도 불구하고 토마스 크렌스가 시도했던 혁신적이며 공격적인 마케팅 전략은 박물관 경영의 전형적인 표본이자 벤치마킹의 대상으로, 이미 전 세계에 지대한 영향력을 행사하고 있다.

구겐하임미술관처럼 더 많은 관람객을 박물관과 미술관으로 끌어들이려는 노력이 전 세계적으로 진행되고 있다. 뉴욕의 휘트니미술관은 입장료를 10달러로 인상해서 영화 관람료보다도 더 비싼 입장료를 받기로 결정했다. 대형 미술관에서는 패션·디자인·대중예술을 주제로 열리는 전시가 점차 증가하고 있다. 2009~2010년 뉴욕현대미술관에서 열린 '팀 버튼Tim Burton' 전시는 역대 3위 관람객 수를 기록했고, 2011년 메트로폴리탄미술관의 '알렉산더 매퀸 추모전Alexander McQueen: Savage Beauty' 에는 65만 명 이상의 관람객이 유입되어 개관 이래 최다 관객 수를 기록했다.

프랑스 박물관 정책(주요 선진국의 문화예술지원 방식·KOCCA)

프랑스는 전통적으로 정치·행정·경제 분야의 중앙 집중화 특성이 강한 나라로서, 국가 주도의 구성주의 정책 또는 간섭주의 정책을 시행하는 대표적인 나라다.[55] 1959년 샤를 드골Charles de Gaulle 대통령이 문화공보부를 창설하고 "국가는 문화를 위해 존재한다"고 천명하면서, 문화유산의 보존과 예술의 창조 및 보급을 문화정책의 핵심으로 삼아 국가의 역할과 간섭을 강조하고 있다.[56] 현재 문화통신부Le Ministère de la Culture et

---

55 국가 주도의 구성주의 정책이란 문화의 자율성보다는 문화에 대한 무간섭이 초래한 현대적 모순과 불합리성을 극복하기 위해 적극적으로 문화 풍토를 조성하고 보호하는 정책이다.

de la Communication는 문화예술과 영상, 전자통신을 총괄하고 있으며, 그중 중앙행정부에서 건축 및 문화·고문서·도서관·음악·무용·연극·박물관 및 미술관·조형 예술·프랑스어·영화 등과 관련된 10개의 국이 행정 업무를 담당하고 있다.

프랑스에는 박물관국Direction des Musées de France, DMF에 소속된 루브르 박물관Musée du Louvre·오르세미술관Musée d'Orsay·케브랑리박물관Musée de Quai Branly·퐁피두센터Centre George Pompidou 등 34개의 국립박물관과 미술관이 있다. 더불어 박물관국 이외 문화통신부 관할 국립박물관, 다른 정부 부처 관할의 국립박물관, 지방자치단체나 공공기관 관할의 공공박물관, 기업이나 협회 등에 소속된 사립박물관 등으로 세분화된다(박정주, 2005: 102).

박물관국[57]에서 담당하는 주요업무는 박물관 자료를 수집하고, 소장품(또는 컬렉션)을 보존·보호·복원·연구하고, 대중에게 소장품을 전시하는 것이다. 또한 국립박물관 및 기타 박물관 내의 건축 및 박물관 자료를 조사하고, 박물관 관련 전문종사자의 양성정책을 수립·시행하며, 지방박물관 및 협회 소속 박물관의 소장품 관리에 대한 과학적·기술적 통제를 담당한다. 아울러 미술품 시장 및 작품의 유동, 즉 미술품 시장의 흐름을 감시하며, 외국 박물관과 협력하고, 공공박물관 및 기타 박물관에 대한 법령을 정의하고 적용한다. 뿐만 아니라, 국립박물관을 후견

---

56 프랑스가 문화 분산화에 주력하기 시작한 것은 드골 대통령이 집권, 앙드레 말로(André Malraux)가 문화부를 관장하면서부터였다.

57 박물관국은 박물관 일반 감독과(Inspection Générale des musées), 소장품과(Département des collection), 박물관 자료·건축·시설과(Département des muséographie, de l'architecture, et des équipements), 공중·교육 활동·문화 보급과(Département des publics, de l'action éducative et de la difussion culturelle), 재정·행정·법제과(Département des affaires financières administratives et juridiques), 커뮤니케이션 담당과(Mission de la communication), 보안 담당(Mission sécurité), 유럽과 국제임무 담당(Le charge de mission pour l'Europe et l'international) 부서로 구성된다.

인 위치에서 보호 감시하고, 필요한 경우 문화통신부 내의 다른 부서나 행정부처와 공동으로 국립박물관을 비롯한 각종 박물관을 감독한다. 이러한 후견인 역할의 감독에 복종하는 기관은 국립박물관연합La Réunion des Musées Nationaux, RMN, 루브르박물관, 베르사유궁전, 로댕미술관, 에네와 귀스타브 모로미술관, 케브랑리박물관, 미술사학교, 장식미술연합이다(국립중앙박물관, 2007: 60).

2002년 1월 법령에 의거해, 프랑스 박물관 고등심의위원회의 심의를 거친 후, 문화통신부 장관이나 박물관이 소속된 부처 장관의 명령에 의해 국립박물관, 공공박물관, 비영리 목적의 사립박물관에 제한해서 '프랑스 박물관Musées de France'이라는 명칭을 부여받을 수 있다.[58] 특히, 문화통신부의 박물관국 관할에 있는 국립박물관들은 소장품이 국가에

〈그림 6-1〉 루브르박물관

귀속되어 있으며 운영 형태에 따라 국가 보조금, 기증이나 기업의 메세나, 지방자치단체의 보조금과 자체 수입(입장료, 뮤지엄숍, 레스토랑 등)을 통해 자율적으로 예산을 결정해 운영하는 공공기관Établissements Publics, EP의 형태, 또는 자체 수입 없이 국가보조금과 기업 메세나 등으로 국가 관할로 운영되는 국가 권한 서비스Services à Compétence Nationale, SCN 형태로 나뉜다.

국립박물관의 재정은 국가가 전적으로 담당했으나 '프랑스 박물관에 관련 법령'(2002)과 박물관 관련법'(2002)이 제정된 이후, 문화통신부Ministère de la culture et de la communication는 루브르박물관이나 베르사유궁 등 국립기관에 일정 부분의 예산운영에 대한 자율성을 부여하면서 그 성격을 '책임운영기관SCN'에서 '공공기관EP'으로 전환하고 문화통신부의 역할을 직접 운영에서 감독으로 전환했다. 공공기관에 해당하는 기관은 국립박물관연합RMN과 10개의 국립박물관(루브르박물관, 베르사유궁박물관, 로댕미술관, 모로박물관, 에네박물관, 케브랑리박물관, 기메아시아박물관, 오르세미술관, 퐁피두센터, 라비에트음악도시)이다. 이 가운데 국립박물관연합과 루브르박물관을 비롯한 몇몇 박물관은 경제적·정치적 자율권을 한층 높이기 위해 다시 산업적·상업적 성격의 공공기관EPIC, Etablissement Public Caractre Industirel et Commercial으로 그 특성을 강화했다.[59] 특히 루브르박물관은 개축 공사·보안·인건비 등과 같은 국가의 상당한 지원과 행사, 작품 구입, 복원 및 보존과 같은 부문에서, 박물관 스스로

---

58 이 위원회는 프랑스 상원과 하원에서 지명한 1인, 정부 대표 1인, 지방자치단체 대표 1인, 문화재(기본)법 L.442–8조 및 L.452–1조에서 규정한 박물관 관련 전문종사자로 구성되며, 위원회의 구성 및 지명 방법과 활동 요건 및 의사결정 요건 등은 '국사원(Conseil d'Etat)'의 데크로로 정하고 있다.

59 EPIC으로 기관의 성격이 결정되면, 자체적으로 예산을 결정하고 정부보조금 이외에도 자체 수입(입장료, 상품 판매, 레스토랑 등)에 의해 예산을 충당하며, 메세나의 지원을 직접 유치하는 등 매우 탄력적인 경영권을 갖게 된다.

자체적인 자금 조달력을 지니고 있음을 인식하게 되었다.[60]

2003년 문화통신부는 루브르를 비롯한 국립박물관을 대상으로 '프랑스 박물관 관련 법령Loi no 2002~2005 du 4 Janvier 2002 Relative aux Musées de France'을 발표하고 국립박물관들이 달성해야 할 주요 목표들과 이를 실행하는 수단이 명시된 계약을 체결했다. 이 계약으로 인해 루브르박물관은 매년 1억~1억 2,000 유로를 제공받던 정부지원금의 60%가 감소되었고, 나머지 예산(40%)은 박물관의 자체 수익을 통해 충당해야 했다. 이 계약에는 2003~2005년 루브르박물관이 2,000만 유로의 후원금을 메세나 활동을 통해 마련한다는 내용이 담겨 있었는데, 루브르박물관은 목표액의 6.5배인 총 1억 300만 유로를 쾌척했다. 메세나 활동을 통해 후원금에 대한 계약을 성실히 이행한 것은 메세나 부서의 적극적인 노력뿐만 아니라, 프랑스 의회에서 세제혜택을 주는 '메세나·재단·협회에 관한 법률'(2003)의 승인 덕분이었다.[61] 이 법은 문화예술기관을 후원하는 기업에 프랑스 정부가 60%의 소득세·법인세 감면 혜택을, 개인에게는 소득세의 20% 한도로 기부금의 66%의 조세감면혜택을 제공했다.[62]

2010년, 2011년, 2012년에 출간된 〈박물관 활동보고서Rapport d'activité〉의 예산 구성을 비교하면, 루브르박물관의 입장료 수익 비율은 점차 증

---

60 1895년에 국립박물관연합(Réunion des Musées Nationaux)이 창설되었는데, 이 기관은 공공소장품을 증가시키기 위해 필요한 작품 구입에 조달되는 재원을 관리한다. 따라서 동 기관은 국립박물관의 입장료 수입 전부를 관리하나, 2004년 1월 1일 이후부터는 행정기관 성격의 '공공기관(Établissementpublic)'인 박물관에 대해서는 입장료 수입 징수를 금지했다. 루브르박물관의 경우 1992년 12월 22일의 데크레(명령)에 의해, 로댕박물관의 경우 1993년 2월 13일의 데크레에 의해, 베르사이유궁은 1993년 4월 27일의 데크레에 의해, 오르세박물관과 기메아시아박물관은 2003년 12월 26일의 각각 별도의 데크레에 의해, 그리고 장 자크 에네박물관은 2005년 5월 23일의 데크레에 의해, 행정기관 성격의 '공공기관'으로 전환했다.

61 2003년 '메세나, 재단, 협회에 관한 법률'이 시행되면서 150여 개 기업이 참여한 프랑스 기업메세나협의 회인 아드미칼(ADMICAL)이 발족했는데, 이를 통해 문화예술을 위한 기부금이 급증했다. 법안 통과 후 2002년에 3억 4,000유로(약 5,100억 원)였던 기업의 문화예술 기부금이 2008년 약 10억 유로(약 1조 5,000억 원)로 약 3배 증가했다.

항목	2012 금액	2012 비율	2011 금액	2011 비율	2010 금액	2010 비율
입장권	58 ME	58%	50 ME	53%	41 M€	43%
메세나	16 ME	16%	16 ME	17%	25 M€	26%
정부보조금	15 ME	14%	14 ME	15%	12 M€	12%
소장품 관련 수익	4 ME	4%	4 ME	4%	6 ME	6%
기타	7 ME	7%	9 ME	10%	12 ME	13%
전체 예산	100 ME	100%	94 ME	100%	97 ME	100%

〈표 6-1〉 2010~2012년 루브르박물관 수익
(출처: Rapport d'activité 2010/Rapport d'activité 2011/Rapport d'activité 2012)

가하는 한편, 메세나 지원금은 조금씩 감소하는 추세를 보인다(《표 6-1》). 2010~2012년 정부보조금은 경미한 증감 현상을 보이고 있지만, 2003년의 71.00%와 비교하면 공공지원에 대한 의존도가 상당히 낮아졌음을 알 수 있다. 메세나 후원금의 경우, 2006년 메세나를 통해 발생한 후원금은 1,316만 805유로로 전체 예산의 18.09%를 차지했다. 2010년에 비해 2011년과 2012년엔 각각 17%, 16%를 차지해서 경미한 증감 현상이 반복되고 있지만 그 편차가 크지는 않다.

루브르박물관은 공공기금의 감소를 기회 요인으로 전환시켜, 40%의 자체 재원을 확보하면서 재정자립 역량을 강화했다. 루브르박물관은 기업 및 재단, 그리고 개인을 대상으로 한 메세나 활동에 주력하기 위해 커뮤니케이션 부서에서 메세나 부서를 독립시켰고, 그 후원 활동의 범

---

62 'Loi no 2003~2079 du ler août Relative au Mécénat, aux Associations et aux Foundations'에는 후원 기업에 대한 혜택에 대해 다음과 같은 내용이 기술되어 있다: La réduction d'impôt est portée pour tous les organisms beneficiaries à 60% du montant du don(les dispositions spécifiques concerant l'aide aux personnes détavorisées sont donc supprimées). (art, ler, modifiant l'article 200 du CGI). La limite de redution d'impôt est portée à 20%(au lieu de 10) du revenue imposable avec possibilité de report sur 5 années en cas de department du plafond de 20%(art, ler modfiant l'article 200 du 11 et 12).

위를 국내에서 해외로 확대했다. 메세나 부서를 이끌고 있는 크리스토프 모낭 Christophe Monin은 2006년 SBS와의 인터뷰를 통해 재원 가운데 하나에 해당하는 해외순회전의 중요성에 대해 다음과 같이 피력했다.

첫 번째 목적은 문화적인 목적으로 파리에 와서 루브르박물관을 관람한 사람들뿐만 아니라, 그러한 기회가 없었던 전 세계 사람들에게도 루브르박물관의 작품을 알리는 것이다. 물론 루브르박물관 전체를 다 옮겨 갈 수는 없지만 주요 작품으로 구성된 전시회를 열고 전시회에 관련된 교육적인 수단들을 이용해, 사람들이 작품을 눈으로 감상하고 동시에 작품을 이해하고 진정한 수준 높은 경험을 할 수 있도록 해주는 것이다. 두 번째는 재정적인 목적인데, 루브르박물관의 작품을 해외에 전시하고 그 국가를 대상으로 각종 경제적인 활동을 펼치는 것이다. 전시 입장료나 도록 또는 전시 관련 문화 상품의 판매를 통해 발생하는 수익은 루브르박물관의 재정과 발전에 매우 중요한 의미를 지닌다. (…) 루브르는 프랑스 문화의 등대와 같은 역할을 하는 박물관이다. 따라서 루브르박물관이 한국·일본·호주와 같은 외국에서 전시회를 개최할 경우, 이는 프랑스의 이미지를 대표하게 된다.

루브르박물관은 후원에 관련된 내규인 윤리헌장을 엄격히 준수하고 있다. 이 윤리헌장은 메세나 활동을 펼칠 때 후원업체의 선정기준 및 메세나 활동의 허용 범주와 금지 사항 등에 대한 내용을 담고 있다. 선정기준의 경우, 후원 활동을 통해 세제혜택을 얻기 때문에 세금을 성실히 납부하는 기업이어야 하며, 기업과 루브르의 이미지가 잘 맞아야 한다. 현재 메세나를 통한 예산 비율은 거의 고정적이지만 오프라인과 온라인을 통해 후원참여 기업은 매년 증가하고 있다. 메세나 부서는 '루브르박물관을 후원해야 하는 14가지 이유'를 제시하면서 루브르를 후원한다는 것은 세계유산을 후원하는 것과 동일한 가치를 지닌다는 점을 강조하고 있다.

　루브르박물관은 기업후원에 대해 세 가지 혜택을 제공하고 있다. 첫째, 전시 포스터나 루브르의 홈페이지 등 언론과 홍보를 통해 후원 업체의 로고나 공식적인 감사의 글을 올려준다. 둘째, 기업 고객이나 VIP를 위한 행사에 참여할 수 있다. 예를 들어, 정규 관람시간 외에 루브르박물관을 관람하거나 정해진 일정 내에 기획전시를 관람할 수 있다. 이 방법은 기업홍보 효과를 상승시키면서 후원자에게 의미 있고 소중한 기억을 제공한다. 마지막으로, 기업의 조직구성원들의 결속력이나 연대성을 강화하는 데 도움이 될 수 있도록 후원 기업의 직원들에게 무료입장과 같은 혜택을 제공한다.

3. 박물관 설립취지와 목표, 실천과제

영리와 비영리를 불문하고 조직의 가치는 경영활동을 통해 산출된 결과물에 의해 결정된다. 경영management이란 조직구성원이 효율적으로 임무를 수행하도록 하는 과정을 의미하며, 이는 효율성과 효과성의 관계로 설명할 수 있다.[63] 효율성efficiency은 투입input과 산출output의 관계에서 조직의 공동목표를 달성하기 위해 인적·물적·지적 자원과 같은 비용을 고려한 개념이다. 반면에 효과성effectiveness이란 업무를 옳은 방법으로 진

---

63 경영학은 조직의 경영활동을 합리적으로 수행하기 위한 제반 법칙을 연구하는 학문으로, 궁극적으로 경영 목표의 합리적인 달성을 위해 경영활동이 어떻게 수행되어야 하며, 이러한 활동을 어떻게 합리적으로 관리해야 하는가에 관한 행동원리를 체계적으로 정리한 학문이다.

행해 의도한 목표나 성과를 달성하는 것을 의미한다.[64] 한편 기능적 측면에서 보면, 경영이란 어떤 일을 도모할 때 계획을 수립하고, 조직을 만들고, 지휘와 통제를 반복적으로 해나가는 과정을 말한다.

이러한 관점에서 박물관 경영은 설립취지를 달성하고 박물관의 제 기능을 원활히 성취하기 위해 일련의 경영활동에 대한 행동원리를 연구하는 학문이라고 정의할 수 있다. 영리기관은 투입된 자본을 기반으로 이윤을 극대화하기 위한 '수익성 원칙profit principle'에 따라 경영이 이루어지지만, 박물관과 같은 비영리기관은 '경제성 원칙economic principle'에 따라 투입과 산출을 적절하고 합법적으로 균형을 맞추는 데 그 목표를 둔다. 경제성 원칙은 '적정 수익성을 바탕으로 투입과 산출의 바람직한 관계'를 말하는 것으로 경영활동을 위해 투입된 모든 것과 투입된 결과로 산출된 모든 것을 비교해 바람직한 관계로 경영을 유지하는 원칙을 말한다(최종호, 2003: 87, 재인용). 따라서 박물관 경영의 핵심은 비영리기관으로서 공익 제공에 대한 사명과 활동을 수행하기 위해 경제성 원칙을 기반으로 적정 수익을 유지하며 투입과 산출의 균형을 이루는 것이다.

박물관 경영은 일반 경영과 마찬가지로 계획·조직화·지휘·통제의 네 가지 기능을 통해 이루어지며, 이를 위해 하드웨어hardware, 소프트웨어software, 휴먼웨어humanware가 필요하다. 기능 측면에서 살펴보면, 기획planning은 무엇을 해야 할지를 결정하는 것이고, 조직화organizing는 누구에게 어떤 업무를 맡길 것인지를 결정하는 것이다. 지휘leading는 다른 사람들이 그 업무를 이행하도록 지시하는 방법과 관련된 결정을 내리

---

64 효율성은 필요한 노력의 관계에서, 즉 시간·자금·공간·시설·설비 등의 효과성을 측정하는 것이다. 비용 효과성은 재정적인 관점에서 효과성을 의미하며, 인력 효과성과 공간 효과성, 이 세 가지는 효율성을 측정하는 데 사용된다.

는 것이며, 통제controlling는 업무가 원래의 계획대로 이루어졌는지 확인하고 성과를 평가하는 것이다. 만일 계획대로 되지 않았다면 문제점을 분석하고 어떠한 방식으로 조정할 것인지를 결정하는 것도 통제에 포함된다.

구성요소 측면에서 살펴보면, 하드웨어에는 조직구조·건물과 시설·재원이 있고, 소프트웨어에는 소장품·전시·교육프로그램·특별 행사 등의 다양한 프로그램이 있다. 휴먼웨어에는 전문인력·자원봉사자·도슨트docent·이사회·후원회 등이 포함된다(K. Moore, 1994: 7). 기능 측면에서 보면, 크게 학예 부문과 경영 부문으로 구분되는데, 경영 부문에는 조직·인력·재정 등의 전통적인 경영자원 관리가 포함된다. 또한 이사회 운영·전문인력 고용 및 관리·자원봉사제 운영·재원조성·회계 관리도 경영 부문에 속한다.

박물관에 기획이 필요한 이유는 조직의 방향성을 제시하고, 발생 가능한 변화를 예측·분석해서 이에 대한 충격을 감소시키고, 자원 낭비와 수요를 벗어난 과잉생산을 최소화해 구성원의 활동과 성과에 대한 통제를 용이하게 하기 위해서다. 박물관 기획의 유형은 성격과 범위에 따라 전략계획strategic plan과 운영계획operational plan으로 대별된다. 전략계획은 개별계획이나 운영계획보다 상위의 장기적인 총괄계획이기 때문에, 조직의 목적 및 목표 수립의 방향성과 조직적 환경 차원에서의 조직 위상에 관한 내용을 다룬다. 반면에 목적goals과 실천과제objectives 같은 운영계획은 조직의 목표를 달성할 구체적인 방법론을 담고 있다.

박물관 기획은 조직의 목적·비전·가치를 담은 설립취지를 작성하는 것에서 시작한다. 설립취지는 영어로 '미션 스테이트먼트mission statement'라고 하는데, 여기서 '미션mission'은 어원에 '소명을 다하고 이유를 제공하기 위해 파견한다'는 의미가 담겨 있다(N. Kotler·P. Kotler, 2005: 37).

즉, 소명과 이유라는 맥락에서 접근하면, 박물관 설립취지는 공익적 사명을 대내외적으로 알리는 일종의 선언서manifesto와 같다. 목적은 실천과제보다 상위 개념의 계획이다.

목적은 박물관이 성취하고자 하는 중장기적이며 결과 지향적인 방향이나 상태를 의미한다. 목적은 포괄적·무형적·추상적인 특성을 띠므로 성과에 대한 측정과 평가가 불가능하다. 박물관의 수집·보존·조사연구·전시·교육 등의 기능과 관련된 소장품 확대·소장품의 보존과 관리·관람객 개발 등 박물관이 중장기(3~5년)적으로 진행하는 계획은 목적에 해당한다.[65] 반면에 실천과제는 목적에 도달하기 위해 필요한 단기 계획으로 제한적·유형적·구체적인 특성을 지니며, 성과에 대한 측정성과 한시성도 지닌다. 일반적으로 실천과제는 조직구성원이 공유하는 목적 아래, 기능에 따라 부서별로 일 년 단위의 세부 계획을 수립해서 진행한다.

국립중앙박물관은 '국립박물관 비전 2020'(2006)을 내세워 '역사의 숨결과 문화의 힘이 생동하는 박물관'이라는 비전을 도출하고, 기본 방향을 국가 대표성·문화가치 구현·역동성·능동성으로 설정했다. 또한 가치 지향점을 국가문화 경쟁력으로서의 박물관·문화 매개로서의 박물관·역동적 교류의 장으로서의 박물관·미래가치 구현의 박물관으로 설정했다. 이와 동일한 맥락에서 진흥의 장·창조의 장·열린 마당·교류의 장을 추진 영역으로 나누고, 추진 영역별로 목표를 수립한 후, 각각에 목표에 따라 실천과제와 전략을 도출했다(《표 6-2》).

---

65 일반적으로 목표를 설정하는 과정은 다음 5단계로 구성된다(K. Moore, 1994: 33):
  (1) 목표 설정에 관여할 사람을 규명한다.
  (2) 목표에 대해 서로 아이디어를 내고 토의한다.
  (3) 목표의 우선순위를 정한다.
  (4) 목표의 범주를 세분화한다.
  (5) 목표를 실제적인 실천과제나 행동 계획으로 전환시킨다.

영역	목표	실천과제	전략
진흥의 장	일원화된 박물관 정책 기능의 수행	법·제도 개선을 통한 박물관 진흥	• 공립·사립·대학 박물관 평가제도 시행
		공립·사립·대학 박물관 운영 활성화 모델 개발	• 경영 기법을 도입한 운영 활성화 방안 연구 및 모델 개발
	새로운 패러다임의 조직 및 전문인력 재편	다양한 전문인력 배치를 통한 역량 강화	• 박물관 전문인력 육성제도 조사·도입
	세계적 인지도를 가진 박물관	선진화된 박물관 활동 체계 도입을 통한 브랜드화	• 박물관 전 활동영역에서의 국제적 수준 확보 방안 연구 • 박물관 활동의 해외 홍보 및 마케팅 방안 수립
창조의 장	소장 문화유산의 새로운 가치 생산을 위한 보존 및 활용 체계 구축	대표 소장품을 통한 문화 정체성과 박물관 이미지 구현	• 박물관 이미지 구현을 위한 소장품 활용 방안 • 민족문화 정체성의 세계화를 위한 소장품 활용 방안
	심층적인 조사·연구 체계 구축	산·관·학 공동조사 및 연구체계 구축	• 박물관 특성에 적합한 분야에서의 연구 경쟁력 강화
열린 마당	관람객 만족도 극대화를 위한 마케팅 방안 수립	통합적 마케팅 실행체계 수립	• 통합적 마케팅 시스템 구축 및 홍보 마케팅 방안 수립 • 박물관 홍보 소통의 채널 다각화 모색
		관람객조사를 통한 지속적 관람객 확보 방안	• 관람객 요구, 특성, 만족도 조사를 통한 개발 방안 연구 • 관람객 대상별 유치 및 접근 방법 개발 • 외국인 관람객 운영프로그램 개발
		기부문화 및 회원제 활성화 방안 연구	• 기부문화 활성화를 위한 법 제도적 방안
교류의 장	국제 경쟁력 강화를 위한 기반 구축	소통 및 연구체계의 국제화	• 외국인 관람객 대상 국제적 소통 체계 구축 • 박물관학 및 박물관 경영 관련 국제 학술지 발간
		연구자 및 전문인력 교류체계 구축	• 국제 인력 교류에 따른 전문성 강화 방안
		박물관 국제 협력망 확립	• 박물관 국제 네트워킹 수립 방안 • 민간 차원 교류 활성화 기반 구축

교류의 장	세계 속의 열린 박물관 구현	국제 교류전 기획력 강화 및 활성화	• 해외 한국 문화유산 기획전 유치
		아시아허브 박물관으로서의 위상 확립	• 한중일 국립박물관 협의체 구성 • 아시아 박물관 협의체 구성 및 운영 • 정기 아시안 전시회 및 학술 심포지엄 개최
		국외 주요 박물관 한국실 지원 확대	• 국외 주요 박물관 한국실 현황 및 실태 조사 • 국외 주요 박물관 한국실 지원 방안 연구

〈표 6-2〉 국립박물관 비전 2020(2006)

위의 목표 가운데 '세계 속의 열린 박물관 구현'은 '국제 교류전 기획력 강화 및 활성화'라는 실천과제와 '해외 한국 문화유산 기획전 유치'라는 전략으로 구체화된다. 이 전략은 기획전시와 협력전시로 실행되어 '조선미술대전'(2014. 3~2015. 1, 필라델피아미술관, 로스엔젤레스카운티미술관, 휴스턴미술관), '황금의 나라: 신라'(2013. 10~2014. 2, 메트로폴리탄미술관), '한국도자 600년'(2012. 8~2012. 11. 25, 브라질 상파울루미술관), '조선

설립취지	국민과 함께하는 미술관		
비전	다양하고 창의적인 열린 미술관		
목표	미술관 고유 기능 강화·확대	고객친화 복합문화 공간 조성	미술관 경영 안정성 효율성 제고
실천과제	① 3관 특성화 전략 강화 ② 3관 3색 차별화 전시 ③ 수요자 맞춤형 교육 ④ 미술품 수집·보존·연구 중추기관 위상확립 ⑤ 창의에너지 증진창작 스튜디오 운영	① 3관 통합적 관람객 관리 전략 수립 ② 홍보매체 다양화로 고객 접근성 향상 ③ 미술관 3.0으로 정보 공유 활성화 ④ 미술 문화 향유권 신장 ⑤ 고객 편의성 제고 환경 개선	① 미술관 기부문화 조성 ② 국내외 미술 현장 교류·협력 ③ 미술 은행 활성화 ④ 조직 소통 확대와 전문성 강화

〈표 6-3〉 국립현대미술관 정책비전과 추진과제

왕실, 잔치를 열다'(2013. 10~2014. 1, 샌프란시스코 아시아미술관), '아름다운 한국문화재'(2013. 6~2013. 9, 터키 이스탄불 톱카프궁박물관), '장인 정신: 한국의 금속공예'(2011. 10~2012. 2, 호주 시드니파워하우스박물관), '솔숲에 부는 바람: 한국미술 5000년'(2010. 10~2010. 10, 러시아 상트페테르부르크 예르미타시미술관) 등 '우리 문화재 국외 전시' 전시프로그램으로 전환되었다.

〈표 6-4〉는 스미스소니언협회의 설립취지, 국립항공우주박물관의 설립취지·목적·전시와 교육의 실천과제·성과지표에 대한 내용을 담고 있다. 국립항공우주박물관의 모기관은 스미스소니언협회이므로, 모기관의 설립취지인 '지식의 증가와 보급'의 범위 안에서 독자적인 설립취지·목적·실천과제를 수립한다. 목적은 국립항공우주박물관의 항공학 부서의 역할에 대한 포괄적인 내용을 담고 있고, 전시와 교육에 대한 실천과제는 각각 성과에 대한 평가지표performance indicator를 갖고 있다.

모든 박물관은 공식적으로 명문화되고 승인받은 설립취지를 갖고 있어야 한다. 설립취지는 박물관의 의사결정·정책수립·활동의 지침으로서 중심적인 역할을 한다. 박물관의 효율성과 효과성의 가치를 제시하고, 업무의 진행 방향과 의사소통의 체계 확립을 위해 필요한 경영 도구다. 설립취지는 대내적인 관점과 대외적인 관점으로 나누어 볼 수 있다. 대내적인 관점에서는, 박물관이 누구를 위해 어떤 이유로 무엇을 할지 명확히 제시해 박물관의 고유한 정체성과 목적, 대중과 소장품에 대한 역할과 책임을 이해하고 인식한다. 대외적인 측면에서는 박물관의 수행성과를 평가할 수 있는 가장 중요한 기준으로, 비영리기관으로서 박물관을 효율적·효과적으로 경영하고 있음을 증명하는 도구다. 이러한 관점에서 설립취지는 관람객들이 박물관의 가치를 올바르게 이해하고 있는지 판단할 수 있는 기본적인 요소이며, 시장환경 내에서 타 기관과의 차별성

Smithsonian Institution	
Mission Statement	the increase of knowledge and the diffusion of knowledge
Mission statement (The National Air and Space Museum)	The National Air and Space Museum shall commemorate the national development of aviation and space flight, and will educate and inspire the nation by: • Preserving and displaying aeronautical and space flight equipment and data of historical interest and significance to the progress of aviation and space flight; • Developing educational materials and conducting programs to increase the public's understanding of, and involvement in, the development of aviation and space flight; and • Conducting and disseminating new research in the study of aviation and space flight and their related technologies.
Goal (the Aeronautics Division)	The goal of the Aeronautics Division is to preserve, document, and interpret the history of aeronautical technology within a broad and appropriate political, economic, and social context.
Objective (exhibition)	Evaluate current exhibitions and interpretive approaches and establish a coordinated "vision" and long-range plan for improvements to existing exhibits as well as new ones.
Performance Indicators	• Completion of plan on schedule • Percent of approved exhibit improvements and plans per year, pending funding
Objective (education)	Create a uniform, coordinated program with measurable objectives for achieving Smithsonian and Museum mission-specific educational goals.
Performance Indicators	• Adoption of coordinated, unified structure for all NASM educational activities • Establishment of process for review and analysis • Completion of programs that meet stated objectives

〈표 6-4〉 스미스소니언박물관의 설립취지, 국립항공우주박물관의 설립취지·목적·실천과제

이나 정체성을 대외적으로 인식시키는 도구다(H. Skramstad, 1997).

설립취지를 명문화하는 작업에는 누구에 의해 기술되는가, 어떠한 과정을 거치는가, 누구의 가치와 비전을 제시하는가, 이러한 내용을 어떠한 방법으로 제시할 것인가 등을 고려해야 한다(K. Moore, 1994: 7). 이 가운데 비전과 가치는 미래에 대한 계획과 구조적인 틀을 완성하기 위

해 요구된다. 박물관의 비전은 박물관이 설립목적과 가치를 지속적으로 추구할 때 어떠한 방법으로 지역사회에 공헌할 것인가를 가시화하는 것이며, 가치는 비전에 대한 정당성과 합리적인 해석이다.

일반적으로 박물관의 설립취지는 내용상 포괄적이며 일관된 특성을 유지해야 한다. 미국에서는 1960년대 후반 이래, 박물관이 포괄적인 내용을 담은 설립취지를 채택하도록 장려했다. 스크람스테드(1997)에 의하면, 설립취지는 박물관의 가치와 비전·존재 이유·역할·기능·활동을 다루며, 미래지향적인 기관의 계획이나 이정표를 제시해야 한다(B. Lord·G. D. Lord, 1997). 보트Jean Vogt는 설립취지가 포함해야 할 항목으로 박물관의 존재 이유, 봉사대상 및 목표 관람객의 범주, 박물관이 제공하는 서비스의 목적이나 목표, 기능과 활동, 소장품의 범주, 박물관의 목적과 지역사회 및 구성원과의 상호관련성, 타 문화예술기관과의 관계성과 박물관의 역할, 사회에서의 가치와 박물관 활동과의 관련성, 박물관이 지향하거나 관심 있는 사회적 현안 등을 언급했다.

현실적으로 보트가 제시한 사항을 설립취지에 모두 담은 박물관은 없다. 어린이박물관처럼 특수 집단에 봉사하는 경우에는 봉사대상에 대한 내용을 포함하지만, 박물관 대부분은 존재 이유·서비스의 목적이나 목표·기능과 활동·소장품 범주·사회 내에서의 가치와 박물관 활동과의 관련성 등에 대해서만 기술한다. 설립취지 기술에 대한 표준방식은 제시된 바 없으나 미국박물관협의회가 발간한 '미국 박물관을 위한 국가표준과 모범 활동 사례National Standards & Best Practices for U.S. Museums'(2007)를 보면, 기본적으로 간결성·일관성·현실성·고유성·인지성·최신성 등을 고려해 기술할 것을 권고하고 있다. 여기서의 인지성은 쉽게 기억하고 이해할 만하며 인상적이라는 뜻이다. 이 문서는 설립취지와 관계된 우수성의 지표를 다음과 같이 제시했다.

- 박물관은 공공봉사의 역할을 강조하고, 그 역할의 중심에 교육을 놓는다.
- 박물관은 공적 책임에 헌신하며, 설립취지는 명확하고 운영방식은 투명해야 한다.
- 박물관은 설립취지의 중요성과 그 내용을 명확히 이해하고, 박물관을 통해 누가 혜택을 얻는지를 전달한다.
- 박물관 경영은 통합적으로 이루어져야 하며, 설립취지의 내용을 준수하는 데 초점을 맞춰야 한다.
- 박물관 경영자와 전문인력은 설립취지를 발전시킬 수 있는 자료의 수집·개발·지출에 대해 전략적으로 생각하고 행동해야 한다.

몇몇 박물관은 설립취지를 명함이나 박물관 사무용품의 하단에 표기해도 될 만큼 지나치게 짧고 간단하게, 함축적으로 기술한 경우가 있다. 설립취지는 반드시 박물관의 존재 이유와 목적why do we do, 활동what we do, 봉사대상who do we serve에 대한 내용을 기술해야 한다. 앞서 언급한 스미스소니언협회의 설립취지는 "지식증대와 보급 The increase and diffusion of knowledge"이다. 이 설립취지는 박물관 조직구성원이나 관람객에게 쉽게 각인될 수는 있겠지만, 그 내용이 추상적이며 모호해서 결과적으로 전달력이 떨어진다. 이러한 설립취지는 박물관의 목적을 기술하고 고유한 정체성과 초점 등을 정의하고 알리는 데 문제가 있다. 스미스소니언협회는 "우리의 문화유산을 보전하고, 새로운 지식을 발견하고, 세계와 우리의 자원을 공유함으로써 미래를 만든다 Shaping the future by preserving our heritage, discovering new knowledge, and sharing our resources with the world"라고 비전을 별도로 기술했고, 이와 함께 발견Discovery · 창의성Creativity · 우수성Excellence · 다양성Diversity · 완전성Integrity · 봉사 Service라는 의미와 가치를 추가함으로써, 설립취지에 내재한 모호성을 해소했다(〈표 6-5〉 참조).

Mission statement	The increase and diffusion of knowledge
Vision	Shaping the future by preserving our heritage, discovering new knowledge, and sharing our resources with the world
Values	• Discovery: Explore and bring to light new knowledge and ideas, and better ways of doing business • Creativity: Instill our work with imagination and innovation • Excellence: Deliver the highest-quality products and services in all endeavors • Diversity: Capitalize on the richness inherent in differences • Integrity: Carry out all our work with the greatest responsibility and accountability • Service: Be of benefit to the public and our stakeholders

〈표 6-5〉 스미스소니언협회의 설립취지·비전·가치(출처: http://www.si.edu/About/Mission)

스미스소니언협회와 마찬가지로 미네소타과학박물관the Science Museum of Minnesota과 보스턴과학박물관Museum of Science, Boston도 모호한 방식으로 목적에 대해서만 설립취지를 기술하고 있기 때문에, 박물관이 누구를 위해 무슨 이유로 무엇을 하는지, 그리고 그러한 활동이 어떤 가치를 지니는지 이해하려면 좀 더 상세한 설명이 필요하다(〈표 6-6〉 참조).

서술 방식 외에 설립취지와 관련된 주요 문제점으로 내용의 일관성과 최신성을 들 수 있다. 박물관 설립 후 일정 시간이 경과하면 경영상의 고려사항과 우선순위가 달라질 수 있고, 더욱이 설립주체가 바뀌는 경우에는 설립취지를 개정해야 한다. 웨일Stephen E. Weil(1995)도 박물관은 설립취지 중심으로mission-driven 운영되는 조직이므로 미리 설정한 설립취지와 외부환경이나 내부 상황 사이에 긴장감이 형성될 가능성에 대해 지적했다(N. Kotler & P. Kotler, 2005: 39, 재인용). 사실 '설립취지는 수정될 수 없다'는 원칙이 있는 것은 아니다. 하지만 수정 내용이 아무리 사소하더라도 동일한 맥락에서 정책과 계획에 반영해야 하므로, 대부분 박물관은 설립취지의 개정에 보수적인 입장을 취한다.

Museum of Science, Boston	The Museum's mission is to play a leading role in transforming the nation's relationship with science and technology.
Science Museum of Minnesota	Turn on the science: realizing the potential of policy makers, educators, and individuals to achieve full civic and economic participation in the world."

〈표 6-6〉 보스턴과학박물관과 미네소타과학박물관의 설립취지

오늘날과 같이 재원조성과 관람객 개발에 대한 압력이 커지고 외부환경이 급변하는 불확실성 시대에는 설립취지의 탄력성과 유연성을 유지하는 것이 바람직하다. 또한 설립취지를 개정할 필요성이 제기되는 경우, 면밀한 진단과 검토 후 이사회의 인준을 받아야 하며, 개정된 내용은 대내외적으로 공유해야 한다. 대부분 박물관은 설립취지를 대외적으로 알리는 활동에 적극적이지 않다. 공공기금을 받거나 민간부문에서 재원조성을 하는 경우, 설립취지는 박물관의 가치와 지원금의 사용 목적을 이해하는 데 필수적이다. 이는 설립취지가 정책이나 의사결정의 근간이면서 박물관의 모든 활동과 통일성을 유지하게 하는 기초이기 때문이다.

또한 설립취지는 재원조성과 같이 외부와 접촉할 때뿐만 아니라 재원조성 준비 단계에서도 조직 내부적으로 이사진·전문인력·자원봉사자들의 업무 능력을 효율적으로 집중시켜 활용하는 데 도움이 된다(용호성, 2010: 245). 재원조성에 참여하는 조직구성원들이 설립취지에 대해 이해하거나 공감하지 못하는 경우, 재원조성에 대한 성과를 기대할 수 없다. 실제로 전문인력은 박물관 경영과 설립취지의 관계나 설립취지의 내용을 정확히 인식하지 못하고 있거나 설립취지를 단지 행정 문서의 하나로 취급하는 경향이 있는데, 이는 박물관의 정체성이나 사회적 가치에 대한 인식 부재에 기인한다(K. Moore, 1994: 7). 따라서 설립취지의 명문화 작업이나 수정 작업이 완료되면 출입구·전시실·뮤지엄숍과 레스토

랑과 같은 편의시설·사무 공간·사무용품과 문서·자원봉사자 핸드북·
오리엔테이션 매뉴얼·전시 팸플릿이나 포스터 등에 알려 설립취지에 대
한 인식을 널리 확산시키는 데 노력을 기울여야 한다.

박물관 이름	설립취지
국립중앙박물관	국립중앙박물관은 고고학·미술사학·역사학·인류학 분야에 속하는 문화재와 자료를 수집·보존·전시하여 일반 공중의 관람에 제공하여, 이에 관한 연구·조사와 전통 문화의 계몽·홍보·보급 및 교류를 위하여 설립되었다.
국립현대미술관	국립현대미술관은 한국 근·현대 미술의 흐름과 이 시대 세계 미술의 동향을 함께 수용하여, 이를 토대로 우리나라 미술문화의 바람직한 발전 방향을 정립하고 진흥하려는 취지에서 설립한 국립미술관이다.
리움(Leeum)	리움은 한국 고유의 미를 담고 있는 전통미술과 생동하는 한국미술의 새로운 경향을 나타내는 현대미술, 시대적 가치를 반영한 세계적인 현대미술을 깊이 연구하고 이를 새롭게 해석한다. 이러한 활동을 통해 한국미술이 앞으로 나아갈 방향을 제시하고, 나아가 국제미술을 한층 더 풍성하게 만드는 데 그 목표를 둔다.
금호미술관	금호미술관은 금호그룹이 지방 작가를 발굴 지원하고, 역량 있는 신예 작가전·기성 작가전을 개최, 동시대미술을 진단·전망하는 기획전을 통해 우리 미술문화의 발전에 기여하고자 설립되었다.
화정박물관	화정박물관은 많은 사람들이 우리 문화유산을 비롯해 티베트·중국·일본을 아우르는 다양한 아시아 미술의 세계를 향유할 수 있도록 돕기 위해 설립되었다.
대림미술관	대림미술관은 '일상이 예술이 되는 미술관'이라는 비전 아래, 우리 주변에서 쉽게 발견할 수 있는 사물의 가치를 새롭게 조명함으로써, 대중이 일상 속에서 예술을 즐길 수 있도록 새로운 라이프 스타일을 제안하는 전시 콘텐츠를 만들어내고자 노력한다.

〈표 6-7〉 국내 박물관·미술관 설립취지 사례

박물관 이름	설립취지
British Museum	The museum exists to illuminate the histories of cultures, for the benefit of present and future generations.
Science Museum of Minnesota	Turn on the science: realizing the potential of policy makers, educators, and individuals to achieve full civic and economic participation in the world.
Museum of Science, Boston	The Museum's mission is to play a leading role in transforming the nation's relationship with science and technology.
The J. Paul Getty Museum	The J. Paul Getty Museum seeks to inspire curiosity about, and enjoyment and understanding of, the visual arts by collecting, conserving, exhibiting and interpreting works of art of outstanding quality and historical importance.
Solomon R. Guggenheim Museum	The mission of the Solomon R. Guggenheim Foundation is to promote the understanding and appreciation of art, architecture, and other manifestations of visual culture, primarily of the modern and contemporary periods, and to collect, conserve, and study the art of our time.
The Museum of Modern Art	The Museum of Modern Art is dedicated to being the foremost museum of modern art in the world. Central to the Museum of Modern Art' mission is the encouragement of an ever deeper understanding and enjoyment of modern and contemporary art by the diverse local, national, and international audiences that it serves.
Chicago Children's Museum	The mission of Chicago Children's Museum is to activate the intellectual and creative potential of children by being a catalyst for the process of learning. The primary audience is all children the fifth grade, including their families and educators.
Metropolitan Museum of Arts	The purpose is to encourage and to develop the study of fine arts, and the application of arts to manufacture and practical life, advancing the general knowledge of kindred subject of furnishing popular instruction. To carry out this purpose for public, the Metropolitan Museum of Arts has various collections, research fields, facilities and activities.
The Charleston Museum	To document and explain the natural and cultural history of Charleston and the South Carolina coastal region through the maintenance, improvement and expansion of collections documenting the natural forms and material culture of this region.

Chicago Children's Museum	The mission of Chicago Children's Museum is to activate the intellectual and creative potential of children by being a catalyst for the process of learning. The primary audience is all children the fifth grade, including their families and educators.
Holocaust Memoria Museum	The United States Holocaust Memorial Museum is America's national institution for the documentation, study, and interpretation of Holocaust history, and serves as this country's memorial to the millions of people murdered during the Holocaust. The Museum's primary mission is to advance and disseminate knowledge about this unprecedented tragedy; to preserve the memory of those who suffered; and to encourage its visitors to reflect upon the moral and spiritual questions raised by the events of the Holocaust as well as their own responsibilities as citizens of a democracy.
The Field Museum	The Field Museum is an educational institution concerned with the diversity and relationships in nature and among cultures. It provides collection-based research and learning for greater public understanding and appreciation of the world in which we live. Its collections, public learning programs, and research are inseparably linked to serve a diverse public of varied ages, backgrounds and knowledge.
Brooklyn Museum	The mission of the Brooklyn Museum is to act as a bridge between the rich artistic heritage of world cultures, as embodied in its collections, and the unique experience of each visitor.
National Museum of American History	NMAH dedicates its collections and scholarship to inspiring a broader understanding of our nation and its many peoples. We create learning opportunities, stimulate imaginations, and present challenging ideas about our country's past.
The Tech Museum of Innovation	The Tech Museum of Innovation is an educational resource established to engage people of all ages and backgrounds in exploring and experiencing technologies affecting their lives, and to inspire the young to become innovators in the technologies of the future.
Aldrich Contemporary Art Museum	The Aldrich Contemporary Art Museum advances creative thinking by connecting today's artists with individuals and communities in unexpected and stimulating ways.

〈표 6-8〉 해외 박물관·미술관 설립취지 사례

4. 박물관 조직구조

경영학적 관점에서 '조직organization'은 경영 목표의 달성을 위해 조직구성원의 직무를 규정하고, 일정한 권리와 책임을 배분함으로써, 직무 간의 협력 관계를 합리적인 방식으로 이끌어내 조화를 이루는 것이다. 조직은 경영기획 단계의 조직의 형성과 유지를 위해 관리 과정적 기능인 조직화가 선행되어야 하는데, 조직화란 목표를 달성하기 위해 각자가 해야 할 일을 정해주고 필요한 지원을 제공하며 누가 누구에게 보고를 하고 감독을 받아야 하는가를 결정하는 작업이다. 동태적인 관점에서는 기능적 의미를 내포하고 있는 반면, 정태적 관점에서는 형태나 구조의 의미를 지닌다(이원우 외, 1998: 414). 마치 유능한 스포츠 감독이 용병술이 뛰어난 것처럼, 경영자에게도 조직구성원의 역량을 정확하게 파악해서 그들을 적재적소에 배치하는 능력이 요구된다. 조직구성에 문제가 있으면 구성원 간에 갈등이 심화되고, 의사결정도 원활하게 이루어지지 않는데, 이러한 상황에서는 협력을 통해 발생하는 상승효과synergy를 기대할 수 없다.[66]

앞서 언급한 경영학적 개념을 박물관에 적용하면, 박물관 조직은 궁극적으로 박물관의 설립취지·목적·실천과제를 달성하기 위해 전개하는 활동이므로, 이에 적절한 전문인력의 역할과 기능을 배분하고, 책임과 권한을 부여하는 체계다. 박물관의 조직화 과정에서는 누가who, 어떤 업무를what, 어떠한 방법으로how 수행하고, 누구에게whom 보고하고, 의사결정 권한은 누가 갖고 있는지에 대한 의사결정이 이루어진다(B.

---

66 상승효과(相乘效果)란 각자의 힘을 합한 것보다 더 큰 힘을 낼 수 있는 것을 의미한다.

Lord & G. D. Lord, 1997: 6).

조직을 구성하기 위해서는 기본 요소인 구성원과 업무를 체계적으로 배열시킴으로써 조직구조organizational structure를 결정해야 하는데, 이를 '조직설계organizational design'라고 하며, 이를 실행하기 위해서는 선행적으로 아래의 몇 가지 사항을 결정해야 한다(서성무·이지우, 2006: 153~154).

- 조직 목표의 달성을 위해 수행해야 할 전체 업무를 명확히 파악해야 한다.
- 전체 업무를 개별 구성원이나 집단에 의해 수행될 수 있도록 세부 업무로 나눈다.
- 분할된 업무와 담당자를 업무의 특성에 따라 집단화한다.
- 직무를 수행하는 데 요구되는 권한을 구성원이나 집단에 배분한다.
- 전체의 목표를 향해 구성원의 업무가 상호조화와 통합을 이룰 수 있도록 조정한다.
- 상기 기술한 조직화 과정에서 이루어진 의사결정이 잘 진행되었는지를 평가하고 문제 발견 시 필요한 조치를 취한다.

고전적인 경영학의 이론을 답습한 전형적인 박물관의 조직 체계에는 관료주의적인 특성을 띤 수직적인 계층 구조hierarchical structure와 수평적인 기능별 부서구조functional departmental structure가 있다. 수직적인 계층 구조에서는 최고 경영층top management·중간 경영층middle management·하위 경영층lower management으로 경영 구조가 형성되는데, 이러한 계층 구조는 관리 한계의 범위에 따라 하향적으로 분화될 수 있다.[67] 수직구조

---

67 박물관이 수직구조로 설계되는 경우, 설립주체·이사회·관장·부관장·학예연구실장이 관리 한계의 범위에 따라 하향적으로 분화된다.

는 관리 한계의 범위가 협소하고 구성원 수가 적을 때는 의사결정이 체계적으로 이루어져 조정이 원활해질 수 있지만, 규모나 범위가 커질수록 비용이 많이 들고 커뮤니케이션·계획 수립·통제가 어려워질 수 있다.

반면에 수평적인 기능별 부서구조란 각 조직 단위의 설정이나 기능의 분화 과정을 통해 수평적으로 형성되는 조직구조를 의미한다. 수평 조직에서 직무를 집단으로 분류해 그 담당자들이 동일한 상위 계층의 경영자로부터 감독을 받게 하는 것을 '부서화 departmentalization'라고 한다. 경영자는 권한 한계가 명확하고 직무 담당자 간에 의사소통과 협조가 원활히 이루어져 조직 목표가 효과적으로 달성될 수 있도록 상황에 따라 적합한 부서화 유형을 선택해야 한다. 업무의 부서화 작업이 완료되면 '권한 배분 원칙'에 따라 책임과 의사결정에 대한 권한이 적절히 분배되는데, 이때 계층 연쇄 원칙·명령 일원화 원칙·책임-권한 동등 원칙이 적용된다.

일반적으로 사용되는 부서화 방식으로 기능별·사업부별·행렬식·팀제 유형이 있다. 기능조직 functional organization은 기능적으로 상호관련성이 있거나 유기적인 협력이 요구되는 동일한 특성을 지닌 직무를 모아 한 부서에서 일할 수 있게 하는 조직이다. 기능조직의 책임자는 상위 계층의 경영자에게 보고해 해결책을 모색하기 때문에 빠른 의사결정이나 행동을 취하기 어렵다. 각 기능조직이 전체 업무 가운데 일정 부분을 맡아 처리하기 때문에 책임 영역을 명확히 정의하기 어렵고, 타 기능에 대한 이해가 낮아서 유기적인 협력을 도모할 때 부서 사이에 의견 조정이 필요할 수 있다. 또한 각 기능조직마다 관점이나 업무 처리 방식이 상이하기 때문에, 전체 구성원 간의 일체감이나 일관성 있는 업무 행동 양식을 형성하는 데 어려움이 따른다(서성무·이지우, 2006: 158). 반면 사업부조직은 일반적으로 특정 소비자 또는 특정제품이나 서비스를 중심으로 필요한 기능이나 부서를 묶어 활동하게 하는 조직이며, 기능조직에 비해 독립성과 유연성을 지닌다.

행렬조직matrix organization은 기능조직과 사업부조직을 결합한 형태의 조직이다. 이 조직은 우선 기능에 따라 구성원 부서화를 진행한 후, 특정 사업이나 프로그램별로 다시 집단화 작업을 거친다. 따라서 행렬조직에서는 각 구성원이 2명의 상급자를 갖게 되며, 의사결정이 신속하게 이루어질 수 있도록 권한이 위임된다. 행렬조직은 기능간의 권한 관계보다는 상호의존성을 강조한다. 계층의 구조나 기능별 부서화 조직보다는 실제로 구성원이 보유하고 있는 전문지식이나 기술의 활용을 중시한다. 이러한 관점에서 행렬조직은 복잡한 문제 해결에 필요한 다양한 분야의 전문적인 기능을 함께 모을 수 있고, 상호조정에 대한 필요성이 줄어들어 서로 이해를 도모하기 쉽다는 장점이 있다. 또한 각 프로젝트마다 필요한 인력만을 배치하기 때문에 효용성이 높고, 업무에 대한 책임감도 높아져 효과적인 방법이다. 하지만 이러한 프로젝트 기반의 조직에서는 원만한 대인관계 기술이 요구되고, 프로젝트 종료 때마다 조직을 재구성해야 하므로 응집력이나 사기가 낮아질 수 있고, 보고 체계가 2명으로 구성되기 때문에 혼란을 야기할 수 있다는 점을 유념해야 한다.

일반적으로 조직을 설계할 때는 전략·기술·규모·외부환경의 특성을 고려해야 한다. 박물관 조직설계를 결정할 때는 경영 계획(설립취지·목표·실천과제), 설립주체와 운영주체(자체운영·중앙정부·지방자치단체·기업·사단법인·재단법인·개인 등), 경영진(이사회·심의위원회·자문위원회·운영위원회 등), 운영지침에 대한 근거 법규 및 규정(설치법·설치령·설치 조례·예규 등), 직책별 업무분장과 권한에 관한 직무규정서(정관·조례·내규 등)와 직무명세서, 직원의 전문성 및 직무 간 유기적 관계성, 후원회 및 재원의 출처, 의사결정에 대한 전문인력의 참여도 등을 검토·고려해야 한다.[68]

박물관 업무는 소장품의 주제(역사·미술사·자연과학·인류학 등)와 지원 학문(경영학·행정학·커뮤니케이션·교육학·디자인·화학 등)이 결합되어 다학제적 특성을 띠는데, 이와 같은 특성은 조직구조에 영향을 미친다. 박물관 조직구조는 기본적으로 전문지식이나 능력이 요구되는 업무를 기능별로 설계하고 직무 전문화job specialization 방식으로 부서화가 이루어진다. 필요한 경우, 박물관은 신수품전이나 특별전시회와 같은 특정 사업이나 프로젝트별로 전문인력을 재집단화해서 팀제 형식의 조직 단위를 운영하기도 한다.

수집·보존·전시·교육 등 박물관학적 활동이 '업무 분할division of work'을 통해 학예 연구로부터 독자적인 조직 단위로 분리된 것은 1960년대였다.[69] 그 결과 규모가 큰 박물관에서는 소장품의 주제 영역인 학예 연구 이외의 다양한 박물관학적 기능의 세분화를 통해 새로운 형태의 조직 단위가 등장하는 현상이 나타났는데, 이를 '제2의 박물관 혁명the second museum revolution'이라고 한다.[70] 특히 교육부서의 탄생은 박물관이 기능 지향적인 조직이라는 논거가 되었다. 1960~1970년대에는 소장품 관리와 커뮤니케이션 영역의 전문인력에 대한 수요가 증가했기 때문에 1960년대에 조직 구성의 80~90%를 차지했던 학예연구직은 1990년대에 60%로 감소했다(Peter van Mensch, 2004: 5). 더욱이 경영·관리·마

---

68 박물관의 직무기술서·직무명세서와 업무분장에 대한 내용은 1988년 미국의 스미스소니언 연구소(the Smithsonian Institution)와 국제박물관협회(ICOM)가 공동으로 출범한 국제인력훈련위원회(International Committee on Training of Personnel)에서 출판한 내용을 살펴보면 도움이 될 것이다.

69 규모가 큰 박물관은 활동과 기능에 따라 부서를 나눌 뿐 아니라 소장품 영역에 따라 조직을 세분하고, 유물 등록실과 유물 보존실을 나눈다. 예를 들어, 고고학·역사학·미술사·과학·보존 처리·등록 담당 혹은 소장품 관리로 구분한다. 규모가 작은 박물관은 유물 등록실과 유물 보존실을 학예 연구부서 내에 같이 두어 업무의 상호 유기성을 도모한다.

70 19세기 말(1880~1920), 박물관과 관련된 지식과 전문성을 개발해야 한다는 요구가 늘어났는데, 이 시기를 '첫 번째 박물관 혁명(first museum revolution)'이라고 부른다.

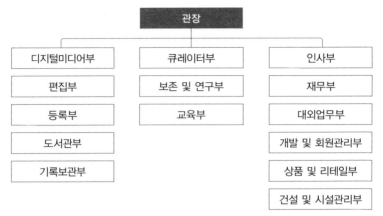

<그림 6-2> 학예연구 중심인 메트로폴리탄미술관의 조직구조

케팅·커뮤니케이션·상업화와 시장 지향적인 활동의 중요성이 증대되고, 창조·현대화·팽창에 대한 관심이 높아짐에 따라, 재원조성과 관람객 개발에 전문지식과 능력을 가진 인력 고용이 증가하고 조직구조가 변화하는 '제3의 박물관 혁명'이 현재 진행되고 있다.

　박물관 조직은 설립취지에 기술된 핵심 기능과 운영프로그램에 따라 조직 특성이 강화될 수 있다. 소장품이나 학예 연구 중심의 박물관 조직은 일반적으로 수직구조적 특성을 지니지만, 그 중요도나 비중에 따라 학예 연구 조직은 조직 단위별로 수직 또는 수평관계로 배열된다. 메트로폴리탄미술관의 경우, 방대한 소장품을 연구·관리하기 위해 학예 부서를 다음 17개 부서로 나누고 있다. 아프리카 미술, 오세아니아 미술, 아메리카 미술, 미국 미술, 고대 중동 미술, 무기 및 보호구, 아시아 미술, 의상·회화·판화 미술, 이집트 미술, 유럽회화, 유럽 조각·장식 미술, 그리스·로마 미술, 이슬람 미술, 로버트 레만Robert Lehman 컬렉션, 중세 미술·음악·악기, 19세기 근현대 미술, 사진 등이다.

　반면에 박물관학 이론과 실무를 충족시키도록 구성된 기능 중심의 조

〈그림 6-3〉 기능 중심의 수평구조적 특성을 지닌 국립민속박물관 조직도

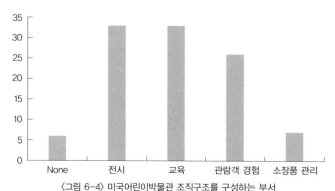

〈그림 6-4〉 미국어린이박물관 조직구조를 구성하는 부서
(출처: Museum Now, 2010 / http://museums-now.blogspot.kr/2010/04/childrens-museums-organizational.html)

직구조는 주요 기능에 대한 부서화 작업이 이루어진 후, 업무 단위별로 세분화되고 수직 또는 수평관계로 배열된다. 기능 중심 조직의 경우, 〈그림 6-4〉에서 보는 바와 같이 어린이박물관은 핸즈-온 전시물과 교육프로그램 개발이 핵심적인 기능이므로 박물관 업무 가운데 전시 부서와 교육 부서의 비중이 높고, 봉사대상인 아동의 체험학습에 대한 지속적인 연구가 요구되므로 관람객 경험을 담당하는 별도의 부서를 설치하고 있다.

　한편 글로벌 네트워크를 통해 전시 및 사업부분에 주력하고 있는 구겐하임미술관은 관장실 산하에 큐레이터부Curatorial · 소장부Conservation · 교육부Education · 개발부Development · 전시부Exhibition · 부대사업부Retail · 행정부Executive Cabinet로 구분할 수 있는 20여 개의 기능조직을 두고 있다. 특히 개발부Development는 기업개발Development: Corporate · 개인개발Development:

Individual ·기관개발Development: Institutional ·사업개발Development: Operations 등으로 세분되며, 전시부Exhibition는 전시디자인Exhibition Design ·전시조명 Exhibition Lighting ·전시 및 소장품 관리Exhibition & Collections Management 등 전시 관련 세부 기능으로 세분된다.

우리나라는 국립중앙박물관, 국립현대미술관, 국립민속박물관 등 국립박물관의 사업 기능과 역할, 설립과 운영에 대해 '박물관 및 미술관 진흥법[법률 제10367호, 2010.6.10., 일부 개정][71]으로 규정하며, 국립중

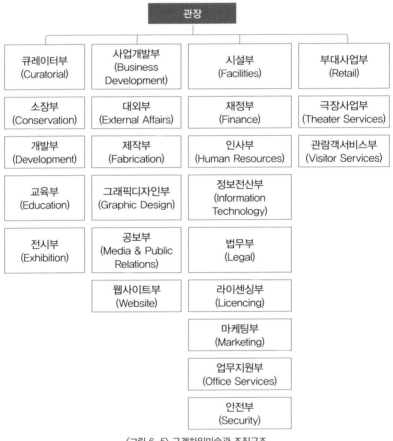

〈그림 6-5〉 구겐하임미술관 조직구조

앙박물관과 국립현대미술관 및 국립민속박물관의 조직과 운영에 필요한 사항은 대통령령으로 정하고 있다(〈표 6-9〉 참조).

문화체육관광부와 그 소속기관 직제[대통령령 제20893호, 2008. 7. 3. 타법 개정]의 제4장 국립중앙박물관에서는 직무(제29조)와 하부 조직(제31조)에 대한 내용을 다루고 있으며, 〈표 6-10〉은 제32-34조에 기

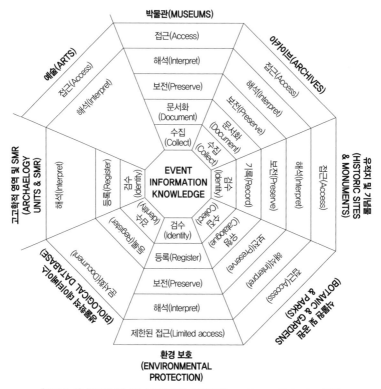

〈그림 6-6〉 박물관 기능과 소장품 간의 상관관계(Lynne Teather, 2012, p.81, 재인용)

---

71 박물관 및 미술관 진흥법[시행 2010.12.11] 제1장 총칙, 제1조에 의하면 박물관 및 미술관 진흥법의 목적은 "박물관과 미술관의 설립과 운영에 필요한 사항을 규정해 박물관과 미술관을 건전하게 육성함으로써 문화·예술·학문의 발전과 일반 공중의 문화향유 증진에 이바지하는 것이다."

제4조 (사업)	① 박물관은 다음 각 호의 사업을 수행한다. 〈개정 2007.7.27.〉 　1. 박물관 자료의 수집·관리·보존·전시 　2. 박물관 자료에 관한 교육 및 전문적·학술적인 조사·연구 　3. 박물관 자료의 보존과 전시 등에 관한 기술적인 조사·연구 　4. 박물관 자료에 관한 강연회·강습회·영사회(映寫會)·연구회·전람회·전 　　 시회·발표회·감상회·탐사회·답사 등 각종 행사의 개최 　5. 박물관 자료에 관한 복제와 각종 간행물의 제작과 배포 　6. 국내외 다른 박물관 및 미술관과의 박물관 자료·미술관 자료·간행물·프 　　 로그램과 정보의 교환, 박물관·미술관 학예사 교류 등의 유기적인 협력 　7. 그 밖에 박물관의 설립목적을 달성하기 위하여 필요한 사업 등
제10조 (설립과 운영)	③ 국립중앙박물관은 제4조제1항의 사업 외에 다음 각 호의 업무를 수행한다. 　〈개정 2008.2.29.〉 　1. 국내외 문화재의 보존·관리 　2. 국내외 박물관 자료의 체계적인 보존·관리 　3. 국내 다른 박물관에 대한 지도·지원 및 업무 협조 　4. 국내 박물관 협력망의 구성 및 운영 　5. 그 밖에 국가를 대표하는 박물관으로서의 기능 수행에 필요한 업무 ⑦ 국립중앙박물관과 국립현대미술관 및 국립민속박물관의 조직과 운영 등에 　필요한 사항은 대통령령으로 정한다.

〈표 6-9〉 박물관의 사업기능과 역할 및 설립과 운영(박물관 및 미술관 진흥법)

술된 기획운영단, 학예연구실, 교육문화교류단의 업무 영역별 기능이
다.[72]

　앞서 언급한 바와 같이 문화체육관광부와 그 소속기관 직제 제31조
에 의거해 현재 국립중앙박물관의 조직 체계는 2단·1실·지방 11개 박
물관으로 구성되어 있다. 기능적으로 살펴보면 기획운영단, 학예연구실,
교육문화교류단으로 업무를 대별한 후 과-부-팀으로 업무를 나누고,

---

[72] 제29조(직무): 국립중앙박물관(이하 "중앙박물관"이라 한다)은 고고학·미술사학·역사학 및 인류학 분
야에 속하는 문화재와 자료를 수집·보존 및 전시해 일반 공중의 관람에 제공하며, 이에 관한 연구·조
사와 전통문화의 계몽·홍보·보급 및 교류에 관한 사무를 관장한다.
제31조(하부 조직): 중앙박물관에 기획운영단·학예연구실 및 교육문화교류단을 두고, 「행정기관의 조
직과 정원에 관한 통칙」 제12조 제3항 및 제14조 제4항에 따라 중앙박물관에 두는 보조 기관 또는 보
좌 기관은 문화체육관광부의 소속기관(국립국악극장·국립현대미술관 및 한국정책방송원은 제외한다)
에 두는 정원의 범위 안에서 문화체육관광부령으로 정한다.

부서	분장사무
기획운영단 (제32조)	1. 보안 및 관인관수 2. 문서의 수발·통제·발간 및 기록물 관리 3. 공무원의 임용·복무·교육훈련·연금·급여 그 밖에 인사에 관한 사항 4. 물품·국유재산의 관리 5. 회계 및 결산 6. 청사와 시설의 방호 및 재난 관리 7. 주요사업계획의 수립·조정 및 심사평가 8. 예산·감사·국회 및 법제에 관한 사항 9. 조직문화 혁신에 관한 사항 10. 박물관 진흥을 위한 조사·연구 11. 공·사립 박물관의 육성·지원 12. 학예사 양성 등 전문인력의 육성 13. 박물관 협력망의 구축 및 관련단체 지원 14. 청사 관리 종합계획의 수립·지원 15. 시설물의 안전점검·유지 및 보수 16. 소속 박물관의 건축·시설의 관리에 관한 기술지도 17. 시설용역업체에 대한 기술지도 및 감독 18. 수목·잔디 및 온실 등의 관리 19. 그 밖에 다른 부서의 주관에 속하지 아니하는 사항
학예연구실 (제33조)	1. 소장유물 및 유물수장고의 관리 2. 유물의 구입·대여 및 기탁과 국가 귀속 문화재의 관리 3. 학예연구 자료의 보관 및 관리와 자료실의 운영 4. 유물의 과학적 보존처리·모조 및 복제 5. 유물의 복제·복사·모조 및 촬영 등의 허가 6. 소속 박물관 유물의 관리와 보존처리에 관한 기술지도 7. 고고학 및 인류학 분야에 속하는 문화재와 자료의 연구·조사·발굴· 　수집·전시·고증·평가·분석·제도 및 촬영 8. 제7호의 규정에 의한 문화재와 자료에 관한 전시실의 운영 및 관리 9. 미술사학 분야 중 건축·조각·회화·서예·도자기·목칠·금속 및 섬유 　분야에 속하는 문화재와 자료의 연구·조사·발굴·수집·전시·고증· 　평가·분석·제도 및 촬영 10. 제9호의 규정에 의한 문화재와 자료에 관한 전시실의 운영 및 관리 11. 역사학 분야에 속하는 문화재와 자료의 연구·조사·발굴·수집·전 　시·고증·평가·분석·제도 및 촬영 12. 제11호의 규정에 의한 문화재와 자료에 관한 전시실의 운영 및 관리 13. 삭제 〈2005.8.16〉 14. 학술도서와 자료 등의 발간·배포

교육문화교류단 (제34조)	1. 박물관 문화사업의 기획·조정 및 운영 2. 박물관 후원회의 관리 및 기금조성 3. 국립중앙박물관문화재단에 대한 지도·감독 4. 박물관 출판물의 기획·발간 5. 국내·외 문화기관과의 교류·협력 6. 박물관 정보화 사업 및 전산실 운영에 관한 사항 7. 자원봉사자 양성교육·운영 및 견습 근무제 운영 8. 국내·외 문화재의 특별전 기획·전시 9. 외국 박물관의 한국실 전시 운영에 대한 지원 10. 국내·외 문화기관과의 전시교류 및 협력 11. 전시디자인 및 그 밖의 디자인에 관한 사항 12. 박물관 교육프로그램의 개발·운영 및 지원 13. 이동박물관의 기획·운영 14. 어린이박물관의 전시·교육프로그램 기획·운영 15. 박물관 홍보 종합계획의 수립·시행 16. 도서실의 운영·관리

〈표 6-10〉 국립중앙박물관 기획운영단·학예연구실·교육문화교류단의 업무분장

이를 집단화해서 하부 구조로 배치한 행렬조직 특성을 지닌다. 국립박물관은 정부 조직의 하나이므로 이사회는 조직구조에 포함되지 않았으나 상급기관인 문화체육관광부가 사실상 이사회의 역할을 하는 것으로 볼 수 있다(용호성, 2010: 156). 국내 박물관은 두 가지 이유에서 이사회 제도가 활성화되어 있지 않다. 첫째, 일정 규모 이상의 박물관은 대부분 그 운영주체가 국·공립이거나 기업이며, 이러한 경우 지도 감독과 지원 기능을 담당하는 행정부서나 기업이 이사회 역할을 대체하고 있다. 둘째, 국내 사립박물관은 대개 설립자가 생존해 있기 때문에 설립자와 관장이 동일한 경우가 많아서 이사회의 필요성을 인식하지 못하고 있다(용호성, 2010, 153).

국내에서는 이사회 대신 위원회 조직을 운영하는 사례가 많다. 위원회는 특정 정책이나 의사결정을 합리적으로 이끌어내기 위한 의결 기구의 목적으로 조직의 각 분야에서 전문가를 위원으로 선임해서 활용하는 조

제1조(목적) 이 규정은 국립중앙박물관(이하 "박물관"이라 한다) 운영에 관하여 박물관장(이하 "관장"이라 한다)의 자문에 응하기 위한 국립중앙박물관운영자문위원회(이하 "위원회"라 한다)의 조직과 운영 등에 관한 사항을 규정함을 목적으로 한다.

제2조(구성) ① 위원회는 30인 이내의 위원으로 구성한다. 〈개정 2007.4.20.〉

  ② 위원은 박물관 운영·문화재·사회교육 및 문화프로그램 등 분야의 학식과 경험이 있는 자 중에서 관장이 위촉한다.

  ③ 위원의 임기는 2년으로 한다. 다만, 보궐위원의 임기는 전임자의 잔여기간으로 한다.

제3조(위원장과 부위원장 등) ①위원회에는 위원장 1인과 부위원장 1인을 둔다.

  ② 위원장과 부위원장은 위원회에 각각 호선하되, 임기는 2년으로 한다.

  ③ 부위원장은 위원장을 보좌하며 위원장이 사고가 있을 때 그 직무를 대행한다.

  ④ 위원장은 회무를 총괄하며 위원회를 대표하고, 그 의장이 된다.

  ⑤ 회의 소집은 관장이 하며, 재적위원 3분의 1 이상 요구 시 위원장이 관장에게 회의 소집을 요구할 수 있다.

  ⑥ 위원회에 1인의 간사와 서기를 두며, 간사와 서기는 관장이 소속 직원 중에서 임면한다.

  ⑦ 간사는 위원회의 사무를 담당하고 서기는 간사를 보조한다.

제4조(자문사항) 위원회는 다음 각 호의 사항에 관하여 자문한다.

  1. 박물관 정책의 수립에 관한 사항

  2. 주요사업계획 수립에 관한 사항

  3. 기타 박물관 운영에 관한 사항으로 관장이 부의한 사항

제5조(의결정족수) 위원회의 의사는 재적위원 과반수의 출석과 출석위원 과반수 찬성으로 의결한다. 가부동수인 경우에는 의장이 결정한다.

〈표 6-11〉 위원회와 관련된 국립중앙박물관 예규편람의 내용

직 단위다. 일반적으로 박물관이 구성하는 위원회는 집행위원회executive committee·인사위원회nominating committee·기획위원회planning committee·재정위원회finance committee·기금조성위원회fund-raising committee 등이 있으며, 박물관 기능별로 산하에 위원회를 설치할 수 있다. 예컨대 박물관 및 미술관 진흥법 제7조(운영위원회)와 '국립중앙박물관 예규편람(2014. 1. 20)'에 근거해 국립중앙박물관은 운영자문위원회, 구입대상유물평가위원회, 수증유물심의위원회, 손상유물처리위원회, 수탁유물심의위원회, 유물보험평가위원회, 국외전시위원회 등 박물관의 각 기능에 대한 자문·심의

를 위한 위원회를 설치할 수 있다.[73]

국립중앙박물관의 조직구조와 그 내용을 살펴보면, 기획운영단은 행정 및 관람객 지원 등의 경영·행정[74]을 담당하는 반면, 전통적인 박물관의 조직구조와 유사하게 학예연구실에는 고고역사·미술·아시아부 등 소장품 영역을 세분화한 조직구조와 연구기획, 유물관리, 보존과학의 기능을 함께 배치했다(〈그림 6-7〉 참조). 인력 구성을 살펴보면, 2014년 현재 총 225명의 전문인력이 박물관 업무를 담당하고 있으며, 행정·관리를 담당하는 기획운영단(107명)에 학예연구실(70명)과 교육문화교류단(48명)보다 현저히 많은 인력이 배치되어 있다(〈표 6-12〉 참조).

각각의 조직 단위가 10~13명으로 구성되어 업무의 균형을 이루고 있는 학예연구실은 박물관 기능 면에서 수집·보존·연구와 관련된 유물관리부, 연구기획부, 보존과학부를 포함하며, 이 부서들은 고고역사·미술·아시아의 소장품 영역과 유기적인 관계를 맺고 있다. 교육문화교류단은 박물관의 전시·교육·교류·홍보 등 커뮤니케이션 업무와 관련되었기 때문에 어린이박물관팀은 교육문화교류단 소속이다.

국립중앙박물관과 달리 국립현대미술관은 2006년 공공성 유지와 경쟁 원리에 따라 운영되는 '책임운영기관'으로 전환되어, 행정 및 재정상의 자율성을 부여받고 그 운영 성과에 대한 책임을 맡고 있다. IMF 경제위기 이후 정부의 성과주의 강화 요구 등 행정 환경변화에 따라 '책임운영기관의 설치·운영에 관한 법률(1999년 1월 29일 법률 제5711호)'이 제

---

73 제7조(운영 위원회) ① 제16조에 따라 등록한 국·공립의 박물관과 미술관(각 지방 분관을 포함한다)은 전문성 제고와 공공 시설물로서의 효율적 운영 및 경영 합리화를 위해 그 박물관이나 미술관에 운영위원회를 둔다.
② 운영위원회의 구성과 운영에 필요한 사항은 대통령령으로 정한다.

74 박물관의 경영·행정 영역은 인사·재정·사업계획 및 재원개발·안전관리·유지 보수·관람객 서비스로 세분될 수 있다.

〈그림 6-7〉 국립중앙박물관 조직구조

조직 단위	소속	인원(명)
기획운영(107)	행정지원과	56
	기획총괄과	14
	관리과	29
	고객지원팀	8
학예연구실(70)	연구기획부	11
	유물관리부	13
	고고역사부	12
	미술부	11
	아시아부	10
	보존과학부	13
교육문화교류단(48)	문화교류홍보과	14
	전시과	10
	교육과	10
	어린이박물관팀	6
	디자인팀	8

〈표 6-12〉 국립중앙박물관 조직별 인력구성(2014년 기준)

정되었다. 책임운영기관이란 정부 조직에 속하지만 예산권과 인사권 등
이 독립적으로 운영되는 행정기관을 칭한다. 따라서 관리구조의 초점이
투입 통제에서 성과 통제로의 전환에 있고, 기본 개념은 구조적 분화·
관리 위임·성과 계약으로 요약된다. 부연하면 이 제도는 운영 효율성 및
서비스 수준을 향상시키고 관리 자율성을 확보하기 위해 정책과 운영을
구조적으로 분리함으로써 단일 목적기관으로 재편한다. 또한 관리자에
게 조직·인사·예산에 대한 관리 재량권을 부여하고, 관리 재량권 위임
에 따른 행정 책임성 확보 장치로 성과 계약을 강조한다. 이에 국립현대
미술관 규정집의 '국립현대미술관 기본운영규정'의 제1장과 2장에는 목
적·적용 범위·소관업무 및 업무집행 절차·연도별 사업계획 수립 및 제
출·집행 실적 보고·사업 평가 등 책임운영기관에 대한 내용이 기술되
어 있다.

국립현대미술관은 2012년에 조직 직단을 위해 '국립현대미술관 조직
및 인력운영방안 연구'를 실행했다. 이 연구는 미술관의 본원적 기능을
수집·수장·보존·전시·교육·홍보·마케팅 등 12개 영역으로 구분하고,
미술관별로 강화가 필요한 본원적 기능을 분석하는 데 목적을 두었다.
그 결과, 과천관은 수집·수장·보존·전시·교육·자료관리·조사연구·창
작지원·국내 고객지원서비스 등의 기능 강화가 필요하고 서울관은 수
집·전시·교육·홍보·마케팅·국내 고객지원서비스·해외 고객지원서비스
등의 기능 강화가 필요한 것으로 나타났다(《표 6-14》 참조).

국립현대미술관은 서울관 개관(2013. 11. 12)을 계기로 국립현대미술
관 조직의 조기 정착과 업무성과의 제고를 위해 직제를 개편했다. 가장
큰 변화는 서울관 운영부를 신설하고 덕수궁미술관을 하부 조직으로
개편해 기존의 1단 7팀 1관 체제에서 1단 1부 2실 9과 체제로 변경한 것
이다. 개편 이후 학예연구부서는 기획운영단으로 이동되었다. 신설된 서

제1장 총칙

제1조(목적) 이 규정은 「책임운영기관의 설치·운영에 관한 법률」(이하 "법"이라 한다)
및 동법 시행령(이하 "시행령"이라 한다)에서 위임된 사항과 기타 국립현대미술관
(이하 "미술관"이라 한다)의 운영에 필요한 사항을 정함을 목적으로 한다.

제2조(적용범위) 미술관의 조직, 인사, 예산·회계 및 기타 운영에 관하여는 다른 법령
에 특별한 규정이 있는 경우를 제외하고는 이 규정을 우선 적용한다.

제2장 소관업무 및 업무집행절차 등

제3조(소관업무) 미술관은 미술작품과 미술자료의 수집·보존·전시·조사연구와 이에
관한 국내외 교류 및 미술활동의 보급·교육을 통한 미술문화의식향상에 관한 사무
를 관장한다.

제4조(연도별 사업계획 수립 및 제출) 국립현대미술관장(이하 "관장"이라 한다)은 사업
목표 달성을 위한 사업운영계획에 의거 다음 연도의 사업계획을 수립하여 매 회계
연도 개시 전에 문화체육관광부장관(이하 "장관"이라 한다)에게 승인을 받아야 한다.

제5조(집행실적 보고) 관장은 사업추진실적 및 예산집행 결과를 매 사업연도 경과 후
20일 이내에 장관에게 보고하여야 한다.

제6조(사업평가) ① 관장은 미술관의 효율적 운영과 공공성 강화를 위하여 소관 사업
에 관한 정기적인 평가를 실시하여야 하며, 그 결과를 미술관 운영개선 및 소속
공무원의 근무성적평정과 성과상여금 지급 등 인사관리 및 보수결정에 반영하여
야 한다.

② 제1항의 규정에 의한 사업평가 및 평가결과의 반영에 관한 세부적인 사항은 관장
이 따로 정할 수 있다.

제7조(업무의 위임) ①관장은 하부조직 및 보조기관의 장 또는 소속직원에게 업무를
위임하여 처리하게 할 수 있다.

② 제1항의 규정에 의한 위임의 범위·내용 및 전결 등에 관한 사항은 관장이 따로
정한다.

제8조(업무승인 및 보고 등) ① 관장은 다음 각 호의 어느 하나에 해당하는 사항에 대
하여는 미리 장관의 승인을 얻어야 한다.

1. 법, 시행령 및 이 규정에서 장관의 승인을 받도록 규정되어 있는 사항
2. 기타 관장이 장관의 승인이 필요하다고 판단하는 중요한 사항

② 관장은 다음 각 호의 어느 하나에 해당하는 사항에 관하여는 그 처리결과를 장
관에게 보고하여야 한다.

1. 법, 시행령 및 이 규정에서 장관에게 보고하도록 규정되어 있는 사항
2. 소속 공무원의 인사관리에 관한 중요한 사항
3. 기타 관장이 보고가 필요하다고 판단한 사항

③ 관장은 기구 및 정원을 조정하거나 보수제도 운영방안을 변경하고자 하는 경우
에는 장관의 협의를 거쳐 그 내용을 사전에 행정안전부, 기획재정부에 기본운영
규정 개정안과 함께 통보하여야 한다.

〈표 6-13〉 국립현대미술관 규정집의 국립현대미술관 기본운영 규정
(제정 2006. 1. 5./일부 개정 2009. 6. 17)

구분	과천관	서울관	덕수궁관	청주관	종합
수집	◎	◎	○	○	과천관, 서울관
수장·보존	◎	△	△	◎	과천관, 청주관
전시	◎	◎	◎	○	과천관,서울관, 덕수궁관
교육	◎	◎	△	△	과천관, 서울관
홍보	○	◎	△	△	서울관
마케팅	○	◎	△	△	서울관
자료관리	◎	○	○	○	과천관
조사연구	◎	○	△	○	과천관
창작지원	◎	○	△	△	과천관
국내고객 지원서비스	◎	◎	◎	○	과천관, 서울관, 덕수궁관
해외고객 지원서비스	△	◎	◎	○	서울관, 덕수궁관
대외(국제)교류	○	◎	○	△	서울관
표적 고객	가족단위그룹 단체 관람객 전문가 그룹	외국인 시민 전문가 그룹	외국인 시민	전문가 그룹 정부 공공기관	표적 그룹별 홍보 및 마케팅 전략 수립

〈표 6-14〉 본원적 기능 분석 결과
(출처: 국립현대미술관 조직 및 인력운영방안연구, 2012: 87)[75]

국립현대미술관 기본운영규정

제12조(자문기구의 설치) ① 관장은 소관업무 처리에 관한 합리적인 의사결정 및 미술관
운영 등에 관한 자문에 응하게 하기 위하여 위원회 등 자문기구를 둘 수 있다.
② 위원회 등 자문기구의 위원에게는 예산의 범위 내에서 수당을 지급할 수 있다. 다
만, 공무원인 위원이 그 소관업무와 관련하여 위원회에 출석하는 경우에는 그러하
지 아니하다.
③ 자문기구의 설치·운영에 관하여 필요한 사항은 관장이 따로 정한다.

국립현대미술관 운영자문위원회규정

제1조(목적) 이 규정은 「박물관 및 미술관 진흥법」 제7조 및 「국립현대미술관 기본운영규

---

[75] ◎: 강, ○: 중 △: 약

정」제12조에 의한 국립현대미술관 운영자문위원회(이하 "위원회"라 한다)의 구성 및 운영 등에 관한 사항을 규정함을 목적으로 한다.

제2조(위원회의 구성) ① 위원회는 위원장 1인을 포함하여 10인 이상 15인 이내의 위원으로 구성한다.

② 위원회의 위원은 문화·예술계 인사 중에서 국립현대미술관장(이하 "관장"이라 한다)이 위촉한다.

제3조(위원장의 직무) ① 위원회의 위원장은 위원 중에서 호선한다.

② 위원장은 위원회를 대표하고 회무를 총괄하며 정기회 및 임시회의 의장이 된다.

③ 위원장이 사고 또는 궐위되었을 때에는 위원 중에서 연장자 순으로 위원장의 직무를 대행한다.

④ 위원장이 장기간 유고시에는 후임 위원장에 대한 선출절차를 밟아야 한다.

제4조(위원장 등의 임기) ① 위원장을 포함한 위원의 임기는 1년으로 하되 연임할 수 있다.

② 보궐위원의 임기는 전임자의 잔여기간으로 한다.

제5조(자문사항) 위원회는 다음 사항에 관하여 자문한다.

1. 미술관의 운영 및 발전을 위한 기본방침에 관한 사항
2. 미술관의 운영개선에 관한 사항
3. 미술관의 후원에 관한 사항
4. 다른 미술관 및 각종 문화시설과의 업무협력에 관한 사항
5. 기타 미술관 운영에 관한 사항으로서 관장이 자문을 요청한 사항

〈표 6-15〉 국립현대미술관 기본운영 규정과 운영자문위원회 규정

울관 운영부는 운영지원팀, 전시기획1팀, 전시기획2팀, 정보서비스팀 등 모두 4개 팀으로 구성되며, 기존의 미술관 부서명칭은 '팀'에서 '과'로 학예연구 1·2팀은 '팀'에서 '실'로 변경되었다. 또한 '국립현대미술관 기본운영규정'과 '국립현대미술관 운영자문위원회규정'에 의거해 박물관 경영에 대한 합리적인 의사결정을 위해 위원회 등의 자문기구를 설치·운영하고 있다(〈표 6-15〉 참조).

국립중앙박물관과 국립현대미술관의 조직구조를 비교하면, 행렬조직적 특징을 지닌다는 점에서는 유사하나, 학예 연구와 교육문화 기능의 통합성 측면에서는 상이하다. 국립현대미술관은 전시기획팀이 교육문화과와 분리된 반면, 국립중앙박물관은 전시과와 교육과가 교육문화교류

단에 포함되어 있다. 또한 국립현대미술관의 경우, 작품보존과 미술은행이 기획운영단에 소속되어 있는 반면, 국립중앙박물관은 유물관리부와 보존과학부가 학예연구실에 소속되어 업무 간 유기적 협력이 용이하다. 국립현대미술관은 기획운영단 산하에 기획총괄과가 있는데 국립중앙박물관은 이 기능을 디자인팀에서 담당하고 있다. 또한 국립현대미술관에는 고객지원에 대한 별도의 업무 조직은 없다.

대표적인 박물관 컴플렉스인 스미스소니언협회는 산하 19개 박물관과 연구센터를 지원하는 행정·지원국이 조직의 구조를 형성한다.[76] 스미스소니언협회는 특별법에 따라 설립된 공공자선신탁public charitable trust 기관이며, 1846년 설립 당시 그 운영체제가 의회법으로 규정되었다. 이 법에 따라 의회로부터 전체 운영 책임을 이양받은 스미스소니언 이사회

〈그림 6-8〉 국립현대미술관 기획운영단 업무분장

---

76 스미스소니언협회의 전체 예산 가운데 매년 60~70%는 국회의 승인을 얻어 연방정부로부터 배정된다. 그 밖에 각종 정부기관으로부터의 교부금(grant)과 용역비(15%), 나머지는 개인·재단·기업의 기부금(14%)과 박물관의 각종 수입 사업으로 조성된 신탁 자금(4%)과 투자 수익(5%)으로 구성된다. 전체 지출로는 직원 급여 및 혜택(43%), 그 외 운영비(39%)와 자본 지출(18%)이 있다. 연방 자금은 국가 소장품의 보존 관리, 연구·교육 및 시설 관리, 건물 증·개축과 각종 행정비 등 핵심적인 경상비에 사용되며, 신탁 자금은 소장품 구입, 특별전시와 소외 계층을 위한 교육 사업 등 예외적이고 실험적인 활동에 사용되고 있다.

Board of Regents가 산하 박물관의 전체 운영을 책임지고 총괄하나, 각 박물관이 독립적으로 조직과 재정을 운용하는 병렬 체제를 유지하고 있다.

부서명	업무분장
행정시설 관리과	1. 조직, 정원 및 임용, 복무, 교육훈련 및 그 밖의 인사에 관한 사항 2. 부서별, 직원별 목표관리 및 성과평가에 관한 사항 3. 법령 및 규제개혁에 관한 사항 4. 미술관 제도개선에 관한 사항 5. 전시 및 부대사업 등과 관련된 계약체결에 관한 사항 6. 예산편성, 집행, 결산 및 운영의 종합조정에 관한 사항 7. 국회에 관한 사항의 총괄, 조정에 관한 사항 8. 감사 및 사정에 관한 사항 9. 유가증권 및 세입세출 외 현금의 출납 및 보관에 관한 사항 10. 관람료 책정에 관한 사항 매·수표 업무에 관한 사항 11. 물품의 구매, 조달, 관리 및 국유재산의 관리에 관한 사항 12. 관인관수 및 문서화 수발, 통제, 발간 및 보존에 관한 사항 13. 소속직원의 연금, 급여 및 복리후생에 관한 사항 14. 미술관 민원, 당직 차량관리 등에 관한 사항 15. 직장민방위대, 예비군, 비상계획 등에 관한 사항 16. 미술관 건물 및 시설물 촬영 등 허가에 관한 사항 17. 본관, 덕수궁, 서울관, 미술창작스튜디오에 소속된 청사시설의 보완에 관한 사항 18. 본관, 덕수궁, 서울관, 미술창작스튜디오에 소속된 청사시설의 신·증축, 유지, 관리, 방호에 관한 사항 19. 전시장 시설 및 조성의 지원에 관한 사항 20. 미술관 운영위원회 운영에 관한 사항 21. 후원회 운영 및 후원기금 조성, 운용 협력에 관한 사항 22. 그밖의 다른 팀의 주관에 속하지 아니하는 사항
기획총괄과	1. 미술관장 회의에 관한 사항 2. 미술관 교류·협력망 구축에 관한 사항 3. 미술관 운영자문위원회 운영 4. 책임운영기관에 관한 사항 5. 사업운영계획 및 연도별 사업계획의 종합·조정 6. 사업계획의 추진현황 파악 및 평가에 관한 사항 7. 부서별·직원별 목표관리 및 성과평가에 관한 사항 8. 자체평가심의위원회 운영에 관한 사항 9. 조직 및 정원에 관한 사항

	10. 보수조정심의위원회 운영 등 총액인건비제에 관한 사항
	11. 각 부서별 비정규직원 채용 총괄 조정
	12. 자원봉사자 관리·운영 총괄에 관한 사항
	13. 공무원의 임용, 평가, 상훈 그 밖의 인사에 관한 사항
	14. 공무원증 발급 등 기타 인사 관련 증명서류 발급에 관한 사항
	15. 행정혁신 및 규제개혁에 관한 사항
	16. 법령 및 내규 등 각종 규정의 총괄·조정
	17. 예산의 편성 및 종합·조정
	18. 국회관련 업무의 총괄 조정
	19. 미술창작스튜디오 사업 및 운영에 관한 사항
	20. 미술창작스튜디오의 국제화 등 교류·협력에 관한 사항
	21. 직장협의회에 관한 사항
	22. 관내 각 부서별 사무분장에 관한 사항
	23. 그 밖의 관내 다른 부서의 주관에 속하지 않는 사항
작품보존 미술은행과	1. 소장작품보존에 관한 사항
	2. 미술작품의 보존 및 수리·복원에 관한 사항
	3. 소장작품의 상태 조사 및 과학적 분석에 관한 사항
	4. 보존환경 조사에 관한 사항
	5. 보존과학 관련 학술 활동 및 국제교류·협력에 관한 사항
	6. 공·사립미술관 보존, 수복 지원 등에 관한 사항
	7. 본관, 덕수궁, 서울관 전시장의 항온항습에 관한 사항
	8. 미술은행 및 정부미술은행 종합운영계획의 수립·시행에 관한 사항
	9. 미술은행 및 정부미술은행 관련 위원회 운영에 관한 사항
	10. 미술은행 및 정부미술은행 작품의 구입·대여에 관한 사항
	11. 미술은행 및 정부미술은행 작품출납 및 수장고 관리에 관한 사항
	12. 미술은행 및 정부미술은행 소장작품 보험 가입에 관한 사항
	13. 미술은행 및 정부미술은행 관련 제도 등 조사·연구에 관한 사항
	14. 미술은행 및 정부미술은행 작품등록 및 DB구축 등 전산화에 관한 사항
	15. 국립미술품수장보존센터 건립기본계획 및 운영체계수립에 관한 사항
	16. 국립미술품수장보존센터 중장기 운영계획 수립·시행에 관한 사항
	17. 기타 미술은행 및 정부미술은행 운영과 관련된 사항
학예연구1실	1. 중장기 전시종합계획의 수립·시행 및 기획회의운영에 관한 사항
	2. 기획, 특별전시 기획 및 실행에 관한 사항
	3. 소장품 전시 기획 및 실행에 관한 사항
	4. 야외조각 관련 저시기획 및 실행에 관한 사항
	5. 서울관 개관 전시 수립·시행에 관한 사항
	6. 전시관련 심포지움 등 학술행사에 관한 사항
	7. 기획전시 관련 각종 출판물 등 콘텐츠 제작에 관한 사항

	8. 전시평가에 관한 사항
	9. 관람객 대상 전시만족도조사에 관한 사항
	10. 본관, 덕수궁, 서울관의 전시장 조성에 관한 사항
	11. 전시실 개폐시간 조정 등 전시실 운영에 관한 사항
	12. 전시작품 운송, 설치, 보험, 저작권 이용허락 등 전시운영에 관한 사항
	13. 전시작품 관리에 관한 사항
	14. 전시실 및 작품관리원 관리 등에 관한 사항
	15. 미술관 디자인 및 문화상품개발에 관한 사항
학예연구2실	1. 현대미술분야 기초조사, 발굴, 연구에 관한 사항
	2. 소장작가, 작품 및 국내외 미술작가, 작품, 자료의 발굴·연구조사에 관한 사항
	3. 미술 인명 및 자료 데이터베이스구축에 관한 사항
	4. 국내외 전시동향분석 및 학술행사, 전문지 및 자료집 발간
	5. 미술관련 도서, 출판, 영상자료 수집 및 미술자료실 운영에 관한 사항
	6. 소장작품 수집 종합계획의 수립·시행에 관한 사항
	7. 소장작품 수집 관련 제도 및 위원회 운영에 관한 사항
	8. 미술작품의 구입, 기증 및 기탁에 관한 사항
	9. 소장작품 관리에 관한 사항
	10. 소장작품의 출납 및 등록·전산화에 관한 사항
	11. 소장작품의 대여 및 수장고 관리·운영에 관한 사항
	12. 미술품 관련 저작권 관리 기타 소장작품의 관리에 관련된 사항
	13. 미술관 연구센터 설립운영에 관한 사항
교육문화과	1. 사회교육 프로그램 개발·운영에 관한 사항
	2. 학교연계 교육프로그램 개발·운영에 관한 사항
	3. 어린이·소외계층(장애아동, 노인 등)대상 교육프로그램 개발·운영에 관한 사항
	4. 미술관 인턴십 운영에 관한 사항
	5. 어린이미술관 운영에 관한 사항
	6. '작은미술관' 조성·운영에 관한 사항
	7. '찾아가는 미술관' 전시·운영에 관한 사항
	8. 건전여가문화프로그램 운영에 관한 사항
	9. 각종 문화행사 개발·운영 등 미술관 복합문화공간화에 관한 사항
	10. 문화행사 관련 공연장 운영에 관한 사항
	11. 시청각 교육기자재 개발 및 관리에 관한 사항
	12. 미술관 홈페이지 운영 및 관리에 관한 사항
	13. 미술관(덕수궁미술관, 창작스튜디오 포함) 서버·네트워크 등 전산기기 운영에 관한 사항
	14. 'u-Museum 서비스 시스템' 운영에 관한 사항
	15. e-미술마을 운영 및 관리에 관한 사항

〈표 6-16〉 국립현대미술관 기획운영단 업무분장

스미스소니언협회의 조직구조를 보면, 행정·지원국은 커뮤니케이션 Communication·자금조달Development·고용Employment·전시서비스Exhibition Services·시설Facilities·정보 기술Information Technology·감사관Inspector General·연구서비스Research Services의 8개 부문으로 구성된다. 이사회는 3부(입법·사법·행정부)와 민간인이 모두 참여하는 구조이며, 17명으로 구성된다. 이 가운데 8명은 대법원장, 부통령, 상·하의원 등 공무원 겸직이사로 임명되며, 나머지 9명은 학계·산업계·시민대표인 민간인으로 구성된다. 이사회는 연간 4차례 공식적인 회의와 특별 현안이 있을 때 소집된다. 또한 국가자문위원회National Advisory Board를 산하에 두어 전국에 분포한 민간위원들이 자신의 지역에서의 스미스소니언의 역할을 증대하고 지역의 의견을 전달한다.

총괄관장Secretary은 스미스소니언을 대표하고 운영 전반을 관리하는 최고 경영자로서 의회, 이사회, 직원 사이에서 이해관계를 조정하고, 사회적으로 스미스소니언을 대변하는 역할을 수행한다.[77] 스미스소니언의 규모가 커지기 시작한 1960년대부터는 총괄관장 아래 학술 영역 및 기능별로 부관장Under Secretary 또는 조관장Assistant Secretary을 두어 업무를 분담하는 체제로 운영하고 있다. 이사회는 총괄관장을 채용·임명하며

---

77 총괄관장 로렌스 스몰(Lawrence M. Small)은 다음과 같이 그 비전을 제시한다. "스미스소니언 재단은 미국 역사와 유산 그리고 과학적 혁신·탐구·발견의 증진을 우리와 결합시켜주는 권위 있는 경험을 제공해, 국민들이 국가 정체성에 대한 이해를 공유하며 확장할 수 있도록 전념한다. 또한 과학이 가져온 미국의 발전을 더욱 증진시키기 위해, 천체물리학·생물의 다양성 조사·생활 및 지구과학 관련 분야의 연구센터를 운영해 과학적 혁신과 발견을 촉진하려 헌신한다."

〈그림 6-9〉 스미스소니언협회

최소 5년 이상 근무하지만, 임기의 제한은 없다. 총괄관장은 스미스소니언협회 산하의 박물관 관장에 대한 임명권을 가지며, 각 박물관마다 운영하는 자문위원회는 운영 및 현안에 대한 자문과 함께 재원 지정에 참여한다. 행정조직의 경우, 이사회와 총괄관장 산하 부관장 또는 조관장이 관할하는 교육 및 접근성·과학·역사·미술·문화·컬렉션 및 학제 간 지원·재원조성 개발·커뮤니케이션 및 대외관계·재정 및 행정·스미스소니언 엔터프라이즈 등 8개 국局과 실室로 구성되어 있다. 이들 국과 실 산하에 단위 조직 및 프로그램이 소속되어 있는데, 박물관은 그 소장품의 영역에 따라 과학 또는 역사·미술·문화부서에 배치되어 있다(양지연, 2012: 144).

현재 6,000명 이상의 전문인력이 스미스소니언협회에서 근무하고 있으며, 직종은 연방직federal jobs과 신탁기금직trust jobs으로 분류된다. 이를 분류하는 기준은 급여의 출처에 따른다. 스미스소니언협회는 의회법을 통해 설립된 연방정부의 공식적인 신탁대행기관으로서, 매년 의회로부터 전체 3분의 2에 해당하는 인건비와 건물 운영·유지에 대한 예산을 지원받는다. 그러나 연방정부로부터 받는 예산은 감소되는 추세이며 스미스소니언 재단의 활동 규모는 날로 커짐에 따라, 자체적으로 신탁기금 직으로 일부 예산을 충원한다.

대영박물관의 조직은 학예연구 중심의 행렬구조적 특성을 지니며, 이사회·관장·부관장·비서실·소장품 부문·자원 부문·재원조성 및 지원 기관으로 구성된다. 소장품 영역은 고대 이집트와 수단Ancient Egypt and Sudan, 고대 근동Ancient Near East, 아시아Asia, 동전과 메달Coins and Medals, 그리스와 로마 고미술Greek and Roman Antiquities, 선사시대·유럽Prehistory & Europe, 판화·소묘Prints & Drawings, 민족지학Ethnography 등 8개의 학예 연구 분야와 함께 보존·고증·과학조사Conservation, Documentation, Scientific

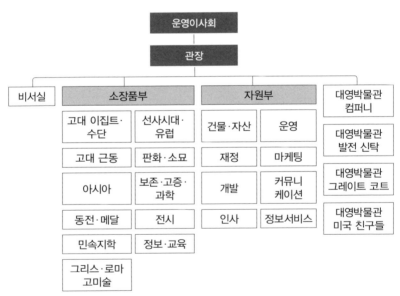

〈그림 6-10〉 대영박물관의 조직도(2006년 기준, 출처: 국립중앙박물관, p.37)

Research, 전시Presentation, 정보와 교육Information & Education이 포함되어 있다. 자원 부문은 건물과 자산Buildings & Estate, 커뮤니케이션Communications, 개발Development, 재정Finance, 인사Human Resources, 마케팅Marketing, 운영Operation, 정보서비스Information Service 부서로 이루어져 있다.

대영박물관의 운영은 대영박물관법British Museum Act(1963)과 박물관과 미술관 법Museums and Galleries Act(1992)에 근거해 설치한 이사회Board of Trustees의 주도로 이루어진다.[78] 이사회 구성은 공공임명관리위원회Office of the Commissioner for Public Appointments가 발행한 규범에 따르며, 박물관 운영정책과 원칙Governance Policies and Principles에 따라 행위가 규제된다. 25명의 이사들은 5년 임기로 활동하며 비행정직·무보수직이다. 이사회는 관장 임명권 및 감독권을 비롯해, 일반 운영에서부터 연간계획수립에 이르는 박물관 운영과 관련된 의사결정을 담당한다. 대영박물관은 문화·미디어·스포츠부로부터 3년마다 한 번씩 재원을 지원받기 때문에, 이사회 또한 3년마다 연례보고서를 통해 박물관 활동을 의회에 보고한다. 관장은 재무담당관Account Officer을 겸직하며, 이사회의 의결을 지원하기 위해 상임위원회·감사위원회·임명운영위원회·투자부속위원회·국제전략위원회·연구위원회·주요프로젝트위원회 등 현재 10개의 위원회를 운영하고 있다.

국립중앙박물관, 스미스소니언협회, 대영박물관의 조직구조를 비교하면, 국립중앙박물관의 운영은 문화체육관광부와 관장의 책임 아래 있지만 스미스소니언협회나 대영박물관은 이사회에서 박물관 경영에 대한 책임을 맡고 있다. 국립중앙박물관의 운영과 조직, 인력개편은 상부 기관

---

78 대영박물관 직원은 공무원 신분은 아니지만 1964년 정부와 직원협회의 협약에 의해 임금이나 직급 등에서 공무원에 준하는 대우를 받고 있으며, 관장은 이사회가 선출하지만 정부의 승인을 받으며 대부분 계약제로 임명한다.

인 문화체육관광부와 행정자치부의 법률과 승인을 얻어야 하므로 운영의 독립성 자체가 취약한 반면, 스미스소니언협회(독립신탁 비영리기관)나 대영박물관(비정부 공공기관)은 정부로부터 예산지원을 받고 있으나 이사회가 운영주체가 되어 인력과 조직, 박물관 운영에 자율성을 확보하고 있고, 독립성도 어느 정도 보장되어 있다. 따라서 조직의 운영과 개편 측면에서 환경변화와 조직전략에 부합해 유연하게 대처할 수 있다.

5. 박물관 경영자와 리더십

파욜Henri Fayol은 모든 경영자가 계획·조직·지휘·통제의 기능을 수행한다고 보았고, 카츠Robert L. Katz는 경영자가 갖추어야 할 기술과 능력으로 업무 관련 지식technical skill·사고력conceptual skill·대인관계 기술human skill을 강조했다(서성무·이지우, 2006: 39~40). 이러한 관점에서 경영자는 조직을 이끌어가는 과정에서 조직구성원 간의 인간관계interpersonal role를 조정하는 일뿐만 아니라, 조직이 직면한 문제를 정확히 인식하고 그것을 해결하기 위해 경영 환경에 대한 정보를 수집하는 역할informational role과 의사결정자 역할decisional role을 수행한다.

관장은 총체적인 박물관 업무, 즉 계획·조직·인사관리·감독·조정·정책결정 및 재정지원에 대한 책임을 맡으며 때로는 수집·보존·연구·전시·작품분석 등의 실무에 관여하는 경우도 있다. 이 가운데 관장의 가장 중요한 직무는 운영주체와 구성원에게 박물관의 업무에 대해 인식시키고, 정책과 경영 계획을 도출하고 이를 실행하는 것이다. 오늘날 박물관 경영자는 경영·행정학적 지식은 물론 글로벌 감각, 재원조성 능력과 리더십을 갖추어야 한다. 뿐만 아니라 박물관 소장품 영역에 대한 학술적 전문성, 이사회와 같은 운영주체에서 결정된 정책 이행 능력, 박물관 관련법규에 관한 지식, 전문인력을 지휘하는 능력이 요구된다. 관장의 덕목 가운데 박물관 운영 전반에 영향을 미치는 것은 리더십 및 업무 추진 능력이다. 리더십에 대해 플레이시먼E. A. Fleishman은 "어떤 목표나 목표를 달성하도록 의사소통 과정을 통해 개인 간에 영향력을 행사하려는 시도"라고 했으며, 쿤츠H. Koontz는 "사람들로 하여금 공동의 목표를 달성하는 데 따라오도록 영향력을 행사하는 것", 스토그딜R. M. Stogdill은 "목표설정과 목표달성을 지향하도록 집단행위에 영향력을 행사하는 과정"으로 정의했다. 이처럼 관장은 박물관 조직구성원의 노력을 통합·조정하고 동기를 유발해 그들이 조직의 목표를 달성하도록 독려하는 한편, 업무에 대한 통찰력을 기반으로 적절한 권한 위임delegation of authority이 이루어지도록 해야 한다.[79]

1980년대 발생한 박물관 현상 가운데 하나는 전통적으로 학예연구직이 맡았던 경영 직무를 전문 경영인에게 맡긴 것이다. 이는 공공지원과 민간 후원금이 감소하면서 박물관이 재원조성·제품과 서비스·조직구조·정책 및 제도 부문에서 경영혁신 능력을 발휘할 수 있는 경영자가 필요했기 때문이다. 구겐하임미술관의 경우, 당시 관장이던 토마스 메서 Thomas Messer는 예일대 경영학 석사MBA 출신인 토마스 크렌스Thomas Krens에게 컨설팅을 의뢰했고, 토마스 크렌스는 재정난을 혁신적으로 해결한 능력을 인정받아 이후 관장직을 맡았다. 그는 철저히 관람객의 관

---

79 '동기 부여' 또는 '동기 유발(motivation)'은 일반적으로 개인이나 집단이 자발적 내지 적극적으로 책임을 지고 일을 하고자 하는 의욕이 생기게 함으로써, 그 행위의 방향과 정도에 영향력을 행사하는 것을 말한다. 이는 조직의 목표를 달성하기 위한 행동을 끌어내는 역동 과정(力動過程)이라고 할 수 있다. '권한 위임'은 구성원들이 맡은 직무를 적절히 수행할 수 있도록 필요한 의사결정권을 넘겨주는 것을 의미한다.

점에서 미술관 경영에 접근했으며, 상호연계성interconnected · 상호의존성interdependent · 규모의 경제Economics of Scale 개념에 기반을 두고 베니스 · 베를린 · 빌바오 · 라스베이거스 · 아부다비 등에 글로벌 네트워크를 형성했으며, 이를 통해 연간 2,500만 명 이상의 관람객을 유치하고 있다. 순회전시의 세계화는 전시 횟수나 소장품의 증가, 미술관의 세력을 확장하는 데 그치지 않았다. 나아가, 대중을 향한 미술의 발언권을 강화하고, 방대한 소장품을 수장고에 방치하는 습성에서 벗어나 '월드 투어'를 통해 수익을 극대화하는 '국제 마케팅'을 탄생시켰다.

토마스 크렌스는 미술관 역사상 이례적으로 명품 기업들의 제품 전시를 통해 재원을 확충했다. 대표적인 전시로 BMW 사의 후원으로 진행된 '모터사이클전The Art of the Motorcycle'(1988)을 들 수 있는데, 3개월 동안 30만 1,037명의 관람객을 끌어 모아 하루 관람객이 4,000~5,000명에 이르렀다. 이 수치는 그 전의 평균 관람객 수보다 45% 정도 많으며, 구겐하임미술관의 65년 역사상 최고 관객 수를 기록했다. 이 전시는 빌바오와 라스베이거스 구겐하임미술관에서도 순회되었다.

2008년 7월 21일 발행된 〈뉴스위크Newsweek〉는 메트로폴리탄미술관, 구겐하임미술관, 필라델피아미술관을 포함한 20여 개 미술관에서 새로운 관장을 찾고 있다는 소식과 함께, 미술사 박사 학위와 MBA 학위 소지자라는 자격요건을 알렸다. 당시 필라델피아미술관은 클리블랜드미술관 관장을 지낸 티모시 럽Timothy Rub을 선택했고, 메트로폴리탄미술관은 옥스퍼드대학에서 영문학, 런던 크리스티에서 장식 미술을 전공한 토마스 캠벨Thomas P. Campbell을 선정했는데, 두 사람 모두 경영과 기획력이 탁

---

80 리처드 암스트롱의 관장직 임명에 대해, 〈뉴욕타임스〉(2008. 9. 24)는 "구겐하임은 쇼맨이 아니라 큐레이터를 뽑았다(Guggenheim chooses a curator, not a showman)."라는 기사를 보도했다.

월했다. 토마스 캠벨은 경영학과 미술사 학위 소지자인 슈테델 미술관Staedel Museum의 맥스 홀바인Max Hollbein 관장과 최종 경합을 벌였지만, 2007년 메트로폴리탄미술관의 '바로크 태피스트리 특별전Tapestry in the Baroque'과 안토니오 라티 텍스타일 센터The Antonio Ratti Textile Center를 운영하면서 리더십을 발휘한 점이 높은 평가를 받았다.

구겐하임미술관은 피츠버그의 카네기미술관Carnegie Museum of Art에서 12년 동안 관장을 지낸 59세의 리처드 암스트롱Richard Armstrong을 토마스 크렌스의 후임으로 임명했다.[80] 1988년 부임한 이후 20년간 베를린·베니스·빌바오·아부다비에 이르기까지 구겐하임미술관의 브랜드 국제화에 이바지한 토마스 크렌스 관장은 전형적인 CEO형 관장으로서 작품 수집·보관에 치중하던 미술관에 과감히 비즈니스 개념을 도입해 미술의 대중화에 힘썼다. 또한 하드웨어의 양적 확장 및 장르 확대 등 규모의 경제에도 비중을 두었다. 이에 반해 신임관장 리처드 암스트롱은 글로벌식 운영방식을 자제하는 대신, '글로벌Global'과 '로컬Local'의 합성어인 '글로컬 구겐하임GLocal Guggenheim'을 지향한다. 글로컬 구겐하임은 할렘 지역과 브롱스Bronx 등 문화적 혜택에서 소외된 지역주민과 소통하려는 움직임으로써, 구겐하임의 또 다른 가치 창출을 위한 주요한 시도다. 그는 "큐레이터는 미술관의 엔진이다. 큐레이터가 자기만의 특별한 포부를 가지고 있어야 미술관이 건강해진다"라고 말했다. 또한 미술관의 존재성을 강화하는 프로그램 개발과 미술관 본연의 세밀한 큐레이팅에 대한 통찰력을 기반으로, 전시를 통해 미술관의 새로운 비전을 제시하는 것이 큐레이터의 기본 책임이라는 점을 강조했다.

2013년 프랑스 정부는 향후 3년 동안 문화예산을 7.5% 삭감해 총 1억 9,000만 유로의 예산을 줄인다는 계획을 발표한 직후 루브르박물관 신임관장에 그리스·로마 미술부서의 책임을 맡아온 장-뤽 마르티네

즈 Jean-Luc Martinez를 임명했다. 2001년부터 12년 동안 루브르박물관을 경영한 앙리 루아레트Henri Loyrette 전임 관장은 오르세미술관 큐레이터 출신으로 렁스 분관 설립, 이슬람관 개장, 루브르 아부다비 프로젝트 등 국제적인 네트워크를 형성하는 비즈니스 감각을 보였으며, 전 세계 박물관 역사상 최초로 연간관람객 수를 970만 명으로 증가시켰다.[81] 앙리 루아레트의 최고 업적은 2007년에 10억 유로(약 1조 5,000억 원)에 달하는 '루브르 아부다비 프로젝트'를 성사시킨 것이다. 이 프로젝트 덕분에 루브르박물관은 '루브르'라는 이름과 소장품을 대여함으로써 아랍에미리트로부터 4억 유로를 받았다. 앙리 루아레트는 재원조성뿐 아니라 관람객 개발에도 주력했다. 2008년 6월에는 '루브르의 친구들'이라는 만찬을 개최해 22점의 레오나르도 다 빈치의 비공개 드로잉 작품들을 선보여 한화 27억 원에 이르는 기금을 조성했다.[82]

6. 박물관 경영과 평가

현대사회에서 박물관은 강한 경쟁력을 요구받고 있다. 더욱이 정부지원의 감소와 외부환경의 변화에 민감하게 영향을 받으면서 부족한 재원을 확충하기 위해 수익사업, 재원조성, 마케팅에 대한 비중을 높여 시장 및

---

81 2012년 예술의전당에서 열린 '2012 루브르박물관 전'을 위해 한국을 방문한 앙리 루아레트는 "박물관을 경영하는 데는 무엇보다 시간이 중요하다. 미술관 보수나 준비 작업, 미술관 프로그래밍, 교육 등은 결코 단기간에 이뤄질 수 없다"며, 미술관 사업에 지속성이 필요함을 강조했다. 덧붙여 현재 루브르박물관은 2016년 전시를 기획하고 있다고 말했다.

82 앙리 루아레트는 기업에 적극적인 메세나 활동을 유도해, 480만 유로의 예산이 소요되었던 모나리자의 방에 이어 밀로의 비너스 방을 일본의 NTV로부터 지원받았고, 대한항공과의 파트너십을 통해 멀티미디어 가이드를 제작하고 관람을 위한 한국어 지원서비스를 시작했다. 또 영화 〈다빈치 코드〉의 촬영장소를 제공해 부가 수익을 창출했다.

관람객 서비스를 지향하는 기관으로 변화하고 있다. 신박물관학New Museology의 영향으로 박물관의 중심이 '사물object'에서 '사람people'으로 이동했고, '포스트 뮤지엄post-museum' 개념의 등장으로 다양한 네트워크를 통해 박물관의 사회통합 역할이 강조되고 있다. 이러한 분위기에서 최근 '관람경험'에 대한 박물관의 관심이 한층 높아지면서, 박물관이 제공하는 제품과 서비스의 질을 제고하고, 경영평가에 품질인증이나 품질경영과 같은 개념이 적용되어야 한다는 의견이 제시되었다.

일반적으로 박물관 경영에 대한 평가 목적은 통제·책무성·전략 수립으로 구분되며, '효용 극대화'와 '공익 극대화'라는 두 가지 목표를 달성했을 때 비로소 성공적이라는 평가를 받는다. 박물관 경영의 핵심은 비영리적 설립취지를 달성하는 데 필요한 제한된 영리 활동을 통해 적정 수익을 유지하면서 투입과 산출의 균형을 맞추는 것이다. 따라서 수익성 원칙이 아니라 경제성 원칙에 기반을 둔다. 여기서 경제성 원칙이란 경영에 투입된 시간·장소·인적 자원·박물관 자료·재원·시설 및 기자재 등 사회와 사회발전에 이바지하기 위한 모든 활동을 투입과 산출의 관점에서 평가해서 적절한 지출과 수익을 유지하는 것을 의미한다. 하지만 경제성이나 이윤 극대화에 관심이 높은 박물관들은 경영평가에 전시 횟수, 관람객 수, 회원 수와 같은 정량적인 성과지표를 사용하고 있다.[83] 이에 대해 앤더슨M. Anderson(2007)은 정량적 데이터의 평가기준으로서의 타당성에 문제점을 지적하며, 이로 인해 박물관 정체성과 본질이 희석될 수 있음을 우려했다. 예컨대 대규모 관람객이 유입되는 블록버스터형 전시는 수입과 인지도의 상승효과를 거둔다고 믿지만, 실질적

---

[83] 주요 박물관 및 미술관을 대상으로 한 연구결과에 따르면 관람객 수, 재원확보, 대형 전시 수, 유료 관람객 수, 회원 수 등과 같은 정량적인 지표를 성과 기준으로 활용하고 있다.

성과기준	성과지표
경험의 질	• 관람을 통해 마음이 가벼워지고 고양된 느낌을 가지게 됨 • 특정 작품·경향·시대에 대한 감상과 이해 증대 • 한 작품이 다른 작품보다 왜 더 가치가 있는지를 더 잘 이해할 수 있게 됨 • 가까운 시일 내에 재방문 의사가 있음 • 지역 작가들이 자신의 작업과 삶에 박물관이 중요하다고 여김 • 지역사회 구성원들이 미술관을 주요자산으로 인식하고 있음 • 자신에게 영향을 준 작품 3점 이상을 기억하는 관람객의 비율 • 주변 대학들이 박물관을 중요한 교육자원으로 인식하고 있음 • 주요소장품 10점 앞에서 관람객들의 관람소요시간 • 박물관 내 주요전시실에서 관람객들의 평균 관람소요시간 • 해석·교육 자료가 미술감상에 도움이 되었는지 아니면 방해가 되었는지의 비율 • 방문이 기대 이상이었다고 응답한 관람객의 비율 • 비회원 중 미술관을 연 3회 이상 방문한 사람 비율 • 관람을 통해 타 박물관 방문 의사가 커졌다고 응답한 관람객의 비율 • 지역인구 구성과 관람객인구통계의 합치성 • 개인·가족 회원과 기업 회원의 평균 방문 횟수 • 소장품 또는 특별전시에 정가 입장료나 할인된 입장료를 지불한 유료입장객 • 소장품 전시 또는 특별전시의 총 관람객 수 • 박물관 웹사이트만 방문한 유저의 수 • 박물관 웹사이트의 평균 방문시간 • 박물관 개장시간 • 관람객이 기관 평가에 할애한 시간
교육적 임무의 달성	• 교육부서 관리자의 직무에 포함된 해석 철학의 효과성 연구 및 측정시간 • 전시장 내 스케치 허용 횟수 • 작년도 단체 관람에 참여한 학생 수 • 작년도 미술사 강좌에 참여한 성인 수 • 각종 강연 참여자 수 • 박물관 웹사이트에 탑재된 작품 수 • 유료 프로그램의 운영 수입
기관의 정관	• 한 주에 5시간 이상 근무하는 자원봉사자 수 • 타 지역에서 방문하는 단체 관람객 수 • 소장품이나 전시에 대한 경험을 이메일과 편지로 보내온 수 • 구글(Google)에서 박물관이 언급된 횟수 • 인쇄 매체 구독률과 전자 매체 열람으로 측정되는 소비자가 받은 인상 • 박물관의 설립취지를 알고 있는 일반인의 비율

경영 우선순위와 성취	• 전략계획의 목표 중 성취한 목표의 비율 • 전반적 감축으로 인한 예산 감축 vs 전략적 감축으로 달성한 예산 감축의 비율 • 프로그램에 직접 경비로 투입된 예산의 비율 • 최근 5년간 균형 예산을 달성한 햇수 • 최근 5년간 소장품 구입에 사용한 예산 비율 • 학예 활동에 관련된 인건비의 비율 • 도서실 관련 예산 비율 • 보존 관련 예산 비율 • 교육 관련 예산 비율 • 전시 외 예산에서 학예연구 출장비로 지출한 예산 • 공모를 통해 선정된 정부 지원금의 규모 • 사업 예산으로 쓰인 재단 지원금의 규모
직원의 역량과 다양성	• 상근 학예연구원의 수 • 미술사 박사학위 소지 상근 직원의 수 • 최근 학예연구원 채용공고에 응한 유자격자의 수 • 상근 교육담당자의 수 • 2인 이상을 관리하는 직원 중 소수민족 출신 직원의 비율
거버넌스의 기준	• 박물관의 핵심 목적을 명확히 표현할 수 있는 이사의 비율 • 이사·관장·직원의 역할 구분을 명확히 이해하고 의사결정에 반영하는 이사의 비율 • 기금 이자 충당한 운영 경비의 비율 • 운영 수입 중 후원금의 비율 • 모기관이 있을 경우, 모기관이 제공하는 운영 예산의 비율 • 미술품 구입 용도로 제한된 기금의 규모 • 이사회 구성원의 수 • 1백만 불 이상 가치의 미술품을 소장한 이사의 수 • 5천 불 이상 가치의 작품을 뮤지엄에 기증한 이사의 수 • 지난 5년간 박물관 운영 예산의 1% 이상에 해당되는 자금을 기부한 이사의 수 • 국내외 다른 박물관의 이사회에 속한 이사의 수
소장품의 범위와 질적수준	• 박물관의 가장 중요한 소장품에 속한 작품의 수 • 그다음으로 중요한 소장품에 속한 작품의 수 • 전시작품 중 취득 작품의 수 • 박물관의 가장 중요한 소장품 중 전시된 작품의 비율 • 작년에 다른 박물관에 대여된 작품 수 • 작년에 취득한 작품 수
학술적 기여도	• 외부 학술지에 실린 상근 직원의 논문 수 • 소장품 도록의 수와 준비 기간

	• 최근 5년간 재판 인쇄한 소장품 도록의 수 • 대학에 겸임교수로 임명된 학예연구원의 수 • 작년 학술회의에 발표자로 초청된 학예연구원의 수 • 도서실에 비치된 책자의 수
미술품 보존에 대한 기여도	• 상근 보존처리사의 수 • 비상근 보존처리사의 수와 연간 근무시간 • 작년에 보존처리된 작품의 수 • 작년 학술회의에 발표자로 초청된 보존처리사의 수 • 외부 학술지에 실린 보존처리사의 논문 수
전시의 질적수준	• 지난 5년간 박물관이 출간한 75쪽 이상의 도록 수 • 30점 이상 출품된 전시 중 전시품의 33% 이상이 신규 발표된 전시의 수 • 소장품 10점 이상을 포함한 전시의 수 • 전체 전시 중 박물관이 자체 기획한 전시의 비율 • 현재 또는 향후 3년간 해외에 순회하는 박물관 자체 기획전시의 수
시설과 설립취지의 부합성	• 전체 건물 규모 중 소장품 전시장 면적 비율(조각공원은 별개) • 전체 건물 규모 중 특별 전시장 면적 비율(조각공원은 별개)

〈표 6-17〉 박물관 성공기준과 성과지표(출처: 양지연, 2012: 183~184)

으로 투입 대비 수익은 기대에 미치지 못하는 경우가 많다. 더욱이 관람객 수는 무료관람 정책이나 집계방식의 문제로 인해 정확성과 신뢰성이 보장되지 않기 때문에 성과지표로서 부적절하다(양지연, 2012: 180, 재인용).[84] 또한 앤더슨M. Anderson(2007)은 성과지표가 경영의 건전성과 재정적 안전성에 대한 진단 도구임을 강조하면서 경험의 질, 교육적 임무의 달성, 기관의 정관, 경영 우선순위와 성취, 직원의 역량과 다양성, 거버넌스의 기준, 소장품의 범위와 질적수준, 학술적 기여도, 미술품 보존에 대한 기여도, 전시의 질적수준, 시설과 설립취지의 부합성 등 성과 기준과 함께 〈표 6-17〉에 기술된 성과지표를 제안했다.

한국문화관광연구원(2012)에 의하면, 전 세계적으로 약 25개 나라에서 박물관 평가인증제도를 운영하고 있다. 법적 근거의 유무에 따라 법정인증제도와 민간인증제도로 구분되며, 법정인증제도는 강제성의 유무에 따라 강제인증과 임의인증으로 세분된다. 영국예술위원회의 박물관 인증제도는 정부인증제도에 해당하며, 미국박물관협회AAM의 박물관 인증프로그램은 민간인증제도에 속한다. 박물관도서관지원국IMLS과의 협력으로 미국박물관협회는 민간차원에서 박물관 인증프로그램과 박물관 평가프로그램을 운영하고 있다. 두 프로그램은 동일한 평가인증 기준을 적용하기 때문에 상호연동되며, 평가인증 방법으로 자체평가와 동료평가를 병행한다는 점에서 공통점이 있다.[85] 윤금진(2010)에 의하면, 박물관 평가프로그램은 컨설팅 성격을 띠고 있어서 비밀이 보장되고 평가에 소요되는 비용을 정부가 부담하며 개선 실행과 후속 지원사업과 연계된다. 반면 박물관 인증프로그램은 선언적 특성을 가지고 있어서 인증 결과가 공지되고, 인증 소요 경비는 박물관에서 부담한다.

박물관 인증프로그램은 연방소득세federal income tax를 납부하지 않는 비영리기관의 자발적인 참여로 운영되며 그 자격요건은 다음과 같다 (문화관광부, 2011: 63).

- 법적으로 비영리기관, 비영리기관 소속 또는 정부기관
- 교육적 목적으로 운영되는 기관
- 공식 문서로 작성되고 승인받은 임무가 있는 기관
- 유물의 활용과 해석을 기반으로 정기적으로 프로그램을 운영하며 대중에게 전시를 제공하는 기관
- 소장품이나 유물을 문서화·보존·활용하는 프로그램을 공식적으로 운영

---

84 회원 수도 회원제 운영과 관련된 비용을 고려하면 수입 발생에 미치는 직접적인 영향력이 크지 않다.

85 미국박물관협회는 1906년 설립된 총체적인 박물관 영역과 박물관에서 일하는 전문적이고 무급의 직원들을 대표하는 유일한 조직으로 박물관 인증프로그램, 박물관 평가프로그램, 소장품 교환센터 등의 박물관 지원사업을 수행하고 있다.

하는 기관

- 위에서 언급한 기능들을 수행하는 물리적 시설이나 장소
- 최소 2년 동안 대중에게 개방된 기관
- 소장품의 80%를 소유하고 있는 기관
- 박물관 지식과 경험을 가진 최소 1명의 유급 전문인력을 보유하고 있는 기관
- 일상적인 운영을 위임받은 전일 상근 관장이 있는 기관
- 인증 박물관의 특성을 충족시킨다고 증명할 수 있는 기관

이 프로그램의 목적은 '미국 박물관 국가표준과 우수사례Standard and Best Practices for U. S. Museums'를 충족시키는 박물관을 선별해 인증함으로써 박물관의 질적 수준을 제고하는 것이므로 엄격한 심사와 정기적인 재심사가 수반된다. 인증 기준은 '미국 박물관 국가표준 및 우수사례'를 통해 공지하며, 공적 신뢰와 책임Public Trust and Accountability·설립취지와 기관 계획Mission and Institutional Planning·리더십과 조직구조Leadership and Organizational Structure·소장품에 대한 책임Collections Stewardship·교육과 해석Education and Interpretation·재정적 안정Financial Stability·시설 및 위험 관리 Facilities and Risk Management 등 7개 영역과 38개 세부 사항으로 평가된다. 항목별 주요 내용은 〈표 6-18〉에 기술되어 있다. 평가 과정은 미국박물관협회에 인증프로그램에 대한 신청서를 제출한 후, 평가단의 현지 조사와 함께 시작된다. 그다음 현장 실사를 거쳐 방문위원회의 보고가 완료되면, 최종적으로 인증위원회가 심사를 통해 인증 여부(인증 부여·결정 유보·인증 탈락)를 결정한다.[86]

---

[86] 인증위원회는 미국박물관협회의 규정에 근거해 운영되는 자율적인 기구로서, 미국박물관협회가 이사회에서 7~10명 정도의 경험이 풍부한 전문가로 위원을 선임하며, 인증위원의 임기는 5년이다.

항목	내용
공적 신뢰와 책임	• 박물관은 공적 신뢰를 기반으로 자원을 관리한다. • 박물관은 봉사대상인 공동체를 확인하고, 적절한 계획의 수립을 통해 그 역할을 다한다. • 박물관은 목표 공동체뿐만 아니라 인접 지역사회와도 우호적인 관계를 유지한다. • 박물관은 다양한 참여 기회를 제공하기 위해 적극적으로 의견을 수렴한다. • 박물관이 공적 서비스 기관이라는 것을 적극 옹호하며, 교육적 기능에 비중을 둔다. • 박물관은 박물관과 그 자원을 대중의 물리적·지적인 접근을 위한 책임을 이행하고 있다는 사실을 제시한다. • 박물관은 공공에 대한 의무에 충실하며, 그 목적과 운영에 투명성을 기한다. • 박물관은 시설·운영·관리에 적용되는 지방·주·연방의 법·조례·규정 등을 준수한다.
설립취지와 계획	• 박물관은 설립취지에 대한 정확한 이해를 기반으로 존재 이유와 수혜자에 대해 알린다. • 박물관 운영의 모든 부분은 목적에 부합되고 집중되어야 한다. • 박물관 운영주체와 직원은 설립취지를 위해 전략적으로 자원을 취득·개발·분배한다. • 박물관은 관람객과 지역을 위해 지속적이고도 심도 있는 발전 계획을 수립한다. • 박물관은 성과 기준을 마련해서 활동을 평가하고 조정한다.
리더십과 조직구조	• 운영주체·직원·자원봉사자들의 구조와 업무 절차는 설립취지를 위해 효과적으로 추진된다. • 운영주체·직원·자원봉사자들은 각자의 역할과 책임에 대해 명확한 이해를 공유한다. • 운영주체·직원·자원봉사자들은 책임을 법적·윤리적·효율적으로 수행한다. • 운영주체·직원·자원봉사자의 구성·자격 요건의 다양성은 설립취지와 실천과제의 달성을 용이하게 한다. • 운영주체와 후원단체 간에는 명확하고 공식적인 책임의 구분이 존재한다.
소장품 관리	• 박물관은 목적에 적합한 소장품을 소장·전시·활용한다. • 박물관은 소장품을 법적·윤리적·효과적으로 관리·기록·보존·활용한다. • 박물관의 소장품과 관련된 연구는 적절한 학술적 기준에 의해 수행한다.

	• 박물관은 전략적으로 소장품의 활용·개발을 계획한다. • 박물관은 설립취지에 근거, 소장품의 보존·유지를 확보하면서 대중의 이용을 제공한다.
교육과 해석	• 박물관은 교육 목표, 철학과 메시지를 명료하게 명시하고, 박물관의 활동이 그러한 기준과 동일 선상에서 이루어진다는 것을 제시한다. • 박물관은 현재와 잠재 이용자의 특성과 필요를 숙지하고, 박물관의 해석 개발에 응용한다. • 박물관 해석상의 내용은 적절한 연구결과에 기초한다. • 박물관의 기본연구는 학술적 기준에 의해 행한다. • 박물관은 기술·기법과 방법론을 교육 목표·내용·이용자·자원에 적절하게 사용한다. • 박물관은 다양한 이용자에게 정확하고 적절한 내용을 제공한다. • 박물관은 해석활동에서 높은 수준을 보여준다. • 박물관은 이러한 해석활동의 효과를 측정하고, 그 결과를 추후 개선계획에 적용한다.
재정 안정성	• 박물관은 설립취지를 달성하기 위해 재원을 법적·윤리적 책임을 다하여 취득·관리·분배한다. • 박물관은 장기적인 존속을 위해 합리적인 회계 관리 아래 운영한다.
시설과 위기관리	• 박물관은 소장품·이용자·직원에게 필요한 공간을 배정하고 시설을 운영한다. • 박물관은 인적자원·소장품·시설의 안전과 보안을 담보할 수 있는 적절한 수단을 확보한다. • 박물관은 시설관리에 대해 장기적·효과적인 프로그램을 운영한다. • 박물관은 관람객에게 청결한 환경을 제공한다. • 박물관은 잠재적인 위협과 손실에 대비한 적절한 대책을 강구한다.

〈표 6-18〉 박물관인증제도 평가기준
(한국문화관광연구원, 2013: 91~95·문화체육관광부, 2011: 66~67)

박물관 전문직의 윤리적인 기준에 의거해 진행되는 인증평가 과정은 박물관 설립·운영주체, 전문인력 및 구성원, 인증위원 간의 심도 있는 대화로 이루어진다. 평가 과정에서 제시된 관련 보고서 등 모든 정보에 기밀 유지 원칙이 적용되지만, 미국박물관협회는 그 정보를 박물관의 운영개발을 연구하기 위한 제한적 목적으로 활용할 수 있다. 현재 이 프로그램은 정부, 타 기관의 박물관에 대한 재정지원, 지역주민 자원봉사 참여 증가, 박물관 내부 조직의 협력과 문제 해결 능력 증진 등 다양한 부

단계	주체	내용	비고
준비	박물관	• 박물관 내에서 인증 신청 결정 • 미국박물관협회 담당자에게 문의 • 신청 또는 재인증 과정 준비	10년마다 재인증 필요
신청	박물관	신청서 제출	처음 신청자만 해당
자체평가	박물관	1년간 자체평가 문항 작성	
1차위원회 평가	인증위원회	인증위원회에서 박물관의 자체평가 검토를 근거로 잠정적인 인증 결정	처음 신청자만 해당
현장 방문	방문위원회	2명의 방문위원회 현장 방문	
2차위원회 평가	인증위원회	• 인증위원회가 박물관의 자체평가 검토 • 방문위원회의 보고서 검토	
판정	인증위원회	• 인증위원회에서 인증 여부 투표 • 박물관에 인증 결과 공지	

〈표 6-19〉 박물관 인증프로그램의 절차(출처: 문화관광부, 2011: 62)

분에서 긍정적인 효과를 발생시키고 있다(한국박물관협회, 2010: 52~53).

1971년에 출발한 이 프로그램은 당해 연도에 16개 박물관이 처음으로 인증을 받았다. 2012년 1월 기준으로 776개 관이 참여했으며, 운영 주체별로는 사립박물관 63%, 대학박물관 16%의 비율이 높게 나타난 반면 국·공립 박물관은 10% 미만이었다. 비록 매년 50여 개의 박물관의 참여가 지속적으로 이루어지고 있지만 인증박물관의 비율은 4.5%에 불과하다(양현미, 2013: 151). 인증자격을 받은 모든 박물관은 10년마다 그 자격을 갱신할 의무가 있다.[87] 2009년 미국박물관협회의 통계자료에 의하면, 미술관이 42%, 역사박물관이 23%를 차지하고 있어 전체 인증 박물관 가운데 역사와 예술관련 박물관이 절반 이상을 차지한다는 것

---

87 한국미술기획경영연구소(2011)에 의하면 2011년 1월 기준으로, 1차 갱신 박물관은 114개 관, 2차 갱신 박물관은 178개 관, 3차 갱신 박물관은 282개 관, 4차 갱신 박물관은 172개 관, 5차 갱신 박물관은 4개 관이었으며, 3차 갱신 박물관이 26%로 가장 높은 비율을 차지했다.

88 http://www.aam-us.org/museumresources/accred/stats.cfm

을 알 수 있다.[88] 한편 운영 형태 측면에서는 63%가 비영리 사립박물관이었으며, 대학박물관이 15%를 차지했다.

박물관 평가프로그램은 자체평가와 외부 심사를 통해 박물관의 설립 취지와 목표를 검토하고, 박물관의 강점과 약점을 파악해서 평가결과를 근거로 운영 개선 방안, 전략계획 및 장기계획 수립 등에 실질적인 도움을 주는 데 그 목적이 있다. 이 프로그램에 참여하는 박물관은 기관의 문제점을 자가 진단하고, 전문가와 상담하여 현장평가나 피드백을 통해 도출된 문제점을 해결한다. 이러한 과정에서 다양한 동기·기술·정보를 제공받으며, 인적자원의 전문성, 이사회 및 조직구성원 간의 의사소통 능력, 박물관 운영 및 기획력 등을 향상시킬 수 있다(한국박물관협회, 2010: 54). 1981년 이후 4,300개 이상의 박물관들이 박물관 평가프로그램에 참가했으며, 현재 매년 100여개 관의 박물관이 참여하고 있다.[89] 미국 내 설립된 공립박물관 또는 사립 비영리 박물관이나 유형 문화재를 보존·활용하는 박물관·미술관·수족관·동물원·과학관 등이 프로그램을 신청할 수 있으며 상설전시 운영, 박물관 지식과 경험을 가진 최소 1명 이상

신청 (applying)	자체평가 (self-study)	동료평가 (peer review)	실행 (implementation)
평가유형 선정	워크북에 근거 자체평가서 작성	• 외부 전문가 선정 • 방문위원회의 현장 조사 • 평가보고서 작성 • 개선 방안 제안	인증위원회에서 자체평가와 방문위원회의 평가 결과를 종합 검토 개선계획 수립 및 실행
8주 이내 착수	4개월간	1~3일간 현장 조사	평가 이후

〈표 6-20〉 박물관 평가프로그램의 평가절차 및 평가방법(출처: (사)한국박물관협회, 2010: 53)

---

89 한 가지 주지할 만한 사실은 이 평가프로그램에는 보수 교육적 성격이 포함되어 있기 때문에 메트로폴리탄미술관이나 구겐하임미술관 등 대형 박물관은 참여하지 않았다는 점이다.

의 유급·무급 전문가, 연간 최소 90일 이상 개관 등의 조건을 충족시켜야 한다. 구체적인 평가 절차 및 방법은 〈표 6-20〉에 기술되어 있다.

이 프로그램의 평가지표는 소장품 관리평가Collections Management Assessment, CMAP · 관리평가Governance Assessment, GMAP · 기관평가Institutional Assessment, IMAP · 공공영역 평가Public Dimension Assessment, PDA이며 신청 박물관은 1개 이상의 프로그램에 참여할 수 있다. 2006~2009년 프로그램 신청현황을 살펴보면, 기관평가에 대한 참여율이 가장 높고, 관리 평가에 대한 참여율이 가장 낮게 나타났다.

	종합	CMAP	GMAP	IMAP	PDA
2006	116	33	7	48	28
2007	111	27	11	45	28
2008	100	24	10	45	21
2009	106	28	14	48	16

〈표 6-21〉 2006~2009년 박물관 평가프로그램 신청현황(출처: 한국미술기획경영연구소, 2011: 60)

외부평가의 경우, 평가 대상 박물관과 박물관 평가프로그램 담당자가 협의해 외부 평가자를 결정하기 때문에 신청기관마다 차별화된 평가를 받을 수 있다. 현장조사에서는 자체평가서 검토와 현장실사가 진행되며, 그 결과를 근거로 최종 보고서 작업이 이루어진다. 평가의 최종 단계에서는 박물관이 작성한 자기 평가워크북과 전문가들의 평가보고서를 종

구분	주요 평가지표
기관평가(OMAP)	박물관 운영 전반
소장품 관리평가(CSMAP)	소장품 관리
공동체 참여평가(EMPAP)	공공서비스와 지역사회 협력
리더십 평가(LMAP)	거버넌스시스템

〈표 6-22〉 박물관 평가프로그램의 평가유형 및 평가지표

합해서 박물관의 변화에 요구되는 동기·기술·정보가 제공된다. 또한 이 과정에서 박물관 발전에 대한 우선순위에 대한 합의와 상담 등과 함께 평가결과에 대한 피드백도 이루어진다. 이를 통해 박물관은 개선을 위한 목표와 전략 재점검, 장기계획 수립, 조직구성원 간의 평가결과 공유를 실행한다. 이 평가는 판정적 특성을 지니지 않을 뿐만 아니라 비공개로 진행되기 때문에 정보 공개에 대한 박물관의 부담이 적고, 외부 평가자가 박물관 분야의 전문가여서 평가에 대한 신뢰도가 높다.

앞서 살펴본 미국의 두 가지 박물관 평가제도는 단편적이고 한정된 특성을 지닌 박물관 평가가 아닌, 박물관의 현재 상황 및 문제점을 정확하게 분석해줄 수 있는 수단이다. 따라서 미래의 박물관 현황을 예측하고 운영방식의 방향성을 제시할 수 있는 지표로서 중요한 의미가 있다. 또한 해당 박물관의 설립취지나 목표 달성 여부, 박물관 운영상의 강점과 약점, 개별 박물관 상황에 따른 차별화된 개선 방향에 대한 판단과 전략 수립의 수단으로서 박물관의 장기계획 수립에 실질적인 도움을 준다(한국박물관협회, 2010: 63).

영국의 경우, 1988년에 도입한 박물관등록제도Museum Registration Scheme를 2004년 박물관인증제도Accreditation Scheme Standard로 전환했으며, 박물관·도서관·아카이브협의회Council for Museum, Libraries and Archives 에서 운영하고 있다. 이 제도는 박물관의 관리와 운영에 최소한의 기준을 수립하고, 프로그램을 통해 박물관을 활성화 및 촉진시키는 데 목적을 두며, 상세 내용은 아래와 같다.

- 모든 박물관과 미술관이 박물관 경영, 이용자 서비스, 관람객 시설, 소장품 관리에 있어 승인된 최소한의 기준을 준수할 수 있도록 장려한다.
- 사회로부터 수탁받아 소장품을 관리하는 기관으로서 또한 공적 자원을

적절하게 관리하는 박물관의 신뢰를 도모한다.

- 박물관의 정의에 부합하는 기관으로서의 윤리적 기초를 강화해야 한다 (한국박물관협회, 2010: 57).

박물관 평가인증제도는 개별 기관이나 사업보다는 정부 차원에서의 공공서비스 증진을 지향하는 평가기조를 설정하고 있으며, 이를 위해 박물관 등록부터 가이드라인을 제공하고 있다(한국박물관협회, 2010: 64). 박물관협회가 제시한 박물관에 대한 정의(1988)를 충족시키는 기관만이 이 프로그램을 신청할 수 있으며, 과학관과 천문관, 살아 있는 표본을 전시하는 기관, 교육 목적의 대여서비스를 운영하는 기관, 상설소장품 없이 특별전시만 여는 기관, 기록센터, 도서관과 아카이브, 인터넷을 통해서만 접근할 수 있는 소장품을 보유한 기관은 신청 자격에서 제외된다.[90]

이 제도는 문화미디어체육부가 임명하는 10명의 이사로 구성된 이사회, 박물관에 대한 지식과 경험이 풍부한 위원으로 구성된 인증제도를 감독하는 역할을 담당하는 위원회가 평가기관을 운영하고 있다. 위원회의 절반은 공개 모집하고, 나머지는 박물관협회·독립박물관협회·웨일즈박물관도서관아카이브·스코틀랜드박물관미술관·북아일랜드박물관위원회에서 선정한다. 평가기관의 경우, 국립박물관은 박물관·도서관·아카이브협의회에서 담당하지만 그 외 박물관은 잉글랜드박물관도서관아카이브, 스코틀랜드와 북아일랜드박물관위원회, 웨일즈박물관위

---

90 1988년 영국 박물관협회의 박물관에 대한 정의는 다음과 같다. Museums enable people to explore collections for inspiration, learning and enjoyment. They are institutions that collect, safeguard and make accessible artefacts and specimens, which they hold in trust for society.

원회 등의 관할 지역기관이 담당한다(상명대학교 산학협력단, 2011: 72). 이처럼 평가 수행 과정에서는 평가권한의 분권화와 평가주체의 자율성을 최대한 보장하면서 다양한 이해 관계자의 참여를 적절히 이끌어내고 있다.

인증절차는 다음과 같다. 신청서 양식을 작성하고 증빙자료를 첨부해 박물관 평가기관에 제출하면, 수록된 정보를 근거로 인증 패널Accreditation Panels이 구성되어 한 달간 심의하여 등급에 대한 추천이 이루어진다. 인증기관은 박물관협회의 윤리강령에 담긴 원칙과 가치를 기준으로 인증 요구사항에 대한 충족 정도에 따라 인증에 대한 의사결정(정식 인증·조건부 인증)을 내린다. 해당 박물관이 현재 모든 조건에 부합하지는 않지만, 1년 이내에 개선 및 성취 의지가 제시될 경우에는 조건부 인증으로 등급이 분류된다. 이러한 요구사항에는 지도 감독과 박물관 경영Governance and Museum Management, 이용자 서비스User Services, 관람객 시설Visitor Facilities, 소장품 관리Collections Management가 포함되며, 그 세부 내용은 〈표 6-23〉과 같다(한국박물관협회, 2010: 58~59).

인증제도의 독특한 점 가운데 하나는 인증상태의 유지를 위해 인증기준을 통과한 박물관이 2년마다 인증기준의 요구사항에 부합하고 있는지를 평가하게 함으로써, 인증사후 관리차원에서 지속적으로 선별 장치를 가동하고 있다는 것이다. 인증상태의 유지에는 인증지위 변경의 절차가 수반되는데, 인증기준의 요구사항을 충족시키지 못하는 경우에는 조건부 지위로 강등되거나 지위를 상실할 수 있다(한국박물관협회, 2010: 59). 2010년 말 기준, 전체 박물관 가운데 75%(총 1,795개 관)가 인증제도에 참여했다(문화관광부, 2011: 71). 인증자격을 갖춘 박물관은 국가적으로 공인된 위상과 함께 다양한 지원 및 혜택을 받을 수 있다. 아울러 평가결과의 활용에서는 조직 내부에서의 관리적 활용보다는 국가 차원

항목	세부내용
지도 감독과 박물관 경영	• 운영주체 관련법규 • 적절한 경영 방안 • 소장품 소유권 확보 방안 • 건물 임대계약에 대한 안전성 확보 • 안정된 재정적 기반 • 목적·목표·특정 실천과제·지출 계획을 포함한 향후 계획 • 비상 대책 • 적정 직원 수 및 박물관의 책임을 수행하는 데 필요한 경험 • 직원고용 및 관리 절차 • 전문가 자문에 대한 접근성 • 정책 개발 및 의사결정에 대한 전문가의 참여 • 관련 법적 요건·안전 계획과 관련된 규정에 대한 준수
이용자 서비스	• 장소·개관 시간·서비스에 대한 공개된 정보 • 다양한 사용자의 접근을 지원하는 서비스와 시설 • 서비스 제공에 대한 관람객과의 상담 • 관람객이 이용 가능한 소장품과 소장품에 관련된 정보 • 관람객의 학습과 즐거움을 지원하는 소장품에 대한 해석 방식
관람객 시설	• 이용 가능한 공공시설에 대한 범위 및 지역 내 시설에 대한 정보 • 내·외부적인 오리엔테이션 및 표지판 • 관람객 관리를 위한 방안 • 관람객 이용 공간의 유지관리 방안
소장품 관리	• 운영주체가 승인한 취득 및 폐기처분 정책 • 문서화 절차 매뉴얼에 관한 유지관리 • 스펙트럼 상에 정의된 주요 문서화 절차의 유지관리 • 미완료 등록 작업의 실행을 위한 일정을 포함한 문서 형태의 계획 • 소장품의 침해와 손상 위험을 최소화하기 위한 실행방안 • 안전 대책에 대한 전문가의 분석, 전문가의 권고 사항에 대한 실행계획, 5년마다 실행되는 정기점검

〈표 6-23〉 영국 박물관인증제도의 인증에 대한 요구사항

에서의 공공서비스의 효율성 여부와 해당 공공기관의 조직적정성을 판단하는 정책적 활용이 강조되고 있다.

양현미(2013)는 임의 인증제도, 신청자격에 대한 적격성 심사, 간접적 지원 혜택 측면에서는 미국과 영국의 박물관 인증제도가 유사하지만 인증제도의 성격, 인증기관, 인증절차, 인증유효기간 측면에서는 상이하다

는 점을 언급했다. 영국은 정부인증제도여서 더 많은 박물관의 지속적 참여를 위해 인증기준과 인증절차가 미국보다 간략하며, 권역별로 평가 인증 실무기관을 두어 행정편의를 도모하고 있다. 인증유효기간의 경우, 영국이 미국에 비해 상대적으로 매우 짧지만 인증연장에 필요한 행정부담은 적도록 고안되어 있다. 미국의 민간인증제도는 공신력이 높은 반면 인증기준이 방대하고, 인증절차에 소요되는 기간과 비용이 많이 들며, 유효기간 이후 재인증에 대한 행정부담도 적지 않다(〈표 6-24〉 참조).

우리나라로 눈을 돌리면, 정부 차원에서 박물관 평가를 실시한 것은 박물관·도서관·문예회관·문화의집·지방문화원 등 문화시설을 대상으로 '전국문화기반시설 관리운영평가'(1998~2002)를 한 것이 처음이다. 이 사업은 문화시설 건립 위주의 정책에서 운영 활성화 정책으로 전환하려는 목적으로 이루어졌다.[91] 박물관 평가지표의 경우, 1차 연도에는 미국박물관협회의 박물관 인증 프로그램을 사용하는 자체평가지표를 근거로 16개 영역 185개 문항을 구성하고, 2차 연도에는 전문가 델파이 조사 방식으로 9개 영역 62개 문항을 구성했으며, 평가 효율성을 높이고자 기존의 서술식 응답방식을 객관식으로 전환했다. 평가절차는 3단계로 구성되었는데, 평가위원회가 평가지표와 가중치를 검토·확정한 후 서면 평가, 현장평가, 종합평가를 통해 우수기관을 선정하고 기관별 등급을 부여했다(양현미, 2013: 143).

양현미(2013)는 이 평가가 박물관학에 기초한 선진 박물관 운영모델을 도입해 우리나라 박물관의 운영수준을 진단하고 박물관 정책의 방향성을 제시했지만, 그 평가의 실효성 측면에서 다음과 같은 한계를 지

---

91 박물관 평가는 문화관광부 도서관박물관과가 주관했으며, 1차에서는 민간 연구진, 2차부터는 한국문화정책개발원이 맡았다.

구분	미국	영국
유형	민간인증제도	정부인증제도
주관 기관	미국박물관협회	영국예술위원회
시작 연도	1971년	2004년
인증박물관 수	776(2012년 기준, 전체의 4.5%)	1,795(2010년 기준, 전체의 75%)
인증목적	• 대상 박물관의 우수성과 전문적 수준·공공봉사·리더십과 교육적 역할을 인정해주고, 또 박물관이 현재 우수사례에 따라 운영하고 있음을 증명해주기 위함	• 모든 박물관 미술관의 운영 방안·소장품 관리 방안·관람객 체험에서 달성해야 할 사회의 이익을 위해 소장품을 관리하는 박물관에 대한 신뢰를 장려하고, 공적 자금을 적절하게 관리하도록 장려 • 모든 박물관에 대한 윤리적이고 전문적인 기준을 공유하고 강화
평가기관	• 자체평가 • 방문위원회	• 영국예술위원회 인증사무국 • 웨일즈박물관도서관아카이브협회 • 스코틀랜드박물관미술관협회 • 북아일랜드박물관위원회
인증대상	• 신청 자격 제시 및 적격성 심사 • 최소 2년 대중에게 개발	• 신청 자격 제시 및 적격성 심사 • 박물관협회의 박물관 정의 충족
인증절차	• 신청 • 박물관 자체평가 • 방문위원회 현장평가 • 인증위원회 심의판정	• 신청 • 인증패널 서면평가 • 인증패널 방문평가 • 인증위원회 심의판정
	• 12~19개월 소요 • 회원 $250, 비회원 $575	• 2~3개월 소요 • 박물관 멘토 제도를 통해 사립박물관의 인증 신청 지원
인증기준	• 미국 박물관 국가표준 및 우수사례 • 7개 영역, 38개 기준	• 박물관협회 윤리강령 • 4개 영역, 27개 기준
인증결과	인증·인증 유보·인증 탈락	완전 인증·조건부 인증·인증 탈락
인증유효기간	10년	2년
인증연장	10년마다 재인증	2년마다 인증 연장 보고서 제출
인증혜택	공신력을 통한 간접적인 지원 혜택	공신력을 통한 간접적인 지원 혜택

〈표 6-24〉 미국과 영국의 박물관 평가인증제도 비교(출처: 양현미, 2013: 153)

부문	영역	문항 수	가중치	점수
목표 설정 및 비전	목표 설정 및 비전	3	10	50
하드웨어	인력	9	12	60
	재정	4	5	25
	시설	5	7	35
	소장품 관리	13	20	100
	소계	31	44	220
소프트웨어	조사연구	5	10	50
	전시	7	13	65
	교육	6	10	50
	교류 협력	10	13	65
	소계	28	46	230
합계		62	100	500

〈표 6-25〉 문화기반시설 관리운영평가지표(상명대학교 산학협력단, 2011: 28)

적했다.

첫째, 박물관 평가는 기본적으로 상대평가였기 때문에 우수기관에 포함된 박물관은 매년 거의 동일했을 뿐만 아니라 우수기관에 대한 지원도 미비했다. 둘째, 박물관 평가가 박물관 규모에 따른 운영 여건의 차이를 반영하지 못했기 때문에 소규모의 운영 상황이 취약한 박물관이 평가에서 불이익을 받는다는 비난이 제기되었다. 셋째, 정부의 지원정책이 부재한 상태에서 평가 실행이 이루어졌기 때문에 평가를 위한 평가라는 비판을 면하기 어려웠다. 이러한 정황으로 인해, 박물관 평가에 대한 참여율은 1998년도에는 58.3%였으나 2002년에는 41.7%로 하락하는 등 평가 참여율이 저조했지만, 평가 참여에 대한 유도 장치의 행정적 구속력이 마련되지 않았다. 넷째, 방대한 평가지표를 활용해서 박물관에 대해 연간평가가 이루어졌지만 효용성 측면에서는 경영 혁신에 대한 촉진 효과가 기대에 미치지 못했고, 이후 이러한 문제점에 대한 개선 방안이 연구되었지만 인증 제도로 연결되지는 못했다(p. 144).

참여정부 이후 국·공립 박물관은 설립운영 근거 법률에 의거해 소속 기관(일반소속기관·책임운영기관)과 공공기관, 중앙행정기관과 지방자치 단체로 구분해 사업평가를 실시하므로 법적 특성에 따라 평가주관 기관이 다르다. 예를 들어, 국립중앙박물관과 국립민속박물관은 국무총리실과 기획재정부로부터 평가를 받는 반면, 책임운영기관에 해당하는 국립현대미술관은 책임운영기관의 설치·운영에 관한 법률에 기반을 두어 문화체육관광부와 행정안전부가 그 평가를 담당하며, 서울역사박물관과 서울시립미술관은 서울특별시 책임운영기관의 지정 및 운영에 관한 조례에 의해 서울시로부터 평가받고 있다.[92]

국립중앙박물관은 한국문화관광연구원이 실시한 '국립중앙박물관 운영사업평가보고서'(2011)를 통해 평가내용, 평가방법, 평가결과를 살펴볼 수 있다. 이 평가는 본질적으로 국립중앙박물관 사업에 통찰력과 합리적인 관점을 제공하려는 목적으로 실행되었다. 평가세부목표는 사업내용이나 사업추진방법을 개선하고, 자원배분의 효과성과 사업에 대한 책임성을 증진시키는 데 성과관리결과를 활용할 수 있도록 사업 설계 및 추진 체계의 합리화를 지원하고, 국립박물관에 대한 정책적 효과성을 검증하는 것이었다.

이 평가는 재정사업 심층평가지침에 따라 사업의 적절성·효율성·효과성 등에 비중을 두었고, 상설전시·기획전시·유물관리·박물관 교육

---

92 국립현대미술관은 '책임운영기관의 설치·운영에 관한 법률' 제43조, 제45조, 제51조, 제52조에 의해 사업계획·목표의 적절성, 자체평가(고유 사업 평가)의 적절성, 조직·인사관리의 적절성, 재정 건전성 및 회계 예산 관리의 투명성 제고 노력, 행정 효율성 제고 및 고객서비스 제고 노력, 평가결과에 대한 활용 정도 등 총 6개의 항목에 대해 평가가 이루어진다.

프로그램·박물관 국제교류 및 홍보의 영역을 대상으로 진행되었다. 평가방법은 계량지표와 비계량지표로 구성되었는데, 계량평가는 목표 달성도 평가 점수(70%)와 목표 도전성 평가 점수(30%)의 가중치의 총합으로 최종평가 점수가 산정되었으며, 계량지표는 아래와 같이 다섯 개의 등급으로 분류되었다(한국문화관광연구원, 2011: 21).

- A등급(매우 우수): 목표를 과거 실적보다 매우 높게 달성하고 도전적으로 설정
- B등급(우수): 목표를 과거 실적보다 약간 높게 달성하고 설정
- C등급(보통): 목표를 과거 실적과 동일한 수준에서 달성하고 설정
- D등급(미흡): 목표를 과거 실적보다 약간 낮게 달성하고 설정
- E등급(매우 미흡): 목표를 과거 실적보다 매우 낮게 달성하고 설정

목표 달성도에 대한 평가는 성과 등급표를 기준으로 평가하되, 평가 등급별 점수 부여 방법 등은 비계량 지표평가 방법을 준용했다. 비계량 지표의 경우, 평가자가 주어진 성과측정 기준을 토대로 미리 정해진 성과 등급표에 따라 성과에 등급을 매긴 후 등급별로 부여된 점수에 따라 평가점수를 산정했다. 비계량 지표의 평가등급은 5등급으로 분류하고, 평가 등급별 기본점수는 A(100점), B(90점), C(80점), D(70점), E(60점)으로 산정했다(한국문화관광연구원, 2011: 21).

국립중앙박물관의 상설전시 평가에 대한 주요한 시사점은 다음과 같다.[93]

- 상설전시는 93.73점을 기록했으며, 상설전시의 전시주제 및 전시구성의 우수성 항목에서 동시대적·통시적 전시 체계를 구축한 조선실의 신설은

평가항목	평가지표	비고	가중치(%)
전시구성의 우수성	• 전시주체의 적합성: 각 전시의 주제 및 구성이 박물관 비전 및 운영 목표와 적합하게 설정되었는가? • 전시구성의 적합성: 전시내용 구성이 학술적 성과를 반영하여 적절하게 이루어졌는가? • 전시품 적합성: 전시 콘텐츠 교체·신설이 적합하게 이루어졌는가?	비계량	5 5 5
전시개편의 적절성	• 상설전시 개편 규모가 적합하게 이루어졌는가? • 상설전시 개편 빈도가 적합하게 이루어졌는가?	비계량	5 5
전시환경의 적합성	• 전시매체 및 동선·전시디자인 등 전시환경이 적합하게 이루어졌는가? • 전시실 개편 및 체험 공간 구성 등이 적합하게 이루어졌는가?	계량	5
전시해설의 적절성	• 전시해설자료 적절성: 전시해설 패널·영상자료·브로슈어·도록 등이 정보량과 가독성이 적절한가?	비계량	5
	• 전시관련 교육 및 행사의 적절성: 전시설명·전시교육·연관프로그램 운영 등이 적합하게 이루어지고 있는가?	비계량	5
전시모니터링 시행 및 결과 반영의 적합성	• 전시에 대한 모니터링이 충분히 이루어졌는가?	비계량	5
	• 모니터링 결과 반영이 적합하게 이루어지고 있는가?	비계량	5
관람객 수	• 상설전시 관람객 수	계량	20
관람객 효과	• 관람객 참여도 • 전시 이해도 • 전시 만족도	계량	30
합계		100	500

〈표 6-26〉 국립중앙박물관 운영사업평가 상설전시 평가항목 및 평가지표
(출처: 한국문화관광연구원, 2011: 23)

---

93 국립중앙박물관의 상설전시평가에 대한 주요 시사점은 '국립중앙박물관 운영사업평가보고서'(2011)의 일부 내용(pp.62~63)을 재구성한 것이다.

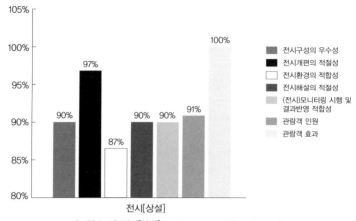

〈그림 6-11〉 전시[상설](출처: 한국문화관광연구원, 2011: 62)

국립중앙박물관의 비전 및 운영 목표와 부합하는 것으로 나타났다.

- 반면 학제 간 비교사적 연구를 통한 학술적 성과를 전시기획으로 전환하는 측면에서는 일정한 한계를 드러냈다. 따라서 유물과 텍스트 중심의 기존 전시와 병행해서 영상과 첨단정보 기술이 적용된 매체 등 전시 콘텐츠 및 전시연출 기법의 다양성, 관람동선의 다각화를 통해 전시디자인적 전문성을 강화한 체험전시 환경조성이 요구되었다.[94]

- 전시 해설에 대한 적절성의 경우, 전시 리플렛을 이용하는 관람객은 78.8%를 차지한 반면 그 만족도(47%)는 다소 낮게 나타났다. 전시 해설의 이해도와 만족도를 높이기 위해서는 목표 관람객별 다양한 리플렛 제작을 통해 가독성을 높이는 방안을 강구해야 한다.

- 관람객 수와 만족도 항목에서는 목표 수치를 달성했으나, 상설전시가 무료인 점을 감안할 때 관람객 수가 전시의 질적수준을 규정할 수 있는가에 대해서는 검토가 요구되며, 만족도를 평가할 수 있는 지표 개발에 대한 지속적인 연구의 필요성이 제기된다.

- 상설전시에 대한 정기적인 모니터링과 만족도 조사의 강화가 요구되었다.

구분	성과지표	배점	특징
고유사업지표	박물관 이용객 수	6	• 2009~2013년 평가가 진행되고 있는 지표임. • 사업운영목표·기관특성·사업 우선순위 등에 따라 기관장이 자율적 설정 • 시설평가인증제로서 공공기관의 운영평가에 초점을 둠 • 특정기관에 대한 지표인 만큼 목표치와 개선도에 중점
	관람서비스프로그램 운영	6	
	관람환경의 적정성	5	
	고객만족도	10	
	시민고객 활용시스템 구축·운영	3	
	박물관 홈페이지 및 뉴미디어 운영	5	
	박물관 문화프로그램 운영	3	
	박물관 교육프로그램 운영	5	
	박물관 전시회 운영 및 기획전시	10	
	홍보 실적	6	
	유물 구입·확보 및 보존 노력	7	
	서울 생활문화 자료조사 노력	4	
	소계	70	
관리역량지표	성과와 역량 중심의 인사관리	3	• 책임운영기관제도에 부합하는 기관 운영에 초점을 두고 있음 • 사업운영의 적정성에 대한 가중치(6점)를 높게 봄 • 성과중심적인 조직·인사관리 중심 • 예산·회계의 건전성 제고 및 효율적 재원 운영을 통한 재무구조 개선
	조직 인력 운영의 합리성·적정성(업무 개선 포함)	3	
	재정자립도 및 향상 노력	2	
	예산·회계 관리의 합리성 및 예산 절감	2	
	전략계획 수립 및 진행, 성과지표 개발 관리	4	
	사업운영의 적정성	6	
	평가환류의 적정성	3	
	경영층의 리더십	3	
	사회적 책임 이행 실적	2	
	내부 고객 만족 노력	2	
	소계	30	

〈표 6-27〉 서울역사박물관 성과지표(출처: 문화체육관광부, 2013: 117).

---

94 이 평가에서는 기획전시(94.05)가 상설전시(93.73)보다 다소 높은 점수를 나타냈다.

방법론적으로는 조사항목과 모니터링 대상을 세분화하고, 조사 규모와 조사 기간을 확대하며, 내용 측면에서는 전시동선·인지도·선호도·편의 사항 등 기존의 관람객 서비스 이외에 한층 심화된 시사점을 도출할 수 있는 내용을 조사에 포함시키는 것이 바람직하다는 의견이 제시되었다.

국립현대미술관, 서울역사박물관, 서울시립미술관처럼 책임운영기관에 대한 평가는 운영 성과에 대한 책임성을 확보하고, 책임운영기관 제도의 보완 및 개선, 책임운영기관 적정성, 기관장의 재계약 여부 및 성과 연봉 지급에 반영, 우수 기관 표창 및 포상금 지급 등의 준거 자료와 제도의 인식제고를 위한 홍보자료의 활용 등을 위해 실행되고 있다(문화체육관광부, 2013: 47~48). 서울역사박물관의 경우, 평가의 목적은 서비스 품질 향상 노력을 통해 기관 인지도 제고, 시민 참여와 관람객 증대, 조직 및 기능 개편을 통한 경영 효율화 성과 고양, 기관의 책임성 강화와 자율성 확대, 서울특별시 차원의 종합적인 비교 및 평가제도 운영을 통한 미비점 및 개선 방안 강구 등을 위한 목적으로 평가가 이루어지고 있다.[95]

평가 주체는 서울시 조직담당관에서 연 1회 '책임운영기관 종합평가 연구용역 수행업체 공고'를 통해 제안서 및 가격입찰서 심사 후 위탁 업체를 선정하며, 종합평가를 위해 책임운영기관 운영위원회가 구성된다.[96] 평가지표는 고유사업지표와 관리역량지표로 구분된다. 전자의 경우 관람객 서비스·박물관 프로그램·주요 박물관 기능·관람환경 등에 관한

---

95 서울역사박물관과 서울시립미술관은 '서울특별시 책임운영기관의 지정 및 운영에 관한 조례' 제9조 책임운영기관운영위원회의 설치와 제10조 평가 결과의 반영·공표를 통해 평가 근거를 마련한다.

96 서울역사박물관의 평가 주체 및 평가지표에 대한 내용은 문화체육관광부(2013)가 발간한 '박물관평가 인증제 평가영역 및 평가기준 연구'의 일부 내용(pp.116~117)을 재구성한 것이다.

항목으로, 후자는 조직·구성원·재정·계획·사업·리더십·사회적 책임 등과 관련된 항목으로 구성된다. 고유사업지표의 경우, 고객 만족도와 박물관 전시회 운영 및 기획전시의 가중치가 가장 높은 반면, 시민 고객 활용 시스템 구축·운영이 가장 낮은 비중을 차지했다. 관리역량지표의 경우, 사업 운영의 적정성이 가장 높은 가중치를 차지한 반면 재정자립도 및 향상 노력, 예산·회계 관리의 합리성 및 예산 절감, 사회적 책임 이행 실적, 내부 고객 만족 노력의 비중은 낮게 나타났다.

현재 정부 업무 평가제도의 일환으로 국·공립 박물관에 대한 평가가 이루어지고 있지만, 상위 기관에 의한 하향식 평가가 이루어지거나 상이한 특성의 책임운영기관이나 공공기관과 같은 범주 내에서 평가를 받고 있기 때문에 타 기관에 비해 상대적으로 성과 편차가 크고 인사나 예산 등의 행정상 불이익이 뒤따르는 경우가 발생한다. 더욱이 평가 지표의 경우 정부기관의 행정성과평가 관점에서 일률적으로 적용되기 때문에, 박물관 경영에 대한 통찰력이나 박물관의 제도적 우수성에 대한 기준이 반영되지 못하고 있다. 이 밖에도 정부지원사업에 참여하는 박물관 이외의 대학 및 사립박물관이 평가 대상에서 제외되어 있다. 미등록 비율이 높은 공립박물관은 지방자치단체가 평가를 담당해 평가의 공정성에 대한 문제가 제기되고 있고, 지자체가 기존의 공립박물관보다는 신규 박물관 건립에 치중하고 있기 때문에 인증박물관의 비율이 일정 기준 이하로 나타나거나 미등록박물관의 비율이 높을 경우, 공립박물관에 대한 국고지원 제한과 같은 방안을 고려하는 것이 바람직하다(양현미, 2013: 164).

2012년 정부는 '박물관 발전 기본 구상'을 발표해 박물관 평가인증제 도입에 대한 실천 의지를 밝혔다. 또한 문화체육관광부 주도 아래 한국문화관광연구원, 한국박물관협회 등 관련 정부 및 민간기관의 참여로 박물관 평가 인증 제도에 대한 다수의 선행연구가 진행되어 왔다. 정책적 관점에서, 박물관 평가인증제도는 박물관 서비스의 질적수준과 박물관 운영현황을 판단할 수 있는 주요 성과지표이다. 이 제도가 본연적 기능을 수행하기 위해서는 양현미(2013)가 지적한 바와 같이, 인증기관의 공신력, 인증기준의 타당성, 인증절차의 효용성, 인증혜택의 실효성 등이 확보되어야 한다. 이 가운데 인증기준에 해당하는 성과지표는 본질적으로 제도적 통제를 위한 도구라기보다는 현재 박물관의 운영현황을 투입과 산출, 효율성과 효과성 측면에서 측정·분석·이해하여 개선 방향을 도출하고 공익을 위해 존재하는 박물관의 설립취지를 지원하는 도구이다. 비록 재정 안정성은 거시적 시각에서 박물관의 지속적인 발전 가능성을 위해 담보되어야 하지만, 비영리적 특성과 공공성을 지닌 박물관의 성과지표는 설립취지의 달성을 통해 공적가치와 사회적 편익에 비중을 두어야 한다. 이를 위한 다양한 실천방법은 박물관 조직구성원 간의 합의를 이끌어낼 수 있는 의사결정 과정을 통해 개발되어야 한다.

7장

소장품 관리

MUSEUM MANAGEMENT
AND MARKETING

소장품 관리

1. 소장품 수집활동

박물관의 역사에서 살펴본 바와 같이, 박물관은 유물·예술작품·표본물 등을 수집하는 것에서 출발했다. 세계 곳곳에서 개인적 관심이나 재화적인 가치로 인해, 혹은 공익을 위한 목적으로 수집품을 축적했다. 류정아·김현경(2013)은 장 보드리야르의 《사물의 체계》(2011)를 인용해 '행위로서의 수집'은 순수한 축적의 단계에서 시작해 개인의 소유 욕망의 결과물이거나 또는 유일무이하거나 시공간을 초월한 것으로 남겨지는 사물을 위한 인간의 본능 행위이며, 수집의 하위 단계로서의 물질의 축적은 반복적으로 행해지는 일련의 축적 행위의 결과라고 설명했다(pp.85~86). 현대적 관점에서 '수집 활동'은 자연상태에서의 훼손·파손·인멸·멸실 등으로부터 소장품을 보호하고 적절한 환경을 조성해서 원형 그대로 보존하기 위해 노력을 기울이는 과정이다. 이 과정은 정리·분류·보관·관리로 연계되며, 궁극적으로는 연구·전시·교육을 위한 활동이다.

국제박물관협의회ICOM의 '박물관 전문직 윤리강령Code of Professional Ethics'은 소장정책에 대해 다음과 같이 정의하고 있다.

박물관의 운영주체는 소장품의 취득·관리·이용 등을 명시하는 문서화된 소장품 정책을 채택하여 공표해야 한다. 본 정책은 소장품 목록에 수록되지 않거나, 보존처리 또는 전시되지 않는 박물관 자료의 기준을 명확히 해야 한다.

다시 말해, 수집정책은 소장품 관리자나 학예연구원이 수집활동을 할 때뿐만 아니라 관리나 활용을 할 때 올바른 결정을 내릴 수 있는 준거자료이며 동시에 박물관 규정이다. 이러한 정책은 박물관 전문직 윤리강령, 설립취지와 일치해야 하며, 기본적으로 소장품의 범위·수집지역·수집방법·수집타당성·수집시기·수집평가기준 등의 내용이 포함된다. 수집대상의 범위는 우선적으로 박물관의 연구를 위한 목적에 부합하는 대상물이어야 한다. 소장품의 수집이 궁극적으로 소장품과 자료의 영구보전을 위해 이루어질 때 가장 바람직한 수집활동이 이루어질 수 있다.

수집정책은 수집방법에 관한 조항에서 법적고려사항과 박물관이 합법적 소유권을 가진다는 요건이 충족되지 않는 경우, 어떠한 박물관 자료도 구입·기증·대여·유증 또는 교류를 통해 수집될 수 없다는 박물관 전문직 윤리강령의 수집에 대한 제약사항도 함께 명시해야 한다. 국내법은 문화재보호법에 의해 외국문화재보호에 관한 규정을 두고 있으며, 국제적인 협약으로는 '무력 충돌 시 문화재 보호를 위한 협약The Convention for the Protection of Cultural Property in the Event of Armed Conflict'(1954), '문화재의 불법 반출·입 및 소유권 양도의 금지와 예방 수단에 관한 협약The Convention on the Means of Prohibiting and Preventing the Illicit Import, Export and

국제박물관협의회(ICOM) 박물관 윤리강령

1. 소장품을 관리하는 박물관은 사회의 공익과 발전을 위해 이를 보관한다.

   1-1 원칙

   박물관은 자연·문화·과학 유산 보호에 기여하기 위하여 소장품을 수집·보존·장려할 의무가 있다. 소장품은 중요한 공공유산임과 동시에 법적으로 특별한 지위를 가지며 국제적 법령에 의해 보호받는다. 정당한 소유권·영속성·문서 및 정보 관리·접근성 그리고 책임 있는 처분 등을 포함하는 책무는 이와 같은 공적인 의무에 내재해 있다.

2. 소장품의 취득

   2-1 소장품 정책

   박물관의 관리 주체는 소장품의 취득관리·이용 등을 명시하는 문서화된 소장품 정책을 채택하여 공표해야 한다. 본 정책은 소장품 목록에 수록되지 않거나, 보존 처리 또는 전시되지 않는 박물관 자료의 기준을 명확히 해야 한다(2-7, 2-8참조).

   2-2 합법적 소유권

   박물관이 합법적 소유권을 가진다는 요건이 충족되지 않는 경우, 어떠한 박물관 자료도 구입·기증·대여·유증 또는 교류를 통해 수집될 수 없다. 일정한 국가 내에서 법률상 소유자임을 증명하는 자료가 반드시 합법적인 소유권을 의미하는 것은 아니다.

   2-3 출처와 주의 의무

   박물관 자료를 취득하는 경우에는 구입·기증·대여·유증·교류 등을 목적으로 제공된 해당 자료들이 불법적인 소유에 기인한 것이 아니며, 또는 (박물관 소재국을 포함하여) 합법적으로 소유되었던 출처지 국가나 제2의 국가에서 불법적으로 유출되지 않았음을 사전에 확인하기 위한 모든 노력이 기울여져야 한다. 이와 같은 주의의 의무를 통하여 박물관 자료의 발굴이나 제작 시점 이후의 모든 내력을 입증해야 한다.

   2-4 인가받지 않았거나 비학리적인 현지 조사에서 기인한 박물관 자료

   박물관은 인가받지 않았거나 비학리적인 현지 조사·기념물·고고학 또는 지질학적 유적지·생물종 또는 자연 서식지에 대한 의도적인 파괴 혹은 훼손이 수반되어 얻어졌다고 믿을 만한 합리적인 이유가 있는 박물관 자료를 취득하지 않아야 한다. 이와 마찬가지로, 해당 토지의 소유자 또는 점유자, 적법한 관계 당국이나 정부기관에 박물관 자료의 발견에 대한 보고가 이행되지 않았다면 그것을 취득할 수 없다.

   2-5 문화적으로 민감한 박물관 자료

   사람의 인골이나 신성한 의미를 지닌 박물관 자료는 안전하게 보관되고 삼가 신중하게 관리할 수 있는 경우에만 취득될 수 있다. 이는 전문적인 규범과 함께, 박물관 자료가 유래되었다고 알려진 지역사회, 민족 또는 종교 단체 구성원들의 이해관계와 믿음에 부합하여 이루어져야 한다(3-7, 4-3 참조).

2-6 보호 대상 생물학적 지질학적 박물관 자료

박물관은 야생 동식물 보호나 자연사 보존에 관한 지방·국가·지역·국제적 법령이나 협정을 위반하여 수집·매매, 또는 양도된 생물학적 지질학적 박물관 자료를 취득해서는 안 된다.

2-7 살아 있는 소장품

소장품이 살아 있는 동식물 표본을 포함하는 경우, 야생 동식물 보호나 자연사 보존에 관한 지방·국가·지역·국제적 법령이나 협정뿐만 아니라 표본들이 연유한 자연적 사회적 환경에 대한 특별한 고려가 있어야 한다.

2-8 활용을 위한 소장품

박물관 자료가 유형물로서의 기능보다 문화·과학 또는 기술적 과정의 보전에 중점이 있거나, 통상적인 이용 혹은 교육 목적으로 구성된 경우 박물관의 소장품 정책에는 활용을 위한 소장품 유형에 대한 특별한 고려사항이 포함될 수 있다.

2-9 소장품 정책 범주 이외의 취득

박물관의 문서화된 소장품 정책 이외의 범주에 속하는 박물관 자료의 취득은 예외적인 상황 하에서만 허용된다. 관리 주체는 이에 대한 전문적인 견해와 모든 이해당사자들의 의견을 참작해야 한다. 여기에는 문화 및 자연유산의 맥락을 포함한 박물관 자료의 중요성, 다른 박물관이 이러한 박물관 자료를 취득하는 것에 대한 특정한 이해관계 등이 고려되어야 한다. 그러나 이러한 조건 하에서도 합법적 소유권을 갖지 않은 박물관 자료는 취득되어서는 안 된다(3.4 참조).

2-10 관리 주체 임원 또는 박물관 직원의 제공에 의한 취득

관리 주체의 임원, 박물관 직원 혹은 그들의 가족 친지나 동료들이 제공하고자 하는 박물관 자료에 대해서는 그것이 판매, 기증 또는 세금수혜와 관련한 기증인지 등에 관계없이 특별한 주의가 필요하다.

2-11 최후의 보관소

본 윤리강령의 어떠한 조항도 박물관이 법적 책임 관할 지역 내에서 출처가 불분명하거나 부정하게 수집 혹은 발견된 박물관 자료에 대한 인가된 보관소의 역할을 하는 것을 제한할 수 없다.

2-12 처분에 대한 법적 혹은 기타 권한

박물관이 처분을 허가하는 법적 권한을 가졌거나 혹은 처분 조건에 해당할 수도 있는 박물관 자료를 취득했다면, 이와 관련한 법적 또는 기타 준수 사항과 절차가 완전하게 이행되어야 한다. 박물관 자료의 취득이 의무사항이었거나 다른 규제 사항이 있는 경우, 그러한 규제 사항을 준수하는 것이 불가능하다거나 이러한 준수 행위가 기관에 불리하다는 것이 명백하지 않는 한 그러한 조건들은 지켜져야 한다. 적절한 경우, 법적 절차를 통해 조건 변경을 요청할 수 있다.

2-13 박물관 소장품에서의 처분

박물관 소장품에서 박물관 자료를 처분할 때에는 박물관 자료의 중요도, 특성(새롭게 구할 수 있는 것인지 아닌지), 법적 지위 그리고 처분 행위로 인해 잃을 수도 있는 공적 신인도 등에 대한 충분한 이해가 반드시 있어야만 처분이 가능하다.

2-14 처분에 대한 책임

관장 및 해당 소장품의 담당 학예직원이 실무를 담당하는 박물관에서의 처분에 관한 결정은 관리 주체의 책임 하에 이루어져야 한다. 활용을 위한 소장품에 대해서는 특별한 절차가 적용될 수 있다(2-7, 2-8 참조).

2-15 소장품에서 처분된 박물관 자료의 처리

각 박물관은 기증·양도·교환·매각·반환 혹은 훼손 등으로 인해 박물관 자료를 영구적으로 처분하기 위한 인가된 방법이 정의된 정책을 마련해야 하며, 수령기관에는 제한 없는 소유권을 양도하도록 해야 한다. 박물관은 모든 처분 결정·관련 박물관 자료·박물관 자료의 처분에 대한 일체의 정보를 갖고 있어야 한다. 필수적인 전제로서, 처분된 박물관 자료가 우선적으로 다른 박물관에 제공되어야 한다.

2-16 소장품 처분에 따른 수입

박물관 소장품은 공적 위탁 상태에 있으므로 현금 변환이 가능한 자산으로 다루어서는 안 된다. 박물관 소장품에서 처분되는 박물관 자료로부터 발생한 현금이나 보상은 전적으로 소장품을 위해 사용되어야 하고 대개 동일한 종류의 소장품 취득에 사용되어야 한다.

2-17 처분된 소장품의 구입

박물관 직원, 관리 주체 혹은 그들의 가족 친지나 동료들은 그들이 책임지고 있던 소장품에서 처분한 박물관 자료를 구매할 수 없다.

3-1 주요한 증거로서의 소장품

박물관의 소장품 정책은 주요한 증거로서의 소장품에 대한 중요성을 명백하게 나타내야 한다. 그러나 소장품 정책이 현대의 지적 경향이나 현재 박물관에서의 관행에 의해 결정되어서는 안 된다.

3-2 소장품의 유용성

박물관은 소장품과 모든 관련 정보를 보안과 안전상 일어날 수 있는 문제들을 최소화하면서, 가능한 한 자유롭게 이용될 수 있도록 해야 하는 특별한 책임이 있다.

박물관의 수집 활동과 연구

3-3 현지 수집 활동

현지 수집 활동을 하는 박물관은 학문적 기준과 적용 가능한 국내 및 국제법과 협약에 입각해서 정책을 개발해야 한다. 현지 조사는 문화 및 자연유산을 개발하기 위한 노력뿐만 아니라 지역사회의 의견, 환경 자원 그리고 그들의 문화적 풍습에 대한 존중과 고려가 있어야만 수행될 수 있다.

3-4 주된 증거의 예외적인 수집 활동

예외적으로, 출처가 불분명한 박물관 자료일지라도 학문에 기여하는 바가 본래부터 현저하여 그것을 보존하는 것이 공공의 관심사가 되는 경우가 있다. 이러한 박물관 자료를 박물관 소장품으로 수용하는 문제는 국내 혹은 국제적인 편견을 배제하고 관련 분야 전문가들이 결정해야 할 사안이다(2-11 참조).

3-5 연구

박물관 직원이 수행하는 연구는 박물관의 사명과 목적에 부합해야 하고, 기존의 법적·윤리적·학술적 관례를 따라야 한다.

3-6 파괴 분석

파괴 분석 기법이 시행되는 경우, 분석된 자료에 대한 모든 기록과 분석 결과, 출판물을 비롯한 연구결과는 해당 박물관 자료에 대한 영구적인 기록물에 포함되어야 한다.

3-7 사람의 인골 및 신성한 의미를 지닌 박물관 자료

사람의 인골 및 신성한 의미를 지닌 박물관 자료에 대한 연구는 그것이 유래 되었다고 알려진 공동사회, 민족 또는 종교 단체 구성원들의 이해관계와 믿음을 고려하고 전문적인 규범에 부합하는 방식으로 이루어져야 한다(2-5, 4-3 참조).

3-8 연구 자료에 대한 권리 보유

박물관 직원이 발표나 현지 조사 기록을 위해 자료를 준비하는 경우, 해당 작업의 모든 권리 사항에 대해 연구지원 박물관의 분명한 동의를 얻어야 한다.

3-9 전문성 공유

박물관직 종사자들은 그들의 지식과 경험을 관련 분야의 동료·학자·학생들과 공유해야할 의무가 있다. 후자는 가르침을 준 사람들에 대한 경의와 감사를 표시하고, 다른 사람들에게 도움이 될 수 있는 기술상의 진보와 경험을 지속하여 전달해야 한다.

3-10 박물관과 타 기관 간의 협력

박물관 직원은 유사한 관심과 수집 활동을 하는 기관과의 협력 및 자문에 대한 필요성을 인지하고 인정하여야 한다. 이는 특히 고등교육기관 및 장기적인 보안책 없이 중요 소장품들을 양산할 수 있는 연구를 하는 공익사업체와 협력할 때에 더욱 그러하다.

〈표 7-1〉 국제박물관협의회 박물관 전문직 윤리강령

Transfer of Ownership of Cultural Property'(1970), '세계문화유산 및 자연유산의 보호에 관한 협약Convention Concerning the Protection of the World Cultural and Natural Heritage'(1972), '도난 또는 불법 반출된 문화재에 관한 1995년 유니드로아 협약UNIDROIT Convention on Stolen or Illegally Exported Cultural Objects'(1995), '수

중 문화유산의 보호에 관한 유네스코 협약UNESCO Convention on the Protection of the Underwater Cultural Heritage'(2001) 등을 준수해야 한다.

수집지역의 경우, 국·공립 박물관이나 지방박물관은 박물관이 위치한 해당국가나 지역의 출토물 또는 해당국가나 지역과 관련된 유물만을 수집할 수도 있기 때문에 지역의 범위가 제한될 수 있다. 예를 들어, 서울역사박물관 유물수집 및 관리조례(서울특별시조례 제5548호, 2013. 8. 1., 일부 개정)에 의하면, "유물수집 대상의 범위는 서울의 역사, 문화와 관련된 보존가치가 있는 전시유물 및 학문적 연구·조사 등에 필요한 유물로 한다"고 규정되어 있다. 수집에 대한 평가기준에는 시대성·지역성·희소성 등과 같은 유물의 중요성, 기존 소장품과의 관련성, 출처 및 이전 소유권·용도·분류정보에 관한 문서, 유물을 소장하고 보존할 수장공간 및 시설과 전문인력의 수용 능력, 유물의 소유권과 사용에 관한 법적기준 등이 포함된다(Edson, G & Dean, D. 1996: 33). 특히 해당유물에 대한 합법적인 권리와 소유권이 양도되지 않는 경우에는 박물관이 그 유물을 취득할 수 없고, 고고학적 유적지에서 비과학적이거나 고의적 파괴를 통해 발굴된 유물이라는 사실이 입증되었을 때는 수집대상에서 제외한다. 이러한 원칙은 불법적인 살상행위나 생태학의 파괴와 관련된 생물학적인 표본에도 적용된다.

소장품의 수집은 구입·수증·수탁·발굴조사·현지조사의 방법으로 이루어진다.[97] 현재 우리나라 국·공립 박물관에서는 유물관리에 관련된 법규를 근거로 구입 및 수증을 통해 유물을 수집하고 있다. 국립중앙박

---

97 이 밖에 유물압수와 반환의 방법을 통해 유물을 수집하는 경우도 있다. 이 방법은 불법적인 경로에 의해서 소유권을 획득한 개인 또는 단체로부터 유물을 압수하는 것을 말하며, 유물 반환은 국외에 불법적으로 반출된 유물을 환수하는 것을 의미한다.

물관의 경우, 국립중앙박물관 소관예규(2011)의 '국립중앙박물관 소장 유물관리규정'에 근거해, 서울역사박물관은 '서울역사박물관 유물수집 및 관리조례(2013)'를 근거로 수집하고 있다.

일반적으로 유물을 구입하는 방법은 일반구입과 지정구입으로 구분 된다. 일반구입은 다양한 대중매체에 구입공고를 게재해서 불특정 소장 가들에게서 유물을 매입하는 방법이다. 반면 지정구입은 소장하고자 하 는 유물경매에 참여하거나 소장자와 직접 접촉해서 구입하는 능동적인 방법이다(김상태, 2012: 14). 국립중앙박물관의 경우, 추천구입이나 경매 구입을 통해 국내외 개인 또는 기관, 단체로부터 유물을 구입할 수 있 으며, 매도신청자는 유물매도신청서, 문화재매매업 허가증, 신분증 등의 서류를 박물관에 제출하고 일정절차를 통해 사전 서류심사를 거쳐야 한다. 하지만 소장경위나 출처 등이 분명하지 않은 유물이나 도난·도굴· 밀반입 등 불법적인 행위와 관련 있는 유물로 판단될 때는 매도신청이 제한된다. 중앙박물관 관장은 구입대상유물의 심의를 위해 국립중앙박 물관 소관예규 제54조에 의거해 구입대상 유물평가위원회를 구성·운 영하고 유물구입에 대해 심의한다. 이때 매도신청인은 유물관리부로부 터 매도신청 유물 임시보관증을 받고, 박물관의 유물구입 의사결정이 완료되면 담당 공무원이 매매계약을 체결한다.

구입심의과정을 자세히 살펴보면, 국립중앙박물관은 유물구입 심의를 위해 국립중앙박물관장이 구입대상 유물평가위원회를 구성해서 3차에 걸친 평가위원회를 통해 의사결정을 내리며, 매도신청인은 위원에서 제

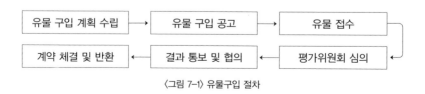

| 유물 구입 계획 수립 | → | 유물 구입 공고 | → | 유물 접수 |
| 계약 체결 및 반환 | ← | 결과 통보 및 협의 | ← | 평가위원회 심의 |

〈그림 7-1〉 유물구입 절차

외된다. 1차 평가위원은 3인 이상으로 구성하되 관련 전공의 학예연구직 또는 별정직, 필요에 따라 외부 전문가를 위촉할 수 있으며, 평가위원은 구입대상 유물의 가치 및 가격을 평가하되, 매도신청인의 요구액을 초과한 가격을 평가할 수 없다. 추천구입과 경매구입의 경우에 1차 평가위원회는 생략될 수 있다. 2차 평가위원회는 5인 이상으로 구성하되 위원장은 중앙박물관장이 되고 학예연구실장 및 유물관리부장을 포함하며, 학예연구실의 각 부서장과 전시팀장을 포함할 수 있다. 이 위원회에서 1차 평가위원회의 평가결과를 근거로 유물의 구입여부와 가격이 위원 과반수 찬성으로 결정되는데, 가부 동수인 경우에는 위원장이 결정한다. 3차 평가위원회는 문화재위원 3인 이상으로 구성되며, 1~2차 평가위원회를 거쳐 결정된 유물의 구입여부와 가격은 3차 평가위원회의 심의를 거쳐 최종 확정한다.[98]

서울역사박물관의 경우, '서울역사박물관 유물수집 및 관리조례(서울특별시조례 제5548호, 2013. 일부 개정)'에 의해, 서울특별시장이 유물을 구입하고자 할 때는 유물수집실무위원회의 예비평가와 분야별 유물평가위원회의 평가 및 서울역사박물관 운영자문위원회의 최종심의를 거쳐 평가범위 내에서 구입대상유물과 구입가격을 결정한다. 유물수집실무위원회는 관장이 위원장직을 맡으며, 유물관리관, 문화재 분야 전문가를 포함한 10인 이내의 위원이 수집대상, 유물조사 및 범위선정과 평가대상, 유물선정 등의 심의를 담당한다. 평가위원회에서 심의·평가한 구입대상 유물은 박물관운영자문위원회의 기획·유물분과위원회에서 최종심의한다. 하지만 경매유물이나 국가 또는 시·도 지정문화재 및 필요하

---

98 필요시 전직 문화재위원 1인 또는 문화재위원 2인 이상이 추천하는 전문가 1인을 포함할 수 있다.

국립중앙박물관 문화재 구입공고

국립중앙박물관은 다음과 같이 2014년도 문화재 구입 계획을 공고하오니, 관심 있는 분들의 많은 참여를 바랍니다.

2014년 4월 25일
국립중앙박물관장

□ 구입 대상 문화재(* 세부내역 상세 목록 참조)

1. 국립박물관 전시 특성화를 위한 문화재(특히, 강원, 충청, 전북, 전남지역 관련 유물)
   – 지역출신 인물문집, 지역소재 회화 및 고지도, 지역활동 작가의 작품, 우암 송시열 등 기호학파 관련 서화 등
   (※ 단, 생존 작가 및 1960년대 이후의 작품 제외)

2. 기타 국립박물관 전시에 필요하다고 특별히 인정되는 문화재
   – 고려, 조선시대 불화 포함 회화류
   – 충주반 등 조선시대 목공예품
   – 금속제 불구류 등 불교공예품
   – 묵상, 분청사기류 등 도자공예품
   ※ 상기 구입대상유물 범주에 포함되지 않는 유물은 서류심사 시 제외될 수 있습니다.

□ 신청 자격: 개인소장가(종중 포함), 문화재 매매업자 및 법인

   ※ 도굴, 도난, 밀반입 등 불법적인 행위와 관련된 유물은 유물구입규정에 의거 매도신청이 불가합니다.

□ 구입 절차: 서류심사(제1차) 후, 선정된 유물만을 대상으로 유물접수(제2차) 유물매도신청 서류접수 → 서류심사 → 서류심사결과 통지 → 유물실물접수 → 유물평가위원회(총 3회) 개최 → 심의 평가결과 통지 및 매매여부 협의 → 매매계약 및 계약 제외 유물 반환

1. 서류접수
   – 접수방법: 등기우편 접수(5월 7일 등기소인분까지 유효)를 원칙으로 함
   – 우편접수 기간: 2014년 4월 30일(수)~5월 7일(수)
   – 우편접수 주소: (우편번호 140-797)서울특별시 용산구 서빙고로 137 국립중앙박물관 유물관리부 구입담당자 앞

- 서류접수 시 제출서류
  ① 유물매도신청서(매도신청유물: 15건 이내) 1부
  ② 매도신청유물명세서(유물 1건당) 각 1부: 해당유물 칼라사진 1매 부착
  (규격 3"×5")
  ※ 제출서류양식은 당관 홈페이지에서 내려 받아 사용하십시오.
  ※ 서예첩의 경우는 반드시 서예 본문을 촬영한 사진을 추가 부착해 주십시오.

2. 서류심사 결과 통지
   - 실물접수대상 유물선정결과 및 유물접수기간통지: 5월 말
   (※서류접수 결과에 따라 일정이 변동될 수 있습니다.)

3. 문화재 실물 접수
   - 접수대상: 서류심사를 통과한 유물
     ※ 서류심사 결과 실물 평가대상 유물로 선정된 경우에만 개별 통지하여 실물을 접수합니다.
   - 문화재 접수 시 제출서류 및 준비물
     ① 매도신청유물 중 서류심사 통과 유물(15건 한도)
     ② 매도신청유물 칼라사진(서류 접수 시와 동일사진, 규격 3"×5") 유물 1건당 3매
     ③ 매도신청인의 도장(자필서명이나 지장도 가능)
     ④ 국가지정문화재의 경우 지정서 사본 1부
     ⑤ 문화재매매업자의 경우 문화재매매업허가증 사본 1부
     ⑥ 개인의 경우 주민등록증
     ⑦ 대리접수일 경우 소장자 본인이 작성한 위임장 1부
     ⑧ 위임인 및 대리인의 주민등록증

4. 심의평가 결과 통지 및 매매여부 협의
   - 국립중앙박물관은 유물 구입을 위한 제1차 평가위원회, 제2차 평가위원회, 제3차 평가위원회의 심의 평가를 거쳐 구입대상유물과 평가액을 결정하되, 구입 여부는 제3차 평가위원회의 평가에 의해 최종 확정됩니다.
   - 결과 통지 예정시기: 6월 말
   (※ 결과통지시기는 구입절차 진행상황에 따라 변동될 수 있습니다.)

5. 매매계약 체결 및 계약 제외유물 반환·소유권 이전
   - 구입 대상으로 결정된 유물은 매도신청자의 동의 하에 유물매매약정을 체결한 뒤 대금이 지급되며, 이와 동시에 유물에 대한 소유권은 국립중앙박물관으로 이전됩니다.

□ 기타 사항 – "문화재 매도 신청 시 주의사항"을 반드시 확인해 주시고, 기타 자세한 사항은 박물관 홈페이지(www.museum.go.kr)를 참조하시거나, 국립중앙박물관 유물관리부(02-2077-9398,9417/담당자: 김세원)로 문의하시기 바랍니다.

〈문화재 매도 신청시 주의사항〉

* 유물매도신청서 및 매도신청유물명세서 작성방법
  – 유물매도신청서 작성 시 유물의 명칭, 수량, 시대, 크기, 구조특징/판본, 요구액(한글 표기)을 반드시 기재하십시오. '구조 특징/판본'란에는 형태상 특징(보존상태, 특기사항)을 기재합니다.
  – 매도신청유물명세서 작성 시 유물의 명칭, 수량, 크기, 시대, 요구액, 소장경위, 구조 특징을 상세하게 기재하십시오. 사진란에는 해당유물 칼라사진 1매(규격3"×5")를 부착해 주십시오.
* 출처 등이 분명하지 않거나 소장자와의 소유관계가 불분명한 유물, 도굴품 및 장물 등 불법 취득 유물은 매도할 수 없습니다.
* 신청서류는 일체 반환하지 않습니다.
* 서류심사 후 실물 평가대상유물로 선정되더라도 유물접수 시 구입대상으로 적합하지 않은 것으로 판명되는 유물은 제외될 수 있습니다.
* 매매에 소요되는 모든 비용(포장비, 운송비, 약정 체결시 수입인지세)은 매도신청인이 부담해야 합니다.
* 구입대상으로 선정된 유물에 대한 매매약정 체결시 구입가격은 제3차 평가위원회 심의 평가금액을 초과하지 못합니다.
* 최종심의를 통과한 매매계약대상품의 경우 정보공개요청에 의거 구입관련 정보가 공개될 수 있습니다.

〈표 7-2〉 국립중앙박물관 문화재 구입공고
(출처: 한국고서협회 인터넷 홈페이지 '유물 구입공고')

다고 인정되는 유물을 공개구입 또는 현지구입할 때는 업무의 긴급성 등을 고려해 제9조에 근거한 분야별 유물평가위원회의 심의와 평가를 받아 구입할 수 있다.

제9조(분야별 유물평가위원회)

① 구입 또는 기증대상 유물의 평가를 위하여 분야별 유물평가위원회(이하 "평가위원회"라 한다)를 둔다.

② 평가위원회는 평가대상 분야별로 3인 이상의 위원으로 구성하며 전원 합의로 한다.

③ 평가위원은 서울시 문화재위원 및 문화재 분야 전문가 중에서 시장이 위촉하며, 임기는 매회 당해 분야 평가 종료 시까지로 한다.

④ 평가위원회는 다음 각 호의 사항을 심의한다:

1. 수집대상 유물의 진위여부 및 가격평가

2. 수집대상 유물의 역사 문화적 해석 및 고증

3. 기타 유물수집에 관하여 시장이 부의하는 사항

⑤ 평가위원회는 참석위원이 서명한 유물평가서를 작성하여 수집유물과 함께 보존하여야 한다.

수증은 개인 또는 단체 소유의 보존 가치가 있는 유물을 박물관이 양도받아 소장유물로 등록하는 것을 가리키며, 수탁유물에 대한 주요 고려사항은 다음과 같다(Edson, G & Dean, D. 1996: 33).

- 유물수탁을 수락하는 것은 소장품에 대한 지속적인 보존과 관리에 대한 책임을 지는 것을 의미한다.
- 박물관은 합법적인 소유권을 지니지 않은 유물은 취득하지 않는다.
- 제한적 조건이 수반되는 기증자료는 수락하지 않는다.
- 박물관 위상과 질적수준을 결정짓는 유물은 그 가치와 출처가 분명해야 한다.
- 기증자료는 원칙상 기증자 또는 기증자의 상속인에게 반환되지 않는다.

- 박물관은 법리적·윤리적으로 문제의 소지가 있는 자료는 기증받을 수 없으며, 심지어 박물관은 그러한 자료를 일정 기간 동안 전시 또는 활용할 수 없다.
- 박물관은 기증자료를 수용할 시설과 능력을 갖고 있어야 하며, 다른 소장품들과 동일하게 기증자료를 최적 상태로 관리·보존·활용해야 한다.

  국립중앙박물관의 예를 보자. '국립중앙박물관 소관예규(2011)'에 따라 기증 의사를 가진 개인이나 단체가 유물기증원을 작성해 박물관 관장에게 신청서를 제출한다. 중앙박물관 관장은 수증여부, 수탁 및 기간 연장 여부에 대한 의사결정을 위해 소관예규 제55조에 의거해 수증 및 수탁유물심의위원회를 구성·운영한다. 이 위원회의 위원장은 관장이 맡으며, 학예연구실장과 유물관리부장을 포함해서 학예연구실의 각 부서장, 전시팀장, 전공학예연구직 등 5명으로 구성한다. 외부 전문가의 위촉도 가능하다.

  기증의뢰자는 박물관에 기증대상 유물에 대한 정보를 제공해야 한다. 만일 사전에 정보가 없을 때는 관련 분야 전공자들의 도움을 얻어 기증대상 유물에 대해 충분한 검토를 마친 후 수증 및 수탁유물 심의위원회에서 참고자료로 활용하도록 조사자·조사기간·유물에 대한 사진과 목록·기증자 정보·기증 의도 및 배경 등에 대한 보고서를 작성한다. 앞서 언급한 바와 같이 유물의 소장 경위나 출처, 소유권 등이 불명확한 경우는 원칙적으로 수증대상에서 제외된다. 또는 박물관에서 필요치 않은 유물 또는 문화재적 가치가 없다고 판단될 경우에는 박물관이 수증 요청을 거절할 수 있다. 수증의 경우 기증을 통해 들어온 유물이 때로는 기증자의 의도와 요구에 의해 사용이 제한될 수도 있기 때문에, 제약조건이 없을 경우에만 수락하는 것이 원칙이다. 특히 유증의 경우, 상속자와의 심도 있는 협의를 통해 유증유물에 대한 제약 사항이나 박물관으로 소유권이 양도되는 것에 대한 이견이 없다는 것을 명확히 확인한 후 요청수락 여부를 결정해야 한다. 기증자는 소유권 명의가 양도될 때 증명서에 서명하며, 박물관 담당자는 기증자료를 전해 받을 때 서명한다. 유물등록 부서에서는 기증계약증명서와 유물양도가 완료될 때까지는 유물취득 절차를 시작할 수 없다. 만약 기증계약자가 통보한 지 30일 내에 서명하지 않으면, 등록담당원은 박물관이 기증된 자료에 대해 더 이상 책임지지 않는다는 것을 기증자에게 통보한다.

서울역사박물관의 규정을 보자. 박물관 및 미술관 진흥법 제8조 규정에 의해 서울특별시장은 전시 및 연구 등에 필요한 유물을 기증받을 수 있다. 유상기증은 유물구입의 절차를 준수하는 반면 무상기증은 유물수집실무위원회를 거쳐 시장이 결정한다. 무상기증의 경우, 기증자의 요청이 있을 때 규정에 따라 예산의 범위 안에서 유물 평가액의 2% 이내에 해당하는 기증 사례비를 지급할 수 있다.

유물수탁은 개인 또는 단체 소유의 유물을 박물관이 일정 기간 위임받아 관리·활용하는 것을 말한다. 국립중앙박물관의 경우, 기탁자는 기탁신청서를 작성해 박물관장에게 신청하고, 박물관장은 기탁신청된 유물이 전시 또는 학술연구 등 박물관 사업에 활용될 수 있는지를 심의결정하기 위해 제55조에 의거해 수탁유물심의위원회를 구성·운영한다. 수탁유물의 관리는 무상을 원칙으로 하되, 보존관리에 소요되는 비용은 기탁자에게 청구할 수 있다. 또한 수탁기간은 수탁을 의뢰한 그해 연말까지가 원칙이나 신청을 통해 이듬해부터 2년 단위로 연장할 수 있다. 수탁증서에 수량·규격·유물의 상태를 기재해 기탁자에게 교부한다. 만일 수탁기간 중에 유물의 소유권이 변경된 때에는 구 소유자(유고시 법정 상속인)가 소유권 변경일로부터 60일 이내에 그 사실을 박물관장에

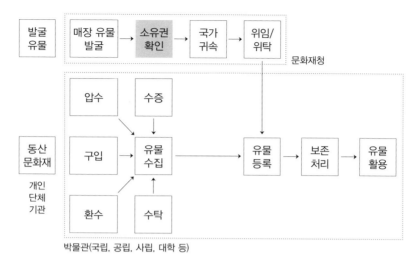

〈그림 7-2〉 발굴 유물과 동산문화재의 관리 프로세스(출처: KCISA·한국문화정보센터, 2013: 20)

게 서면으로 제출하고 수탁증서를 갱신해야 한다.[99]

국·공립 박물관과 비교해 대학박물관은 유물수집방법으로 매장문화재 발굴조사에 의존하는 경향이 많다. 이때 수집되는 유물은 국립박물관이나 대학박물관에 위탁·관리되며 문화재보호법에 의거해 매장문화재는 모두 국가에 귀속된다. 문화재청이 제정한 '매장문화재 보호 및 조사에 관한 법률'(2011)에 의하면 매장문화재란 '토지 또는 수중에 매장되거나 분포되어 있는 유형의 문화재', '지표·지중·수중 등에 생성·퇴적되어 있는 천연 동굴·화석', '그 밖에 대통령령으로 정하는 지질학적인 가치가 큰 것'을 의미한다. 매장문화재의 발굴조사허가 및 조사수행은 문화재청의 문화재보호법, 문화재보호법 시행령, 문화재보호법 시행규칙, 매장문화재 보호 및 조사에 관한 법률을 근거로 이루어지며, 문화재

---

99 서울역사박물관도 '서울역사박물관 유물수집 및 관리조례'에 의해 전시 및 연구 등에 필요한 유물을 기탁·대여·위탁 보관·관리 전환 등을 받아 활용할 수 있다.

제7조(지표조사 절차 등)

① 지표조사는 제6조에 따른 건설공사의 시행자가 요청하여 제24조에 따른 매장문화재 조사기관이 수행한다.

② 건설공사의 시행자는 제1항에 따라 지표조사를 마치면 그 결과에 관한 보고서(이하 "지표조사 보고서"라 한다)를 대통령령으로 정하는 바에 따라 해당 사업 지역을 관할 하는 지방자치단체의 장과 문화재청장에게 제출하여야 한다.

③ 지표조사에 필요한 비용은 해당 건설공사의 시행자가 부담한다. 다만, 국가와 지방자 치단체는 사업의 규모 및 성격 등을 고려하여 대통령령으로 정하는 건설공사에 대하 여 예산의 범위에서 그 비용의 전부 또는 일부를 지원할 수 있다. 〈개정 2014.1.28.〉

④ 지표조사의 방법, 절차 및 지표조사 보고서 등에 관한 세부적인 사항은 문화재청장 이 정하여 고시한다. [시행일 : 2015.1.29.]

〈표 7-3〉 매장문화재의 지표조사 절차(출처: 매장문화재 보호 및 조사에 관한 법률, 문화재청, 2011)

청의 발굴조사 업무처리지침을 준수해야 한다.

원칙적으로 문화재보호법(제55조 제1항)과 매장문화재 보호 및 조사에 관한 법률(제3장 제11조)에 의해, 매장문화재 유존지역은 발굴할 수 없 다.[100] 다만 연구 목적으로 발굴하는 경우, 유적의 정비사업을 목적으로 발굴하는 경우, 토목공사·토지의 형질변경 또는 그 밖에 건설공사를 위 해 대통령령으로 정하는 바에 따라 부득이 발굴할 필요가 있는 경우, 멸실·훼손 등의 우려가 있는 유적을 긴급하게 발굴할 필요가 있는 경 우 등 문화재청장의 허가를 받았을 때는 발굴할 수 있다.[101] 이 가운데 건설공사의 경우, 건설공사의 규모에 따라 대통령령으로 정하는 건설공

---

[100] 문화재청장은 학술조사 또는 공공목적을 위해 '고도 보존에 관한 특별법'(제2조 제1호)에 따른 고도 지 역·수중 문화재 분포 지역·폐사지(廢寺址) 등 역사적 가치가 높은 지역·매장문화재 유존지역의 발굴 을 허용할 수 있다. 이때 그 경비는 제1항 제1호·제2호·제4호의 경우에는 해당 문화재의 발굴을 허가 받은 자가, 같은 항 제3호의 경우에는 해당공사의 시행자가 부담한다. 다만, 대통령령으로 정하는 건설 공사로 인한 발굴에 사용되는 경비는 예산의 범위에서 국가나 지방자치단체가 지원할 수 있다.

[101] 문화재청장은 제1항 단서에 따라 발굴허가를 하는 경우 그 허가의 내용을 정하거나 필요한 사항을 지 시할 수 있으며, 허가한 경우에도 대통령령이 정한 바에 따라 발굴정지 또는 중지를 명하거나 허가를 취소할 수 있다.

사의 시행자는 해당 건설공사 지역에 문화재가 매장·분포되어 있는지를 확인하기 위해 사전에 매장문화재 지표조사를 실행해야 하며, 그 절차에 관한 내용은 〈표 7-3〉과 같다.

문화재청이 규정한 발굴허가를 위한 구체적인 행정절차는 조사기관 선정 → 조사계획서 작성·제출(조사기관에서 사업시행자) → 발굴허가 신청(사업시행자 → 해당 지자체) → 구비서류 검토 및 제출(해당 지자체에서 문화재청) 순으로 진행된다. 발굴허가의 주요 심의기준은 발굴대상 유적의 중요성 및 현상보존의 필요성과 발굴조사의 적정성 여부다. 특히 후자는 조사계획의 적정성, 조사기관이 갖추어야 할 기준 부합 여부(시행규칙 제37조 별표 제9의 2관련), 조사기관 및 대표자·단장·책임조사원 등의 보고서 미발간 현황, 조사기관의 발굴허가 조건 및 본 지침위반 여부, 문화재위원의 직접 발굴조사 참여 여부(학술 발굴은 예외), 발굴조사 실적 등을 충족시켜야 한다. 대학이 발굴에 참여할 때는 1대학 1기관 원칙이 적용되지만, 수중 발굴 및 자연사 발굴은 조사기관의 특성상 문화재위원회의 심의를 거쳐 다수 기관이 참여할 수 있다. 공·사립 박물관이나 특수 기관은 설립취지에 부합하는 발굴조사에만 참여할 수 있다.

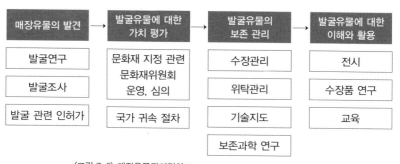

〈그림 7-3〉 매장유물관리절차(출처: KCISA·한국문화정보센터, 2013: 21)

발굴조사 기관은 발굴 완료 시 20일 이내에 발굴매장문화재 공고를 위한 출토유물 현황(서식 8), 발굴조사완료신고서, 보고서 등의 문서를 지자체에 제출한다. 지자체에서는 문서를 접수한 즉시 게시판과 인터넷 등을 통해 유물 출토 사실을 7일간 공고한다. 공고 후 90일이 경과하면 대상유물, 공고기간, 공고방법, 소유권 주장자의 부재사실 등 공고 결과를 문화재청장에게 보고한다. 한편 해당 문화재의 소유자라고 주장하는 사람이 있을 때는 소유권 판정절차를 거쳐 문화재청에서 정당한 소유자인지 여부를 판단한다.

발굴조사를 통해 발견된 매장문화재는 '매장문화재 보호 및 조사에 관한 법률(제4장 제17~23조)'에 의해 문화재청장에게 신고해야 한다.[102] 감정결과에 따라 문화재청장은 해당 유물이 문화재로 판명되는 경우에는 이러한 사실을 관할 경찰서장 또는 자치경찰단을 설치한 제주특별자치도지사에게 통지한다. 반면 문화재가 아닌 경우, 그 사실에 대한 문서와 유물을 두 기관 반환한다. 문화재청장은 해당 문화재의 소유자가 판명된 경우에는 대통령령으로 정하는 소유권 판정절차를 거쳐 정당한 소

---

102 문화재보호법(법률 제11228호, 2012)에 따르면, '문화재'란 인위적이거나 자연적으로 형성된 국가적·민족적 또는 세계적 유산으로서 역사적·예술적·학술적 또는 경관적 가치가 큰 다음 각 호의 것을 말한다.
  1. 유형 문화재: 건조물, 전적, 서적, 고문서, 회화, 조각, 공예품 등 유형의 문화적 소산으로서 역사적·예술적 또는 학술적 가치가 큰 것과 이에 준하는 고고자료
  2. 무형 문화재: 연극·음악·무용·놀이·의식·공예 기술 등 무형의 문화적 소산으로서 역사적·예술적 또는 학술적 가치가 큰 것
  3. 기념물: 다음 각 목에서 정하는 것
    가. 절터·옛 무덤·조개 무덤·성터·궁터·가마터·유물 포함층 등의 사적지와 특별히 기념이 될 만한 시설물로서 역사적·학술적 가치가 큰 것
    나. 경치 좋은 곳으로서 예술적 가치가 크고 경관이 뛰어난 것
    다. 동물(그 서식지·번식지·도래지를 포함한다)·식물(그 자생지를 포함한다)·지형·지질·광물·동굴·생물학적 생성물 또는 특별한 자연현상으로서 역사적·경관적 또는 학술적 가치가 큰 것
  4. 민속 문화재: 의식주·생업 신앙·연중행사 등에 관한 풍속이나 관습과 이에 사용되는 의복·기구·가옥 등으로서 국민 생활의 변화를 이해하는 데 반드시 필요한 것.

유자에게 반환한다. 소유자가 판명되지 않았을 때는 '유실물법(제13조)'에서 준용하는 동법 제1조 제1항에도 불구하고, 관할 경찰서장 또는 자치경찰단을 설치한 제주특별자치도지사에게 이를 알리고 이 두 기관은 이를 공고한다. 정당한 소유자가 없는 경우, 국가에서 직접 보존할 필요가 있는 문화재가 있으면 '국가 귀속 문화재의 보존시설 및 활용도 검토 등에 관한 규정(문화재청 예규 제39호, 2005)'에 의거해 그 문화재는 '국가귀속문화재'로 관리된다.[103]

국·공·사립 대학교의 부속박물관, 기타 비영리법인 또는 단체가 운영하는 학술기관 및 박물관 또는 전시관은 문화재청장 및 관리청으로부터 국가귀속문화재의 관리를 위임받을 수 있으며, 이를 위해서는 문화재청으로부터 '국가귀속유물 보관관리기관'으로 지정받아야 한다. 국가귀속문화재의 위탁관리기관은 문화재 보안·보관 시설 및 인원현황 등의 적합성과 문화재의 전시·연구 등 활용계획을 사전에 제시해야 한다. 위탁 협약이 체결되면 위탁기간 및 조건, 관리방법, 지도·점검 및 문화재 훼손 시 손해배상 등의 사항이 정해진다. 위탁관리기관은 '국가귀속문화재 위탁관리대장'을 작성·관리하는 의무와 함께 매년 초 국가귀속문화재 보관·관리, 위탁현황, 국가귀속문화재 전시·홍보·교육 및 활용계획, 미인수 국가귀속문화재 인수계획, 재위임·위탁·대여받은 기관 및 임시보관 기관에 대한 점검 계획을 수립해 문화재청장에게 제출한다.

앞서 다룬 수집 방법 외에도 박물관이 직접 현지를 방문해 조사하면

---

103 국가귀속문화재란 지표조사 또는 발굴조사 과정에서 발견·발굴된 문화재 중 보존가치가 있어 국가에 귀속한 매장문화재를 말한다. 귀속문화재의 관리에 대한 규정은 '매장문화재 보호 및 조사에 관한 법률' 제6조 지표조사 및 제11조와 13조의 발굴조사에서 발견·발굴된 매장문화재와 제17조의 발견·신고된 문화재를 대상으로 적용하며, 국가귀속 대상 문화재의 범위·귀속 절차·보관·관리에 관하여 필요한 사항은 대통령령이 정한 바를 준수한다.

구분	항목		고려사항
문화재 보존시설의 적부성	시설	전시시설	전시실 면적, 규모, 전시유물 수량 등
		유물수장고	수장 전용공간 여부 금속·지류 등 별도수장 여부
		보존처리	보존처리시설 및 기자재 확보 여부
	인력	전시인력	전시 및 사회 교육담당인력 확보 여부
		유물관리 전담직원	유물관리 전담직원 확보 여부 보존처리 요원 확보 여부
		방호인력	자체방호 또는 외부용역 의뢰 여부 방호인력, 주·야간 및 경비 방법 등
	보안관련 시설 및 장치		CCTV, 방범창 시설 여부, 비상 연락 체계 확립
	항온항습장치		전시실 및 수장고 내 항온항습장치 설치 여부 금속유물에 대한 별도 보관장치
문화재의 활용도	연간 예산현황		관리 및 전시예산 현황(국비, 지방비, 자체부담 포함)
	사회교육 실적 등		지역주민을 위한 사회교육 실적 특별전 개최 계획 및 실적 여부 등

〈표 7-4〉 문화재 보존시설 적부 및 문화재 활용도의 평가사항

서 유물을 수집할 수도 있다. 현지조사를 통해 수집한 유물은 그 유물이 가진 풍습, 사용한 사람, 지역, 장소 등 문화사적 맥락과 관련된 정보를 한층 정확하게 제공하며, 특히 민속연구 및 전시에서 무형적 의미를 전달하기 때문에 현지조사에서 수집대상의 정보를 기록하는 일은 매우 중요하다. 국립민속박물관은 2010부터 2011년까지 네팔의 샤머니즘 및 혼례 관련 자료를 현지에서 구입했다. 이때 수집된 유물은 '샤머니즘 특별전'(2011)과 '혼례 특별전'(2012)에 활용되었다(국립민속박물관, 2012: 8).[104] 국립민속박물관은 2003년에도 시베리아 투바 지역에서 현지조사

---

[104] 당시 네팔에서 이루어진 조사는 샤머니즘 조사와 혼례 조사로 진행되었다. 샤머니즘 조사는 2010년 3월에 1차 현지 조사를 시작한 후 2011년 3월까지 총 4차에 걸쳐 진행했고, 혼례 조사는 2011년 2월 1차 조사를 시작으로 같은 해 12월까지 총 3차에 걸쳐 진행했다.

국가귀속문화재 위탁보관협약서

문화재보호법의 관련 규정에 의거 국가에 귀속된 문화재의 위탁보관에 관하여 다음과 같이 협약한다.

제1조(협약당사자) 국립중앙박물관장을 '갑'이라 칭하고, 보관·관리기관의 장을 '을'이라 칭하며, '갑'과 '을'이 협약 당사자가 된다.

제2조(대장작성, 송부 및 출납부 비치) '갑'과 '을'이 국가 귀속 문화재의 위탁보관 협약을 맺게 되었을 경우, '을'은 매 건별로 국가귀속 위탁유물대장을 2부 작성하여 1부는 '갑'에게 지체 없이 송부하고, 1부는 '을'이 비치하여야 하며, 국가 귀속 문화재 출납부를 비치하여 출납사항을 기재하여야 한다.

제3조(임시이관) '갑'은 필요 시 위탁한 국가 귀속 문화재(이하 "위탁유물"이라 한다)를 다른 박물관으로 일정 기간을 정하여 임시이관 할 수 있다.

제4조(대여전시) '을'은 보관·관리를 맡은 국가 귀속 문화재(이하 "보관·관리유물"이라 한다)를 다른 기관에 대여할 경우 '갑'의 승인을 받아야 한다.

제5조(지시가능 사항) '갑'은 '을'에 대하여 관리상 필요하다고 인정되는 사항(시설보완 등)을 지시할 수 있다.

제6조(비용부담) '을'은 제5조의 지시사항을 이행하기 위하여 필요한 경비를 자체비용으로 부담해야 한다.

제7조(기술지도 요청) '을'은 보관·관리유물의 관리상 필요한 경우 '갑'에게 기술 지도를 요청할 수 있다.

제8조(보고사항) 다음 각 호에 해당하는 사항이 발생될 때는 '을'은 즉시 '갑'에게 보고하여야 한다.

가. 보관·관리유물이 망실·도난 또는 손상되었을 때

나. 보관·관리유물에 영향을 줄 수 있는 기타사항이 발생했을 때

제9조(위탁문화재 실태점검) '갑'은 매년 정기적으로 또는 필요시 위탁유물의 실태를 점검할 수 있다.

제10조(위탁해지) '을'이 본 협약사항을 위반할 경우 '갑'은 위탁을 해지할 수 있다.

제11조(변상) '을'은 '갑'으로부터 보관·관리유물을 선량한 관리자의 주의로서 관리하여야 하며, 보관·관리유물을 '을'이 손상하거나 망실했을 때는 '을'은 '갑'이 정하는 바에 따라 원상대로 수리·복원하고, 또한 훼손 정도에 따라 그에 상당하는 금액을 변상하여야 한다.

제12조(위탁보관 협약의 추가적 성립) 본 협약서는 향후 '갑'과 '을' 사이의 국가 귀속 문화재 위탁 시 기본협약이 되며, 국가 귀속 문화재의 위탁은 공문('갑'의 위탁유물 목록, '을'의 보관·관리유물 보관증)으로 한다.

제13조(위탁보관협약의 유효기간) 본 협약은 체결 이후 5년간 계속되며, '갑'이나 '을'로부
    터 별도의 해지요청이 없는 한 매 5년마다 자동 연장된다.
제14조(기타) 위 협약내용 이외의 국가 귀속 문화재 관리에 관한 사항은 문화재보호법령
    에 준한다. '갑'과 '을'은 위의 사항을 준수키로 하고 협약서 2부를 작성하여 쌍방이
    1부씩 보관하기로 하고 다음에 서명 날인한다.

                    년   월   일

        '갑'(위탁자)   국립중앙박물관장 (인)
        '을'(보관·관리자)   (인)

〈표 7-5〉 국가 귀속 문화재 위탁보관협약서

인 '한민족 문화원류 찾기 비교민속조사'를 통해 투바민족의 문화에 대
한 기초 자료 및 국립민족학박물관 및 세계역사민속촌 건립에 필요한
민족문화자료를 확보했다. 이외에도 2007년 문화재청 국립해양유물전시
관은 해양문화유산 연구의 종합적 기초자료를 마련하고, 과거 해양 역
사와 문화의 중심에 있었던 섬의 유형·무형의 문화재를 발굴·보존하기
위한 조사 작업의 일환으로 만재도의 전통해양문화 현지조사를 실시했
다. 이 조사에서는 만재도에서 제작·운영했던 전통 선박과 항해 방법,
파시波市, 이웃 섬 또는 육지와의 교류, 어로관행과 어로도구 등을 중심
으로 전통문화의 모습과 향후 보존이 필요한 섬 주민들의 생활상을 심
도 있게 연구했다.[105]

---

105 이 내용은 국립해양문화재연구소 인터넷 홈페이지를 참조했다.

2. 소장품 취득

수집활동을 통해 반입된 유물은 간단한 청결 처리 및 소독 과정과 함께 등록 절차를 거쳐 박물관으로 소유권이 이전되는데, 이를 '취득'이라고 한다. 국립박물관에서 유물을 등록하려면 국가귀속 절차가 완료되어야 하므로, 수집 후 유물을 등록하기까지 상당한 시간이 걸린다. 등록 전에 유물을 보존처리하고 연구 및 전시에 사용하려고 미등록유물로 별도로 관리한다. 유물이 반입 및 반출될 때는 박물관 규정에 따라 서식을 작성해 그 내용을 신고해야 하며, 유물담당자는 반입 및 반출 확인서를 확인한 후 이를 관리해야 한다. 단, 임시보관 유물은 취득 대상에서 제외되며 임시보관증만 발급된다. 취득 절차를 간략히 설명하면 다음과 같다. 유물 인수 → 등록 대상 분류 → 실측 및 취득 번호 부여 → 유물수입명세서 작성 → 사진 촬영 → 포장 및 수장고에 격납(〈표 7-6〉 참조).

소장품 취득은 업무분장에 따라 등록담당원이나 유물담당자가 맡지만 학예연구원이 참여하기도 한다. 수집과 등록 절차에서 발생하는 모든 정보는 반드시 유물카드·유물수입명세서·등록대장에 기록하고, 사진·슬라이드 또는 영상물 형태의 자료와 함께 일정한 방법에 의해 정리해 등록담당실에서 영구적으로 보관·관리해야 한다. 이러한 문서화 작업에는 유물번호·명칭·유형·시대·소장연유·연도·수집경위·가격·이전 소유자 등의 정보와 함께 아래에 기술된 문서를 첨부한다.

- 박물관의 합법적인 소유권을 증명할 수 있는 기증계약서
- 박물관이 구입한 자료의 합법적인 소유권을 증명할 수 있는 매입증명서
- 구입기관이나 교환기관이 발행한 소유권 양도증명서

구분	작업 순서	작업 내용	비고
준비	신수유물 운반	임시로 보관·격납된 신수유물을 유물 정리실로 운반	각황전·유물정리실
	해포	포장 풀기 및 상태 확인	환경적응기간
	분류 배열	해포된 유물을 확인·분류해서 배열정리	유물 확인작업 및 분류
	세척	먼지 및 오물 등 제거	유물에 따라 건조과정 필요
	약품 투여	자료에 기생하는 균의 제거나 예방 처리	정리 작업 전 약품 투여
	정리 작업 전 약품 투여	구입·기증 자료를 참고한 목록 작성 및 명세서 양식 준비	유물번호 없이 임시번호 상태로 진행
유물 명세서 작성	명칭 부여	유물의 정확한 명칭을 표준어에 준해 부여	국립민속박물관 명세서 작성 수칙 참조
	기능 분류	유물분류표준화 분류 안에 기준한 분류	박물관 유물관리 전산화를 위한 유물분류표준 참조
	수량 파악	해당번호에 따른 점수 및 세부 수량 파악	국립민속박물관 명세서 작성 수칙 참조
	유물번호 부여·기재	유물의 수입 순서에 따라 일련번호를 부여하고 자료에 번호 기재	유물번호가 기재된 목록 완성
	물질	유물의 구체적인 재질 기재	주재료·부재료 순으로 기입
	크기	유물 형태를 파악할 수 있도록 정확히 실측	
	시대 구분	기본 자료를 토대로 작성	유물분류표준화 참고
	명세서 내용 작성	유물의 특징·용도·수입 사유 등 항목 작성	항목 작성 후 DB입력
	명세서 교정	상기 내용의 교정	평균 3차 교정
	촬영	신수유물에 번호를 표시해서 촬영	유물번호 순서에 의해 촬영
	사진 확인	디지털로 촬영한 유물사진의 확인	사진과 명세서 4차 교정
	사진 정리	유물번호 순으로 표준유물관리 프로그램에 입력	
	카드 및 대장 출력	표준유물관리 프로그램으로 카드 및 등록대장 출력	카드 1매 출력, 등록대장은 100매 단위로 제본 관리

유물 격납	격납	운반 및 기능별·재질별 격납	유물의 이동사항 작성
유물 등록	서류 작성	국가귀속 처리에 따른 서류 작성	국가귀속목록· 명세서·기안 등의 기본 서류 작성

〈표 7-6〉 국립민속박물관 유물등록 절차(출처: 국립민속박물관 박물관 전문인력, 정연학 p.14)

• 박물관에 유물이 위탁·보관되고 있음을 증명할 수 있는 취득계약서

• 수집활동과 관련된 서신과 거래에 관한 상세 기록:

- 기증자(기관), 매매자(기관) 또는 위탁 의뢰 기관의 이름과 주소

- 유물의 위탁인가서 사본

- 해외에서 유물이 합법적으로 반입·반출되었다는 사실을 증명할 수 있는 서류

- 매매영수증과 선적영수증

- 증여 제약조건

- 저작권 약인

- 작가 권리 약인

- 출처에 관한 정보

- 유물의 이력

- 제작 연도

위에 기술한 정보 이외에도 취득과정에서는 보존 과학과 훈증 소독 등 유물의 보존상태와 현황과 관련된 정보도 수집한다. 신수품으로 흡수되기 이전 상황에서 보존처리가 이루어진 내용과 이로 인해 발생한 손상 상태·손상 원인·처치 사항 등 모든 변화를 기록해 후속보존조치를 위해 등록담당원에게 전달하며, 학예연구원도 사본을 공유한다. 특히 손상 원인은 화학적·물리적·생물학적 요인을 상세히 기술해야 과거

메트로폴리탄미술관	인디애나대학교박물관	로스엔젤레스카운티박물관
작가, 연도(artist, dates)	작가 이름(artist's name)	
취득 번호(accession no.)	취득 번호(accession no.)	취득 번호(accession no.)
		취득 일시(accession date)
		오브젝트 아이디(object ID)
		기타 아이디(other no.)
		유물 상태(object status)
		기록 유형(record type)
		속성(attribute)
		기타 구성요소(accessories)
국가(country)	국가 또는 원 출처 (country or place of origin)	
수령증 번호(receipt #)		
명칭(title)	명칭(title)	명칭(title)
	주제(subject)	주제(subject)
날짜(date)	날짜(date)	날짜(date)
		시대(period)
	제작 시기(date of work)	
		등록담당원의 상황 (registrar's condition)
재료(medium)	재료(medium)	재료(medium)
영구적 위치 (permanent location)		
현재 위치(current location)		위치(location)
제공자 이름(credit line)		제공자 이름(credit line)
크기(dimension)	크기(dimension)	크기(dimension)
		크기 텍스트 (dimension text)
사진 번호(neg. no.)		
가격(price)	가격(price)	
원 출처(provenance)	원 출처(provenance)	원 출처(provenance)
보험가(insurance value)		
상세 설명(description)	상세 설명(description)	상세 설명(description)
		표시(mark)
	유형(category)	유물 유형(object type)

	참고 문헌·(참여) 전시 (bibliography & exhibitions)	전시 이력 (exhibition history)
		출판 이력 (publication history)
	의견(remarks)	(기타) 의견 (remarks(registrar))
	지정(assignment)	
		처치(treatment)

〈표 7-7〉 메트로폴리탄미술관, 인디애나대학박물관, 로스엔젤레스카운티박물관의 유물명세서

와 현재의 보존상황을 비교하는 데 준거자료가 된다. 또한 문서뿐만 아니라 사진·슬라이드·영상 등 이미지 형태의 자료도 유물과 동일한 방식으로 유물번호를 표기해야 한다.

우리나라 국립박물관은 동일한 유물명세서를 사용하는 반면 그 밖의 박물관은 독자적으로 개발한 유물명세서를 사용하고 있다. 국외에서도 통일된 유물명세서보다는 거의 모든 박물관이 유물명세서를 독자적으로 개발해 사용하는 편이다. 〈표 7-7〉은 메트로폴리탄미술관Metropolitan Museum of Art, 로스엔젤레스카운티박물관Los Angeles County Museum, 인디애나대학교박물관Indiana University Museum의 유물명세서 항목을 비교한 것이다. 유물번호·명칭·제작연도·재질·크기·출처·상세설명 등의 정보가 공통으로 포함되어 있음을 알 수 있다. 대형박물관에 해당하는 메트로폴리탄미술관은 로스엔젤레스카운티박물관과 인디애나대학박물관보다 정보 항목의 수는 적으나 유물의 이동과 위치에 대한 항목을 포함한 반면, 다른 두 박물관은 전시이력과 출판이력에 대한 정보를 포함하고 있다.

우리나라 국립박물관이 사용하는 유물명세서는 앞서 다룬 외국 박물관의 유물명세서보다 다소 복잡하지만 체계적이며 광범위한 내용을

담고 있다. 또한 유물명세서 외에 유물카드와 유물등록대장도 관리한다. 유물명세서는 국립중앙박물관이 1986년부터 유물전산관리를 위해 개발·보급한 '박물관 유물관리 전산화를 위한 유물분류 표준화'에 근거해 작성한다.

현재 국립중앙박물관은 소장유물 13만여 점에 대한 텍스트 자료와 영상 자료 5만여 점을 데이터베이스로 구축해 시대별·재질별·용도별·기능별 등 100여 개 항목으로 검색할 수 있게 했다. 카드·대장·통계·목록 등 사용자의 요구에 따라 다양한 양식으로 출력할 수도 있다. 또한 대표적인 소장유물 1,000여 점을 장르별로 선정해 텍스트 정보·동영상 정보·3차원 영상정보·2차원 영상정보 등 다양한 멀티미디어 정보를 제공하고 있다.[106]

박물관 유물관리 전산화를 위한 유물분류표준화의 분류체계는 정보 검색과 데이터베이스 구축의 효율성을 위해 기초 데이터의 항목을 광범위하게 분류하고, 입·출력, 자료검색, 통계 처리의 용이성을 고려해 각 항목을 코드와 비코드로 구분하고 있다. 항목별 코드와 비코드로 항목을 구성하는 방식은 정보를 서술 형식으로 입력할 때 발생할 수 있는 내용의 누락이나 오·탈자 발생 등의 오류를 최소화함으로써 데이터의 정확성과 효율성을 기대할 수 있다. 분류체계의 항목은 필수항목과 선택항목으로 대별되며, 선택항목은 관리항목·이동항목·장르별 세부항목

---

[106] 국립중앙박물관에서는 1993년에 '박물관 전산화를 위한 유물의 항목분류와 코드분류'를 발표하고, 1995년에 '박물관 전산화를 위한 유물분류 표준화방안'을 만들었다. 그러나 이 방안을 객관성과 범용성이 강화된 통일안으로 발전시켜야 한다는 필요성이 제기됨에 따라, 2000년부터 국가문화유산 종합정보구축사업의 일환으로 고고·역사·민속·특수 박물관 등 전국의 모든 박물관에서 수용 가능한 코드의 확장 및 보완이 이루어졌다. 또한 4개의 장르 및 기관별 관리항목을 새로 추가했고, 용도와 기능을 대·중·소·세 분류에서 대·중·소·세·세세 분류로 확장했으며, 국적과 시대, 출토지에 대한 코드 및 비코드 크기 변경을 수용했다. 1999년부터는 지방의 국립박물관에서도 소장 유물 4만 8,500건을 DB화하는 작업을 진행하고 있다.

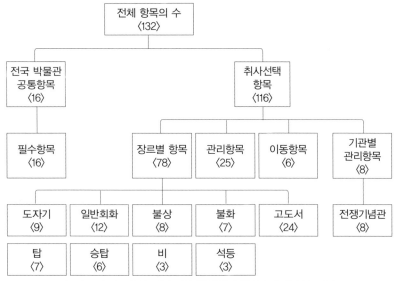

〈그림 7-4〉 박물관 유물관리 전산화를 위한 유물분류표준화의 분류체계

〈그림 7-5〉 유물관리프로그램 메인화면 구성

으로 세분된다. 필수항목은 전국 박물관에서 범용할 수 있는 명칭·시대·재질 등 유물의 기본 정보로서 공통항목이며, 관리항목은 주로 유물관리나 일반 학술정보활용에 필요한 항목이다(〈표 7-8〉 참조). 유물의 이동항목은 유물의 소재나 소장처, 반출·입 및 격납에 관련된 정보이다. 장르별 세부항목은 전문 학술정보활용을 위해 마련된 항목으로 도자기·일반 회화·불상·불화·고화서·탑·승탑·비·석등 등 18개 항목이 포함된다(〈표 7-9〉 참조). 한편 기관별 관리항목은 일부 박물관에서 특별

구분	필수항목	관리항목	이동항목
필수 항목	1. 소장구분 2. 유물번호 3. 수량 4. 수량단위 5. 명칭 6. 국적/시대 7. 작자 8. 재질 9. 용도기능 10. 장르 11. 문화재 지정 일자 12. 문화재 지정 구분 13. 문화재 지정 호수 14. 크기1(실측 부위) 15. 크기2(실측치) 16. 특징	1. 문양·장식 2. 명문구분 3. 명문내용 4. 발굴(견)일자 5. 출토지 6. 위도·경도 7. 무게 8. 무게단위 9. 보존처리기간 10. 보존처리내용 11. 전시순위 12. 유물상태 13. 원판번호 14. 입수일자 15. 입수연유 16. 입수처 17. 가격 18. 가격단위 19. 등록일자 20. 자료기록자 21. 자료입력자 22. 보험관계기록 23. 참고자료 24. 현존여부 25. 기관별 관리항목	1. 이동일자 2. 이동수량 3. 보관구분 4. 보관처 1 5. 보관처 2

〈표 7-8〉 박물관 유물관리 전산화를 위한 유물분류표준화의 필수항목과 관리항목

히 관리하는 항목들로서, 감정구분·관리등급·노획여부·적성여부·제작번호·관련소장품 번호·관련사건·관련연대 등이 포함된다.

　유물명칭은 유물의 유형에 따라 명칭을 부여하는 방법이 다르며, 명문·재질·기법·문양·부가물·색상·형태·출토지·소재지·작가·주제 등 다양한 요소의 결합으로 부여된다. 박물관 유물관리 전산화를 위한 유물분류표준화의 경우, 유물의 유형에 따라 통일성을 갖도록 〈표 7-10〉에서 보는 바와 같이, 일곱 가지 일정한 기준을 정했다(김상태, 2012: 62).

항목	세부항목
도자기	1. 번 법 2. 시문 기법 3. 성형 기법 4. 시유 상태 5. 굽 형태 6. 굽 받침 7. 구연 형태 8. 기형 9. 상세 설명
일반 회화	1. 작가 (1) 이름 (2) 성별 (3) 호 (4) 자 (5) 신분 (6) 생몰연대 2. 제찬자 (1) 이름 (2) 호 (3) 자 (4) 생몰연대 3. 주제 4. 화풍 5. 구도 6. 안료 7. 인장 (1) 필자인 (2) 제찬인 (3) 감장인 8. 형태 9. 표구 상태 10. 표구 방식 11. 실제 크기 12. 상세설명
불상	1. 불격 종류 2. 인상 3. 자세 4. 광배 5. 대좌 6. 기법 7. 존상구도 8. 상세설명
불화	1. 작가 2. 제찬자 3. 주제 4. 존상구도 5. 형태 6. 화기 7. 상세설명
고화서	1. 서명 (1) 권수제 (2) 권미제 (3) 표제 (4) 판심제 2. 편저자 (1) 편저자명 (2) 생몰연대 (3) 호 (4) 자 3. 작성주체(발급자) 4. 발급대상(수급자) 5. 편저년 6. 원저작자 7. 판원 8. 판종 구분 9. 권수 10. 책수 11. 총면수 12. 도판 유무 13. 광곽 14. 계선 15. 행자수 16. 판심 17. 세부 크기 18. 형태 19. 내용 분류 20. 서체 21. 포장 상태 22. 인장 23. 관련문서 24. 해제
탑	1. 형태 2. 기단 3. 탑신층수 4. 탑신 면 5. 장엄조각의 유무 6. 사리구의 유무 7. 장엄조각의 내용
승탑	1. 형태 2. 장엄조각의 유무기단 3. 사리구의 유무 4. 탑비의 유무 5. 장엄조각의 내용
비	1. 내용 2. 형식 3. 각자체
석등	1. 형태 2. 장엄조각의 유무 3. 장엄조각의 내용

〈표 7-9〉 박물관 유물관리 전산화를 위한 유물분류표준화의 장르별 세부항목

유형별	명칭을 이루는 요소의 조합 순서	유물의 유형
제1유형	명문-재질-색상-기법-문양-형태-기종(용도)	토기·도자기·금속품· 목칠공예·문방구 등
제2유형	원소장처-명문-고유명-재질-기종(용도)	동종·금고
제3유형	원소재지(사찰)-형태-재질-탑의 고유명칭	탑파(부도)·비
제4유형	명문-재질-주제-형태	불상
제5유형	작자-주제(제목·내용)	회화·서예·서적
제6유형	토용-토우-형태(주제)	토용·토우
제7유형	고유명	민속품·복식

〈표 7-10〉 유물의 유형별 명칭 조합방식

예를 들어, 회화는 '강세황 초상', '오륜행실도五倫行實圖', '어미닭과 병아리', '단원풍속도첩' 등 작가와 주제에 따라 비교적 간단한 방식으로 명칭이 결정되지만 불상·도자기·금속공예 등의 유물명칭은 다음 기준을 적용해 명칭을 부여한다.

- 연가7년명(명문) – 금동(재질) – 여래(주제) – 입상(형태): 연가7년명금동여래입상
- 백자(색상) – 청화(기법) – 산수무늬(문양) – 항아리(용도): 백자청화산수무늬항아리
- 청자(색상) – 상감(기법) – 모란줄기무늬(문양) – 기름병(용도): 청자상감모란줄기무늬기름병
- 황남대총 북분 출토(원소장처) – 금관(용도): 황남대총북분출토금관
- 청동(재질) – 연지형(문양) – 병(형태) – 향로(용도): 청동연지형병향로

유물번호의 경우, 기본원칙은 '하나의 유물에 하나의 번호'를 부여하는 것이므로 각각의 유물은 고유한 유물번호를 받게 된다. 하지만 여러 그룹의 유물을 동시에 등록할 때는 취득이 완료되기 전에 가번호를 사용하는 경우도 있고, 유물이 여러 조각의 파편으로 구성된 경우에도 동일한 번호를 사용한다. 현재까지 통일화 또는 표준화 방식으로 유물번호를 부여하지는 않지만, 작품취득 연도와 당해 연도 신수품이 취득된 순서를 일련번호로 결합해 사용하는 것이 유물번호를 생성하는 가장 보편적인 방법이다. 시카고디자인박물관Chicago Design Museum은 작품 취득 시기와 일련번호를 결합해 매우 간단한 방식으로 유물번호를 만들어 사용함으로써, 유물번호의 변경을 최소화하고 있다. 예를 들어 2014년에 다섯 번째로 취득된 작품의 유물번호는 2014.005로 표기한다.[107]

우리나라 국립박물관의 유물번호는 대외적 구분과 소장품 내 구분으로 크게 구성되며, 소장구분코드(1) - 소장구분코드(2) - 소장구분(2) - 일련번호로 나타낸다. 소장구분코드는 소장품을 영역에 따라 구분하는 기능과 함께 그 코드를 공유하는 소장품의 집단적인 특성을 나타내기도 한다. 예를 들어, 기증이라는 코드명을 가진 소장품 그룹은 기증받은 유물이란 사실을 알려준다(김상태, 2012: 55). 국립박물관은 광복 이후 처음 등록한 유물에 '신수-1'이라는 고유코드와 번호를 부여함으로써 '국립1-중앙-신수-1'이 된다. 하지만 만일 소장품과 관련된 정보를 수정·보완해야 하는 상황이 된다면, 소장유물 등록정보 변경신청서를 작성해 진행해야 한다.

3. 소장품 대여

소장품 대여는 박물관 고유의 업무에 해당하며 특별한 절차가 필요하다. 대여는 소유권이 이전되는 것이 아니라, 대여하는 박물관에서 대여를 받는 기관으로 소장품이 물리적 위치를 일시적으로 이동하는 것을 의미한다. 흔히 전시, 연구, 교육 등 특정한 목적으로 활용하기 위해 제한된 기간에만 대여가 이루어진다. 일반적으로 대여기간은 6개월이지만 전시목적을 위해 대여할 때는 1년, 연구목적을 위해 대여할 때는 2년이다. 전수조사와 기타 평가를 위해 소장품이 회수되는 경우를 제외하고는 추가로 6개월 연장이 가능하다. 대여기간을 연장하려면 대여기관에

---

107 일련번호는 연간 신수품의 평균 수량의 단위에 따라 결정되는데, 연간 신수품의 수량이 100점 이하일 때에는 '05'로, 1000점 이하일 때에는 '005'로 표기한다.

기간연장의 필요성과 타당성을 서면으로 작성하고, 서면평가(유물상태보고서)·관내평가·보험보증서 등의 문서를 제출해야 한다.

대여대상 유물은 박물관이 정당한 소유권을 갖고 있고 위탁관리의 권한을 위임받은 유물에 제한하며 보존상태가 대여에 적절해야 한다. 빠른 속도로 훼손이 진행될 수 있거나 변형될 가능성이 있는 유물은 대여대상에서 제외된다. 유물관리부서는 유물의 특성·희소성·재화적 가치·연구 우선권·소장품 관리에 대한 고려사항을 근거로 대여대상의 범위를 설정해야 한다.

대여는 원칙적으로 기관에만 적용되며, 대여요청기관은 보존환경·수장고·전시이력·안전시설과 운송절차에 대한 증빙서류를 제출해 대여유물의 관리에 대한 책임과 능력을 증명해야 한다. 대여기관은 이러한 자료를 근거로, 대여요청기관이 유물을 적절하게 관리하고 안전하게 취급할 수 있을지 판단해야 한다. 대여계약서에는 대여기관과 대여요청기관의 권리와 책임, 보관, 보존환경, 운송, 취급, 사용상의 안전사항 등과 관련된 대여조건을 상세하게 명시해야 한다. 또한 대여물의 안전을 위한 정기점검, 대여계약서에 명시된 목적으로 대여물이 사용되고 있는지 여부, 대여물의 보존상태, 보험보증서 등도 문서로 명시해야 한다. 대여가 진행되는 과정에서 학예연구원은 등록담당원에게 대여물의 회수와 대여완료를 통보할 책임을 맡으며, 등록담당원은 대여물의 포장과 해포, 운송절차 등을 감독·관리한다. 대여물은 대여기관의 사전 서면 승인 없이 촬영하거나 복제할 수 없고 상업적인 목적으로도 사용할 수 없다. 따라서 대여물이 출판이나 전시에 활용될 때는 대여기관을 공식적으로 표기해야 한다.

대여기관의 등록담당원은 유물포장 이전의 보존상태와 박물관으로 회수된 이후의 보존상태에 대해 각각 유물상태보고서condition report를 작성하고, 유물수령기관도 대여기관으로 유물을 돌려주기 위해, 포장할 때 대여 유물영수증을 첨부해서 유물상태보고서를 작성해야 한다. 운송 과정이나 대여기간 동안 발생한 대여물의 훼손·유실뿐만 아니라 대여 물의 종류나 수량이 일치하지 않거나, 대여물의 보존 상태에 변화가 생 길 수도 있다. 이러한 상황이 진단되면, 먼저 구두로 대여기관의 등록담 당원에게 즉각 보고해야 하며, 이에 대한 상세설명을 문서로 작성해 학 예연구원에게 전달해야 한다. 유물수령기관은 어떠한 상황에서도 대여 물에 대해 단독으로 보존처리나 복원 등의 변화를 가할 수 없다. 학예 연구원은 파손·훼손된 대여물에 대해 조사하고, 대여의 적절한 활용에 대해서도 정기적으로 점검해야 하며, 등록담당원은 파손·훼손·유실된 대여물에 대한 보험청구를 담당한다.

유물수령기관은 대여기간이 만료됨과 동시에 대여물을 대여기관에 환수해야 하며, 대여기관은 유물수령기관에게 대여기간의 만료 사실을 사전에 공지한다. 대여기관은 유물수령기관의 대여기간연장 요청을 취 소 또는 거절할 권리가 있다. 안전과 관리라는 관점에서, 원칙적으로 대 여물은 다른 기관으로 이관될 수 없다. 만일 이러한 일이 발생한다면, 유물수령기관은 대여기관에 정당한 사유와 필요성을 서면으로 작성·제 출해서 관장의 서면 승인을 받아야 한다. 등록담당원은 새로운 대여계 약서를 마련해서 대여절차를 진행하며, 현재의 유물수령기관에서 새로 운 유물수령기관으로 유물이 이전되기 이전에 보존상태 점검과 평가를 위해 대여물을 일시적으로 회수할 수 있다.

한편, 국가가 소유권을 가진 국가귀속문화재는 '국가귀속문화재의 관 리 등에 관한 규정(문화재청 예규 제94호, 2011)에 의거해 연구·전시·교육 목적으로 대여할 수 있으며, 이때는 문화재청에 신고해야 한다.[108] 먼저 대여요청기관은 국가귀속문화재의 종별·번호·명칭·수량 등이 기재된 목록, 대여목적과 대여기간, 보관장소와 전시공간의 시설 및 인력현황, 유물이송방법에 대한 내용을 문서로 작성해 보관·관리 기관에 신청한다. 다만, 관리를 위탁받은 기관이 위탁문화재를 대여할 경우에는 위탁기관의 허가를 받아야 한다. 임시보관기관이 임시로 보관하고 있는 국가귀속문화재를 대여할 때는 사전에 보관·관리 기관의 허가를 받아야 하며, 국가귀속조치 전의 문화재를 대여하는 경우에는 임시 보관기관동의서·미귀속 사유서·소유자 유무확인서를 첨부해서 문화재청장의 승인을 받아야 한다.

국가귀속문화재의 대여기간은 기본적으로 1년 이내이지만, 특정 경우에 한해 1회·1년을 연장할 수 있다. 대여기관은 안전관리를 위한 대여충족요건을 제시하고, 관리 및 반출·입에 따른 소요경비는 대여요청기관이 부담한다. 유물수령기관이 문화재를 훼손·망실 또는 기타 손해가 발생한 경우와 계약서에 기술된 목적 이외에 대여유물을 활용하는 경우에는 대여계약에 대해 취소·중지 조치를 취할 수 있다. 또한, 정기점검 결과 부적절하게 보존 관리가 이루어졌다고 판단될 때에도 대여유물의 회수를 즉각 요구할 수 있다.

유물대여는 국내뿐만 아니라 해외 박물관에도 적용된다. 국립중앙박물관과 소속 지방박물관이 소장유물과 개인 또는 타 기관으로부터 위임받은 유물을 해외 박물관에 대여를 통해 전시할 때는 '국립중앙박물관 유물 국외대여 전시규정'이 적용되며, 유물관리부와 관련 학예연구

---

108 귀속문화재의 보관 및 관리기관은 아래의 기관에 대여할 수 있다:
 1. 박물관 및 미술관진흥법 제**3**조에 의한 국립·공립·사립 및 대학의 박물관과 미술관
 2. 과학관육성법 제**3**조에 의한 국립과학관, 공립과학관 및 사립과학관
 3. 고등교육법 제**2**조에 의한 학교(대학 등 국가인증고등교육기관)에 설치·운영하는 박물관, 미술관 및 과학관
 4. 기타 필요하다고 인정되는 전시관

부가 담당한다. 해외전시를 위해 국내·외 기관이 박물관으로부터 유물을 대여받으려면 전시주최기관, 전시목적, 전시기간 및 장소, 유물종류 및 수량, 유물대여조건, 유물의 안전관리, 기타 전시와 관련한 상세한 정보를 서면으로 작성해 국립중앙박물관장 또는 소속 지방박물관장에게 신청해야 한다. 소속 지방박물관장이 유물의 해외대여를 결정할 때는 중앙박물관장에게 보고해야 한다. 유물대여에 대한 심의는 박물관장, 사무국장, 학예연구실장, 각 부장, 담당 과장 및 보존처리담당자, 외부 전문가 8인 이상으로 구성된 국외전시위원회의 심의를 거쳐 결정된다. 유물대여에 대한 의사결정은 전시의 목적, 전시 성격의 적합성, 기대효과, 대여조건의 적정성, 유물의 안전관리 등을 고려해서 이루어진다.[109] 이때 위원장인 박물관장은 위원회를 대표하고, 심의 이후 해외 박물관과 전시협약서를 체결한다.[110] 일반적으로 해외로 유물을 대여하는 경우, '국립중앙박물관 유물관리 규정 제30조'에 의해 보험액을 평가하며, 보험설정 기간은 전시기간, 유물의 수집 및 반환기간을 고려해서 결정한다. 전시협약서에 따라 유물상태보고서를 작성해서 대여기관과 유물수령기관이 각각 1부씩 보관한다. 해외 유물수령기관은 유물을 운송하거나 전시기간 중에 대여유물이 망실·훼손되거나 기타 손해가 발생한 경우, 대여기관의 박물관장에게 즉시 통보해야 한다. 대여기관의 박물관장은 전시협약서에 따라 유물의 보수, 손해의 변상 또는 보험 처리 등 필요한 제

---

109 재적위원 과반수의 찬성으로 의결하며, 가부 동수인 경우에는 위원장이 결정한다.

110 박물관장이 협약서를 체결할 때에는 다음 각 호의 사항을 포함해야 한다.
   1. 박물관 및 국외기관의 유물에 대한 권한 및 위임에 관한 사항
   2. 유물의 안전·관리에 관한 사항
   3. 비용 부담에 관한 사항
   4. 유물의 망실·훼손 또는 기타 손해에 따른 처리에 관한 사항
   5. 분쟁 발생시 관할 법원에 관한 사항
   6. 기타 대여전시를 위해 필요하다고 인정하는 사항

반 조치를 취할 것을 해외 유물수령기관에 요구한다.[111]

4. 소장품 폐기처분

폐기처분은 기증·교환·구매·반환·유실 또는 복원이 불가능할 정도의 훼손으로 인해 유물을 소장품으로부터 영구히 분리하는 것을 의미한다. 소장품 수집정책과 국제박물관협의회의 윤리강령을 근거로 소장품을 폐기처분하는 경우에는 명백한 타당성과 근거가 있어야 한다. 소장품은 독자적 중요성을 지니고 있기 때문에, 특정 소장품을 폐기처분한다는 것은 그 이유가 무엇이든 박물관으로서는 매우 신중하게 처리해야 할 문제다. 박물관이 소유권을 갖고 있으며, 적어도 7년 이상 취득한 유물이 폐기처분 대상이 될 수 있다. 폐기처분에서 숙지해야 할 가장 중요한 사실은 그 어떤 소장품도 합법적·무제한적 소유권에 대한 검토·평가·문서 작업 등을 거치지 않고서는 폐기처분될 수 없다는 것이다.

폐기처분에 대한 추천은 담당 학예연구원이 발의할 수 있으며, 학예연구원은 폐기처분 대상에 대한 감정평가와 타당성을 관장을 비롯한 설립주체나 운영주체, 위원회·이사회 등의 정책의결기구에 제시해야 한다. 폐기처분 대상이 되는 경우는 다음과 같다.

• 연구·조사·전시·교육의 목적으로는 사용할 수 없거나 또는 출처 정보가

---

111 박물관장은 대여유물의 안전관리를 위해 학예연구직 또는 보존처리사를 유물관리관과 유물호송관으로 임명해서 '유물관리관 및 호송관 업무처리지침'에 따라 대여유물의 상태 점검 및 포장, 운반·해포의 지도감독, 전시기간 중 안전관리, 유물의 망실·훼손이나 기타 손해발생에 따른 처리, 기타 유물관리에 필요한 행정처리를 담당하게 할 수 있다.

없는 유물

- 진위평가에서 위작으로 판단된 유물
- 유사 또는 동일한 소장품으로 인해 유물의 가치가 하락한 경우
- 원산국이나 외국 정부에 의해 반환요구대상이 되는 유물
- 박물관의 설립목적에 부합하지 않는 유물
- 보수·복원이 불가능할 정도로 손상되어 더 이상 활용할 수 없으며, 심각한 오염이나 변질이 다른 소장품에 심각한 영향을 미칠 수 있는 유물
- 3년 동안 유실상태에 있으며, 회수 가능성이 전혀 없는 유물
- 7년 동안 박물관이 기증자와 연락이 되지 않는 경우에는, 박물관의 유물에 대한 합법적이며 무제한적인 소유권이 인정되기 때문에 폐기처분의 대상이 될 수 있음

폐기처분된 유물은 일반적으로 공공경매를 통해 국·공립 박물관, 교육기관, 연구소, 사립박물관 및 기타 교육기관에 매각될 수 있지만, 적절한 수령기관을 찾지 못하면 박물관이 그 유물을 보관·관리한다.

특히 종교적으로 신성한 의미를 띠거나 의식에 사용된 유물과 특정 학술적·문화사적 중요성을 지닌 유물은 그와 같은 고유한 특성으로 인해 원산국으로부터 반환요청을 받을 수 있다. 반환요청국은 그들의 주장에 대한 정당성과 반환 후 그 소장품을 적절하게 보존·관리할 수 있다는 증거를 현재의 보유국에 제시해야 한다.

또한 기증계약서나 법적 양도문서가 없는 소장품은 폐기처분의 대상이 될 수 있다. 기증계약서에 기증자의 서명이 없는 경우에는 빠른 시일 내에 기증자나 상속자와 우편이나 전화 등의 접촉을 통해 유물의 회수에 대해 협의해야 한다.[112] 기증자나 상속자가 유물의 회수를 원할 경우, 운송비는 기증자나 상속자가 부담한다. 하지만 기증자나 상속자가 유물

을 회수하려는 의지가 없다면, 박물관은 기증자나 상속자로부터 유물에 대한 합법적이고 명확한 소유권을 승인하는 서명을 문서화해야 한다. 또한 기증자나 상속자의 소재가 불확실하거나 접촉이 불가능할 때는 그 유물에 대한 소유권을 포기한 것으로 간주한다. 박물관은 유물에 대한 폐기처분 권한이 있지만 이를 위해서는 7년의 유예기간을 두어야 한다.

박물관은 개인 혹은 사립박물관, 교육기관, 연구소를 대상으로 유물을 폐기처분할 수 있으며, 공식적으로 대중매체를 통해 폐기처분 대상·보존방법·사용목적에 관한 간략한 정보를 제공한다. 앞서 언급한 기관 이외에도, 박물관은 신뢰할 수 있는 미술품 중개인이나 경매업체를 통해 유물을 매각할 수 있다. 미술품 중개인이나 경매사는 독자적으로 유물의 가격을 책정하고, 관내평가와 두 가지의 관외감정 평가기준을 적용해서 공정시가를 결정한다. 유물의 매각에서 발생하는 수익금은 반드시 새로운 소장품의 구입이나 소장품의 보존·관리를 위한 목적으로 사용되어야 하며, 이 기금은 기증자의 공적으로 남게 된다.

유물을 취득할 때와 마찬가지로 폐기처분에 대한 정보도 문서로 남겨야 한다. 이러한 기록에는 폐기처분의 의결 및 승인과정에 참여한 위원과 전문인력의 이름과 직함, 학예연구원의 추천서, 폐기처분 시기, 폐기처분 이유, 폐기처분 대상유물에 대한 설명, 유물카드와 유물번호, 법적 소유권을 증명하는 문서, 양도증명서, 원산국 반환 요청서, 유물수령 기관이나 매입자에 대한 정보, 유물수령기관의 보존·관리·활용능력, 사진 등이 포함된다. 등록담당원은 유물카드에 폐기처분 시기와 관련 정보를

---

112 등록담당원이 박물관이 속한 지역 내의 신문이나 기증자나 상속자의 최근 주소의 지역신문에 이러한 내용을 게재한다. 신문에 게재할 때는 이러한 내용을 최소한 연속적으로 2주 동안 1주일에 한 번씩 게재하도록 한다.

기록으로 남기고, 빨간색 잉크로 '폐기처분됨deaccessioned'이라고 표기한다. 폐기처분된 유물은 더는 소장품에 포함되지 않지만, 유물번호와 목록카드는 영구적으로 등록담당부서에서 보존·관리한다. 폐기처분된 유물에 부여되었던 모든 번호 또한 폐기되며, 그 번호는 다른 유물뿐만 아니라 동일한 유물이 재취득되는 경우에도 다시 부여될 수 없다.

8장

박물관 마케팅

MUSEUM MANAGEMENT
AND MARKETING

1. 마케팅 개요

지식경영의 대표적 이론가 피터 드러커는 이렇게 말했다. "마케팅은 경영에서 아주 기초적인 것으로 다른 여러 기능과 분리될 수 있는 독립적인 것이 아니다. 오히려 전체적인 경영에 적용되어 최종적인 결과를 내는 데 도움을 준다. 경영자는 마케팅과 함께 비로소 소비자의 관점에서 기관을 바라볼 수 있게 된다." 경영학 관점에서 마케팅은 '개인과 조직의 목표를 충족시키는 교환을 창출하기 위해 아이디어와 제품·서비스를 개념화하고 가격을 결정하며 판매촉진·유통을 계획하고 집행하는 과정'이다. 앞서 제시한 정의에서 마케팅을 개인과 조직의 목표를 모두 충족시키는 '교환'이라고 표현한 것은 매우 흥미로운데, 이는 마케팅에 쌍방향 대화, 즉 커뮤니케이션이 필요하다는 것을 의미한다. 그러한 커뮤니케이션 과정에서 조직은 개인, 즉 소비자(관람객)의 욕구와 동기를 충족시킬 방법에 대한 정보를 교환한다.

1960년부터 박물관이 외부환경의 영향으로 경영난에 직면하면서, 박물관 관련 연구자들은 기업 마케팅 활동의 목적과 구별되는 비영리 마케팅의 개념과 목적을 탐구하는 데 많은 시간을 할애했다. 사전트 Sargeant는 "마케팅 개념이 비영리기관에 적용될 수 있는가 하는 문제는 수 년 동안 상당한 논란의 대상이었다"면서, 비영리기관을 "자원 또는 상품과 서비스의 적절한 배분을 통해 사회발전에 기여하기 위해 존재하는 기관"으로 정의했다(M. Thyne, 2000: 116). 박물관은 제 기능과 활동, 나아가 공익 실현이라는 설립취지를 달성하기 위해 재원확보에 노력을 기울이지만, 단순히 수익을 얻기 위한 뮤지엄숍과 레스토랑 운영이나 판매 활동, 홍보를 마케팅으로 간주해서는 안 된다. 마케팅은 총체적인 박물관 경영의 과정 또는 도구이며, "기관의 사명을 수행하고, 다양한 계층의 관람객을 만족시키기 위한 일련의 협력적인 활동"(Lewis, 1986: 1) 또는 "박물관의 총체적인 목표를 달성하기 위해 관람객에게 전략적이며 체계적으로 접근하는 방식"(E. Hooper-Greenhill, 1996: 26)이라고 정의할 수 있다.

마케팅 활동의 목적은 박물관의 이미지와 정체성을 확보하고, 기존 관람객의 요구를 분석해 이를 충족시킬 프로그램을 개발하며, 나아가 새로운 관람객을 개발해 궁극적으로 박물관의 설립취지에 도달하는 것이다. 고객 만족을 지향하는 마케팅 전략을 수립할 때 그 대상이 되는 소비자에 대한 과학적인 연구는 필수적이며 최우선으로 실행해야 할 활동이다. 따라서 박물관 마케팅의 핵심은 박물관과 관람객의 관계를 재정립하는 것이다. 프린스D.R Prince(1990)는 "오늘날 박물관은 그들이 소장품을 연구하기 위해 노력을 기울이는 것만큼 관람객연구에도 그와 동일한 노력을 쏟아야 한다. 박물관의 잠재 관람객과 실제 관람객이 갖고 있는 동기와 열망에 대해 알지 못한다면, 박물관은 그들의 발전에 영향을 미치는 사회적 변화에 효과적으로 대처할 수 없다"고 관람객조사의 중요성에 대해 피력했다(M. Belcher, 1991: 176).

마케팅의 정의를 박물관에 적용하면, 관람객은 자신들의 관람 욕구와 동기, 실행 방법을 박물관에 알리고, 박물관은 관람객들에게 자신의 전시·교육·특별 행사·문화상품 등의 제품에 관한 정보를 전달한다. 하지만 대다수의 박물관 전문인력들은 이러한 극단적인 접근에 대해 부정적인 입장을 취한다. 그 이유로, 첫 번째는 비영리기관인 박물관이 설립취지를 타협하거나 훼손하면서 대중을 위해서라면 어떤 것이라도 할 수 있다고 이해하기 때문이고, 두 번째는 박물관 전문인력들이 제품이나 서비스의 개념으로 전시나 교육프로그램에 접근하는 것에 익숙하지 않기 때문이다. 하지만 이는 마케팅의 역할을 잘못 인식한 결과다. 오히려 마케팅은 기관의 설립취지를 달성하는 데 동원되는 다양한 도구이며 과정이다. 궁극적으로 마케팅 활동은 설립취지에 근거를 두고 박물관 고유의 이미지와 정체성을 확보하며 이에 맞는 전략을 수립한다. 여기서 중요한 것은 모든 경영활동을 소비주체인 관람객의 입장에서 접근함으로써 그들의 정체성을 파악하고, 욕구를 충족시킬 만한 제품과 서비스를 기획·개발하는 것이다. 그리고 이를 위한 예산·조직·촉진 계획에 대해 최선의 방법을 강구하는 일련의 과정과 행위의 실천인 것이다. 일반적으로 적극적인 마케팅을 펼치는 고객(관람객) 지향적인 박물관은 다음과 같은 특성을 지닌다.

- 박물관의 전시와 교육프로그램, 특별 행사를 계획하는 데 있어 소비자의 욕구·동기·기대를 우선적으로 고려한다.
- 소비자의 심리학적 요인(동기·욕구·기대·만족·취향 등)을 다루는 연구를 참고한다.
- 시장 수요 계층의 다양한 욕구와 관심도를 파악해 각각의 목표 관람객 집

단을 만족시킬 수 있는 프로그램과 경험의 기회를 제공한다.

- 박물관의 시장환경을 단지 타 박물관에 국한하지 않고, 미시적으로는 유적지 및 공연상품을 제공하는 문화예술기관까지, 거시적으로는 관광산업 및 엔터테인먼트를 지향하는 문화산업으로 확대해 서비스와 제품, 소비자에 대해 연구한다.
- 촉진 전략에서 단지 광고나 홍보만이 아니라 그 밖의 다양한 마케팅 도구를 이용한다.

결론적으로 박물관 마케팅은 소비자에 대한 이해에서 출발한다. 예를 들어, 아주 오래된 친구 생일에 맞추어 선물을 준비한다고 가정해보자. 그 친구가 무엇을 좋아하고 어떠한 선물을 갖고 싶어 하는지 혹은 요즘 필요한 것이 무엇인지를 알고 있다면 더 적합한 선물을 준비할 수 있다. 마케터의 역할도 마찬가지다. 친구의 취향이나 욕구를 아는 것처럼, 마케터가 한 걸음 물러선 채 방관만 하는 것이 아니라 소비자들과 직접적인 대화를 통해 그들의 욕구·동기·취향·기대·만족을 이해해야 한다. 그렇다면 좀 더 정확하고 적절하게, 소비자들이 환영하고 적극적·반복적으로 소비할 만한 문화상품과 서비스를 제공하는 마케팅 활동을 펼칠 수 있을 것이다. 소비자들을 잘 이해할수록 제품과 서비스에 대해 더 효과적으로 알릴 수 있고, 이를 근거로 시장 세분화를 통해 원하는 제품을 소비자들의 품에 안길 수 있다.

전통적인 마케팅에서는 교환을 핵심적인 개념으로 간주했다. 하지만 최근에는 교환의 중요성에 대한 비중을 유지하면서, 공급자와 고객 간의 상호작용을 통해 교환이 촉진된다고 본다. 이러한 관점에서 상호작용은 마케팅의 핵심이다. 상호작용으로 공동생산과 가치의 공동창출이 가능하기 때문이다. 고객의 가치창출에서 사용가치value-in-use라는 개념

또한 중요해지고 있다는 사실은, 최근 출간된 마케팅 관련 문헌을 통해서도 알 수 있다. 이 개념은 고객과 유형의 재화·서비스·기술 및 정보의 상호작용에 초점을 맞추고 있다.

마케팅을 올바로 정의하고 이해하려면 지금까지 진행된 마케팅 현상의 변화를 반영해야 한다. 이와 함께 현실을 반영함으로써 조직 내에 마케팅의 역할을 강화할 수 있는 내용을 담아야 한다. 또한 마케팅은 지금까지 전술적인 문제에 집착해온 관행을 탈피하고 전략에 중점을 두어야 한다.

마케팅 분야에서 가장 중요하게 다뤄온 개념은 '가치'에 대한 것이었다. 이는 미국마케팅협회American Marketing Association에서 개진한 마케팅 정의에서도 확인할 수 있다. "마케팅이란 가치를 창출해 고객들에게 소통시키고 전달함과 동시에 조직과 조직의 이해관계 당사자들에게 이익이 되는 방식으로 고객관계를 관리하기 위한 조직의 기능과 일련의 과정을 말한다." 이 정의에서 '가치를 창출해 고객들에게 소통시키고 전달함'은 고객이 사용하는 제품(상품·아이디어·서비스·정보 및 모든 유형의 기술)에 가치가 이미 배태되어 있다는 것을 전제한다. 이는 교환가치value-in-exchange를 의미하며, 고객이 마케팅 활동에서 가치를 획득할 수 있어야 함을 의미한다. 다른 말로 표현하자면, 고객이 제품을 사용할 때까지 고객을 위한 가치는 존재하지 않는다. 가치는 상품과 서비스에 들어가는 것이 아니라 고객이 그러한 상품과 서비스를 인출하는 것이다. 따라서 가치는 제품을 설계하고 생산해 가격을 결정하는 공급자의 과정(생산자의 공간)이 아닌, 소비자의 실제 경험이나 관습 또는 제품이 소비되고 사용되는 가치생성과정(고객의 공간)에서 창출된다.

고객가치에 대한 최근 연구들은 교환가치를 공급자에 의해 산출된다고 보는 관점에서 벗어나, 고객이 제품을 사용하거나 공급자와 공동으로 가치를 창출할 때 고객에 의해 산출된다고 보는 경향이 있다. 결론적으로 가치는 소비자가 창출하거나, 공급자와의 상호작용을 통해 공동으로 창출된다. 이 과정에서 고객은 '실질적 가치'를 얻게 되며, 마케팅 측면에서 공급자는 '가치 제공물'을 개발해 고객에게 소통시키는 한편, 고객에게 가치를 직접적으로 전달하는 것이 아니라 상품과 서비스, 정보 및 여타 자원은 물론 가치의 공동창출이 가능한 상호작용을 통해 고객의 가치생성을 지원한다.

박물관은 외부 시장환경과 문화 소비자의 특성 변화에 영향을 받아 경쟁력 약화·정체성 혼란·재원 고갈 등 '고질적인 병마'에 시달리게 되었다. 이에 경영자·종사자·관련 연구자들은 영리기업의 마케팅 활동 목적과 구별되는 비영리적 특성을 지닌 마케팅을 탐구해왔다. 박물관의 진정한 마케팅 기능은 시장 지향적이며 모든 경영활동을 경제 주체인 관람객 입장에서 점검함으로써, 다양한 관람객 계층을 이해하고 잠재적인 기회를 파악해 이로부터 재정적 자생력 등의 효과적 이득을 취하는 것이다. 헐K. Hull은 박물관 마케팅을 "대중의 목소리에 귀를 기울이고, 대중이 미술관의 존재·역할·가치, 그리고 대중과 미술관과의 관련성을 이해하는 데 도움을 주는 것"이라고 정의했다. 한마디로 박물관 마케팅의 개념은 '관람객의 정체성을 파악하고, 박물관 환경을 조사하며, 관람객의 요구와 기대를 분석해 그들의 만족도를 증진하기 위해 계획 및 개발하고, 이에 대한 재정·인프라·촉진 계획에 대해 최선의 방법을 강구하는 일련의 과정'으로 이해할 수 있다.

앞서 언급한 가치 지향적 마케팅에 대한 개념은 박물관에도 동일하게 적용된다. 예컨대, 관람객 또한 관람이라는 경험재experience good를 통해 가치를 획득할 수 있어야 한다. 그 가치라는 것은 관람객이 박물관을 방문할 때 지니고 온 동기·욕구·기대·이전 경험·관심 등의 심리학적 요소가 개인적·사회적·물리적 맥락에서 상호작용하며 얻어진다. 개인적 맥락은 관람객이 무엇을 즐기고 이해하는지, 어떠한 방법으로 시간을 보내는지, 자아충족을 위해 어떠한 경험을 원하는지를 이해하는 데 도움을 주는데, 개인에 따라 차별성이 존재한다. 사회적 맥락은 동반 관람객, 또는 박물관 직원과의 대화를 통해 발생한다. 이러한 사회적 맥락은 관람객 개개인의 시각에 큰 영향력을 미치고 관람객 행동의 편차와 관람 행태를 파악하는 데 도움을 준다. 물리적 맥락에는 박물관의 시설 및 건물·전시물·전시방식·분위기 등이 포함되며, 관람객이 어떻게 행동하는지, 무엇을 관람하는지, 어떤 것들을 기억하는지 등의 구체적인 박물관 경험에 영향을 미친다.

개인적·사회적·물리적 세 가지의 맥락을 통해 형성되는 가치 이외에, 박물관 마케팅 담당자가 관람객을 개발하고 관람빈도를 증진하기 위해서는 관람객들이 입장료 이외에 관람을 위해 지불하는 다른 비용도 고려해야 한다. 어떤 사람들은 자신이 작품을 잘 이해할지 걱정하고, 어떤 사람들은 관람경험이 없어서 낯선 전시환경에 잘 적응할지 부담스러워하는 등 무형의 심리적 비용을 부담한다. 또 어떤 사람들은 박물관에 가는 것이 안전하지 않다고 느낄 수 있으며, 교통체증에 시달리기 싫어 관람을 꺼리는 사람도 있다. 반면 어떤 사람들은 관람 욕구는 크지만 현실적으로 시간 여유가 없는 경우도 있다. 이러한 경우 박물관은 '돈의 가치'뿐만 아니라 '시간의 가치'에도 대처해야 한다. 이는 관람 자체가 경험재이기 때문이다. 관람객의 관람경험은 궁극적으로 개인적 맥락을 통해 걸러지고, 사회적 맥락에 의해 전달되고, 물리적 환경 속에서 구현되면서 궁극적으로 '가치'로 기억된다. 또한 이러한 가치가 강화될수록 관람객의 만족도는 상승한다.

'고객만족customer satisfaction'은 고객의 소비경험에 대해 결과에 비중을 두는지, 혹은 과정에 비중을 두는지에 따라 두 가지 유형이 존재한다. 하지만 일반적으로는 고객이 제품이나 서비스를 경험하고 그 품질과 성과를 주관적으로 지각한 후 느끼는 인지적·감정적·정서적 반응이나 결과로서, 제품이나 서비스에 대한 기대보다 성과가 큰 상태라고 할 수 있다. 따라서 고객만족은 고객이 주관적으로 정한 기대수준에 좌우되는 경험적 수준이다. 기대불일치 이론에 의하면, 고객의 필요와 욕구에 의해 생겨난 기대를 충족시키거나 초과할 때는 만족을 느끼게 되고, 그렇지 못한 경우에는 불만족하게 된다. 결론적으로 기대와 성과 간 불일치의 함수가 바로 고객만족이다.

이러한 관점에서 전시와 교육프로그램과 같은 박물관의 제품과 서비스에 대한 관람객의 기대를 측정하는 것은 매우 중요한데, 그 이유는 '기대'가 고객의 만족 수준을 알 수 있는 척도이기 때문이다. 또한 박물관은 관람객에 따른 제품과 서비스의 품질 특성의 상대적 중요성도 측정해야 한다. 관람객이 박물관의 제품과 서비스에 만족할 때, 박물관은 관람객이 무엇에 가장 많은 관심을 두었는지를 기준으로 제품과 서비스 개선에서 우선순위를 결정할 수 있다. 한편 고객만족은 제품이나 서비스를 제공하는 기관이 이러한 공급자 역할을 넘어 '만족'을 제공하는 것으로, 기관의 제품 및 서비스 제공 목적 달성을 위한 중요한 요소가 된다. 고객만족은 일반적으로 기관에 대한 고객 애호도 증진과 연결되어 시장 점유율을 높이고 이익을 실현시키는 것 이외에, 반복 구매 또는 재구매 행동 유발·고객 충성도 상승·구전효과·주관적 삶의 질 향상 같은 많은 파생효과를 일으킨다. 이 가운데 구전효과는 만족을 경험한 고객은 준거집단이 제품을 구매하는 데 긍정적인 영향을 미친다는 것이다. 고객은 제품을 구매할 때 상업적 정보원이나 중립적 원천보다 준거 집단으로부터 발생한 구전에 대한 신뢰도가 높으며, 구전은 많은 사람들에게 빠른 속도로 전달되는 특성이 있다는 점에서 매우 중요하다.

마케팅 담당자는 소비자가 제품과 서비스를 선택할 때 정보의 출처가 무엇인지, 그것에서 어떠한 유형의 정보를 얻고, 얼마만큼 그 정보를 신뢰하면서 최종 의사결정을 내리는지, 그리고 이와 함께 관람이라는 문화소비에 대한 의사결정을 내릴 때 관여도에 영향을 미치는 요인이 무엇인지를 이해해야 한다. 이러한 관여도에 영향을 미치는 것으로 위치·비용·서비스·상호작용·편익·소요 시간 등이 있는데, 이 가운데 소비자가 가장 비중을 두는 요인을 중심으로 마케팅 전략을 수립할 수 있다.

2. 관람객조사 방법

박물관 경험에 대한 추상적인 관심은 '관람객은 누구인가?', '관람객들은 어떤 동기로 박물관을 방문하는가?', '박물관 경험의 본질과 가치는 무엇인가?', '어떠한 방식으로 학습이 이루어지는가?' 등과 같은 구체적인 질문으로 전환된다. 관람객조사는 이와 같은 질문에 대한 답변을 찾아 궁극적으로 관람객을 이해하기 위한 연구다. 하지만 스크레븐C.G. Screven(1986)이 지적한 바와 같이, 박물관 환경의 특성, 관람의 비공식적·자발적 특성, 관람객의 다양성으로 인해 관람객조사는 결코 쉽지 않은 연구주제다. 특히 관람객의 다양성으로 인해 대부분의 관람객조사는 개인보다는 집단을 대상으로 이루어지기 때문에(M. Greene, 1988; K. Morrissey, 1991), 집단의 구성과 규모, 집단 구성원 간의 상호작용은 연구결과에 영향력을 미치는 주요 고려사항이다.

관람객조사를 실시할 때, 첫 번째 고려사항은 연구목적에 대한 명확한 개념이다. 관람객연구에 있어 '타당성validity'이란 측정하고자 하는 개념이나 속성을 정확히 측정했는가를 말한다. 즉, 특정한 개념이나 속성을 측정하기 위해서는 측정도구가 그 속성을 반영할 수 있는지 여부를 판단해야 한다. 메시크S. Messick(1989)에 의하면, 타당성은 내용 타당성content validity, 기준관련 타당성criterion-related validity, 개념 타당성construct validity으로 구분할 수 있다. 내용 타당성은 측정도구가 측정하고자 하는 속성이나 개념을 측정할 수 있도록 되어 있는가를 평가하는 것으로서, 공식적 또는 비공식적으로 주관적인 판단에 의해 평가한다. 기준관련 타당성은 하나의 속성이나 개념의 상태에 대한 측정이 미래에도 다른 속성이나 개념의 상태 변화를 예측할 수 있는가를 말하며, 대표적인 개념으로 예측 타당성predictive validity이 있다. 개념 타당성은 측정도구가 실제로 무엇을 측정했는가, 또는 조사자가 측정하고자 하는 추상적인 개념이 실제로 측정도구에 의해 적절하게 측정되었는가에 관한 문제로서, 이론적 연구를 하는 데 가장 중요한 타당성이다. 반면에 '신뢰성reliability'은 측정된 결과의 일관성·정확성·의존 가능성·안정성·예측 가능성과 관련된 개념으로, 이는 동일한 개념에 대한 반복적인 측정을 통해 동일한 측정값을 얻을 가능성을 의미한다.

관람객조사를 실시할 때, 두 번째 고려사항은 연구목표에 부합한 조사방법의 선정이다. 최근의 마케팅 조사나 소비자행동연구에 대한 연구 경향을 살펴보면, 정량적定量的 연구보다 정성적定性的 연구에 대한 비중이 높다. 정량적 연구는 태도·행동·성과에 대한 경험적 평가를 목적으로 대표성을 지닌 모집단을 선정해 이용자에 대한 데이터를 수집하는 것이다. 반면, 정성적 연구는 경험적인 측정도구가 아닌 주관적 평가에 의존하며, 심층적이며 상세한 내용을 다루기 때문에 정량적인 방법에 비해 표본 규모가 매우 작다. 맥린F. McLean(1997)도 정량적 연구와 정성적 연구를 구분했는데, 정성적 방법은 특정 사물이나 대상에 대한 사람들의 느낌·태도·믿음을 파악하기 위해 사용하며, 정량적 방법은 경험적이며 통계적인 정보를 얻기 위해 사용한다. 이러한 관점에서 보면, 정량적인 방법은 관람객들의 다양한 경험과 시각을 사전에 구성해놓은 분류 항목에 맞추기 위해 표준화된 측정도구를 사용하며, 정성적인 방법은 조사자 자체가 도구다. 더욱이 정성적 연구는 그 타당성은 연구자와 주제 간 관여도에 따라 좌우되기 때문에, 연구자는 연구실행 기술과 능력뿐만 아니라 연구방법을 구사할 때 정확성을 확보해야 한다(H. Mariampolski, 1984). 이 연구방법은 통계적 추론이 불가능하기 때문에 '심층기술thick description'에 대한 의존도가 높고, '신뢰성trustworthiness'으로 연구결과의 가치를 판단한다.

정량적 연구방법 가운데 가장 대표적인 것은 설문조사다. 설문조사는 관람객의 인구통계적 정보, 관람동기, 관람방식, 박물관 이용에 대한 반응과 만족을 측정하기 위한 목적으로 사용된다. 반면에 박물관이 제공하는 전시나 교육프로그램의 효과를 그 의도한 목표를 근거로 측정하고 판단하기 위해서는 정성적인 방법이 사용되며, 여기에는 개인 인터뷰·포커스 그룹 인터뷰(FGI)·관찰·실험·물리적 추적 측정법 등이 포함된다. 특히 이러한 프로그램의 효과성을 측정해 프로그램의 가치와 지속여부를 판단하고 프로그램을 개발 또는 개선하기 위해 유용한 정보를 습득하는 것을 '평가evaluation'라고 한다.

박물관이 어떠한 연구방법을 채택하는가에 관한 문제는 관람객조사의 목적과 용도, 정보의 유형이나 특성, 정보량에 따라 결정된다(F. McLean, 1997: 91). 관람객조사를 통해 얻을 수 있는 정보로는 첫 번째 관람객의 프로파일을 구성하는 인구통계적 정보로서, 연령·성별·교육수준·사회·경제적 지위·거주지역·인종·관람경험 유무·이전 경험에 대한 지식·정보원·동반 관람객의 유무와 관계성 등을 포함한다. 두 번째 유형의 정보는 관람행태이며, 관람소요시간·전시실 체류시간·전시물에 대한 선호도·레이블 가독력·레이블을 읽는 데 소요되는 시간·관람동선·전시물에 대한 접근 방식·시청각 기자재의 활용 유무 등을 통해 이해할 수 있다. 특히 전시실 체류시간과 관람소요시간은 전시에 대한 관심, 동기, 선호도, 만족도를 예측하고 평가할 수 있는 척도다. 세 번째 정보는 박물관 경험에 대한 관람객의 반응과 의견이다. 예를 들어, 관람에 대해 긍정적 또는 부정적 반응을 갖게 되었는지, 어떤 전시물에 관심을 가졌는지, 다시 방문했을 때 관람하고 싶은 전시물은 무엇인지, 박물관 시설 또는 안내표지판이나 레이블에 개선해야 할 점은 무엇인지에 관한 내용이 이에 해당한다.

위에 언급한 정보 가운데 관람행태에 대한 정보는 관람객이 자신의 태도나 의견 등을 행동을 통해 간접적으로 나타내는 것을 관찰함으로써 얻는다. 대다수 관람행태 연구는 관찰을 통해 관람소요시간이나 박물관 체류시간을 측정해서 이를 변수로 사용하고 있다. 또한 관찰은, 관람객이 박물관 입구에 들어서서 특정 영역에 접근하면서 특정 전시물이나 그들의 관심을 끄는 전시물에 다가서는 순간부터 출구를 나설 때까지 등 시간적 영역을 구분해 연구할 수도 있다.

관찰법의 장점은 관찰 대상자의 심적 상태에 의해 조사결과가 좌우되지 않기 때문에 그만큼 오류 발생 가능성이 적다는 점이다. 또한 관찰 대상자가 자신의 느낌이나 태도를 정확히 모르는 경우에도 조사가 가능하다. 관찰법에서는 관찰된 내용을 분석하고 정보를 정량적인 변수로 전환하기 위해 코드나 행동등급 비율척도를 사용한다. 하지만 지극히 사적인 행동이라든가, 사회적으로 용인되지 않는 행동, 타인에게 노출되기를 원치 않는 행동을 연구 대상으로 설정하는 것은 바람직하지 않다. 또한 행태는 유동성이 있기 때문에 조사결과의 정확성이나 유용성이 낮아질 수 있다. 또한 행동을 관찰해서 각 응답자들의 심리 상태를 추정하는 것은 객관성이나 타당성이 결여될 수 있으므로 설문조사나 포커스 그룹 인터뷰와 관찰법을 병행하는 경우가 많다.

3. 관람객조사 연구현황

박물관이 관람객의 정체성·욕구·기대·관심·태도·목표·동기·행동에 관심을 갖게 된 것은 관람객 서비스가 관람객 중심의 철학에 근거를 두기 시작한 1920년대부터였다. 물론 그 이전에도 페크너G.T. Fechner, 히긴스H.H. Higgins, 리아P.M. Rea, 비람E. Biram, 길먼B.I. Gilman 등이 관람객에 관심을 두기는 했으나 당시에는 박물관이나 연구자 모두 관람객과 관람객 서비스의 중요성에 대해 거의 인식하지 못했던 상황에서 연구가 이루어졌다.[113] 이 가운데 길만은 전시실에서의 관람행태를 사진으로 촬영해서 관람경험에서 발생하는 '박물관 피로감museum fatigue'과 불편함의 원인을 유리 진열장의 전시물을 보기 위해 몸을 낮게 웅크리거나 무릎을 굽히는 등의 육체적 활동이라고 분석하고, 자연채광과 인공조명의 조합에 차이를 둔 실험을 통해 전시실의 최적 환경에 대해 연구했다.

1920~1930년대에는 미술교육에 대한 새로운 철학적 접근이 시도되

---

113 당시 히긴스는 리버풀박물관(Liverpool Museum)의 교육적 가치를 진단하기 위해 관람객조사를 실시했으며, 관람객을 학생(student)(1~2%), 관찰자(observers)(78%), 주변을 배회하는 사람(loungers)(20%)으로 분류했다. 리아는 관람객 수치를 통계적으로 산출해 〈미국 박물관·미술관·과학관 편람(Directory of American Museums of Art, History, and Science)〉(1910)에 연구결과를 수록했다. 비람은 독일의 산업화 도시에서 박물관이 하는 역할에 초점을 두고 〈새로운 예술 발달의 기반이 되는 산업도시(Die Industriestadt als Boden neuer Kunstentwicklungen)〉를 출판했다.

고, 박물관의 교육적 역할에 대한 인식이 형성되면서 관람행태와 관람동선에 대한 연구가 진행되었다. 이에 대해 리D. Lee(1984)는 존 듀이John Dewey의 실용주의적 미술교육의 영향력 때문이라고 설명했다. 실용주의 교육관은 교육의 내용은 사회환경에서 유래하며 학교교육의 궁극적인 목표는 사회이익을 위해 봉사해야 한다고 본다. 이와 같은 미술교육의 개념을 생성케 한 사회적 배경은 1929년에 일어난 미국의 경제대공황이며, 이 특정시기의 사회적 문제를 교육과정을 통해 검토하면서 미술의 경제성·현실성·사회적 유용성에 초점이 맞추어졌다(박정애, 2002).

이 시기에 체계적인 관람객조사를 시도한 대표적인 학자로 미국 자연사박물관the American Museum of Natural History의 와이슬러C. Wissler, 로빈슨E.S. Robinson, 멜톤A.W. Melton을 들 수 있다. 와이슬러는 미국박물관협회 회장인 찰스 리처즈Charles R. Richards, 에드워드 손다이크Edward L. Thorndike 와 함께 경험적·실증적 연구에 참여했다. 당시 이 연구의 기획을 담당했던 연구자가 바로 "관람객은 박물관에게 매우 신비로운 존재다. 관람객을 효과적으로 다루어야 한다면, 그와 함께 대화를 하고 주의 깊게 그의 행동을 관찰해야 한다"고 말한 예일대학교의 로빈슨이었다(M. Belcher, 1991: 174). 로빈슨은 전시실의 물리적 환경이 관람행태에 미치는 영향을 심리학적으로 분석하면서 최초로 과학적인 방법으로 박물관학습에 접근했다. 로빈슨의 연구는 관람행태에 관한 대표적인 연구로, 이후 그의 창의성·비판적 사고방식·과학적 접근방식에 필적하는 연구자는 없다고 현재까지 평가되고 있다. 당시 로빈슨은 그의 제자인 멜톤과 공동으로 세 곳의 과학박물관과 미술관을 대상으로 성인 관람객의 관람행태와 단체 관람 어린이들의 학습을 관찰했으며, 그 결과는 다음과 같다.[114]

- 관람객의 평균 체류시간은 15~25분이며, 30~60점의 작품을 관람하며, 한 작품당 평균 9~15초의 관람시간이 소요된다.
- 박물관의 규모와는 관계없이, 관람객은 적어도 한 작품을 선정해서 평균적으로 50~60초 동안 관람한다.
- 관람 과정에서 관람객의 주의집중범위attention span가 감소하거나 집중효과warming effect에 변화가 발생하지는 않지만, 이 두 요인이 관람객들의 관심을 증가시키는 데 중요한 역할을 한다.
- 주제나 작품의 유형과 같은 관람환경은 관람시간의 증가에 변수로 작용하며, 관람객이 안내책자나 참고자료를 이용하는 경우, 평균 관람시간보다 좀 더 오랫동안 관람한다.
- 박물관 규모에 따라 전시실 이용방법에 차이가 보인다. 대형 박물관의 경우, 관람객들은 많은 전시실을 둘러보려고 하지만 한 번 관람한 전시실을 재방문하지는 않았다. 반면에 소규모 박물관에서는 모든 전시실을 관람한 후 관심을 끌었던 몇몇 전시실을 재방문했다.

이러한 조사를 통해, 로빈슨과 멜톤은 길먼B. I. Gilman이 소개한 '박물관 피로'에 대한 개념을 검증했으며, 관람소요시간이 관람객의 관심과 학습의 정도를 측정하는 도구이며, 전시기법의 개선을 통해 관람의 상대적 효과성이나 교육적 효과성을 증진할 수 있다는 사실을 제시했다. 예컨대 레이블은 전문용어의 사용을 줄이고 글자 크기를 키우고 단락을 나누어 기술하면 관람객의 가독성을 높일 수 있다. 하지만 레이블에

---

114 1940년부터 관람객조사는 점차 박물관의 활동과 업무를 평가하는 경영 도구로 발전했다. 1950년대에는 관람객조사의 양적증가와 함께 시장조사에 대한 인식이 확산되면서 과학적 방법론을 적용해서 방법론 측면에서 정교함이 깊어졌다. 또한 교육이론의 발전으로 인해 전시를 하나의 커뮤니케이션 매체로 보고, 특정 전시와 관람객 반응의 상관관계를 분석하는 연구도 나왔다.

많은 시간을 할애하는 것을 두고 일부 부정적인 의견도 제시되었다. 이에 대해 로빈슨은 "박물관 관람은 자발적인 참여로 발생하는 활동이며, 그러한 까닭에 관람객들은 굳이 스스로 이해하기 힘들거나 힘든 활동에는 자발적으로 참여하지 않을 것이다. 오히려 레이블의 내용을 이해하는 데 많은 시간을 할애하는 것이야말로 박물관에서 얻을 수 있는 가장 값진 경험이다"라고 했다(L. Draper, 1984: 18).

1930년 중반 로빈슨이 작고함에 따라, 공동 연구자로 참여했던 멜톤이 1935년부터 로빈슨의 연구를 승계해 〈미술관 전시의 문제점 Problems of Installation in Museums of Art〉 등 다수의 논문을 발표해 다양한 전시환경에서의 관람행태에 관한 가설을 제시했다. 멜톤은 미술관의 교육적 기능에 비중을 두면서 전시실에서의 관람행태를 심리학적으로 분석했다. 그는 전시실에서 교육적 효과가 발생하려면 먼저 전시 자체의 유인력이 높아야 하며, 전시기법을 개선해 교육적 효과를 향상시킬 수 있다고 주장했다. 이어 멜톤은 유인력과 보유력에 대한 로빈슨의 개념을 체계화하는 데 많은 노력을 기울였다. 특히 위 논문에서 유인력이 관람객의 관심을 유도하는 데 가장 중요한 변수이며, 작품의 미적 가치보다는 유형·주제·크기·색상 등의 유인력이 관람행태의 변화에 유의미한 영향력을 미친다는 가설을 검증했다.

또한 멜톤은 실험과 관찰을 통해 전시공학과 관람행태의 상관관계를 연구했다. 로빈슨과 마찬가지로 멜톤은 전시관람시간time을 종속변수dependent variable로 보았는데, 그 이유는 시간은 관찰이 가능하며, 정량적으로 표현할 수 있고, 객관적이며, 비례측정ratio-scaled이 가능하므로 논리적으로 관람객의 흐름을 정확히 파악할 수 있는 도구이기 때문이다.[115] 멜톤은 시간을 전시실 체류시간room time; extensity or spread과 전시 관람시간object time; intensity or duration of attendance으로 구분하고, 여기에 관람객이 걸음을 멈추는 횟수number of stops by visitors를 측정함으로써 최초로 추적조사를 실행했다. 펜실베니아미술관의 관찰연구 결과, 관람이 진행되는 동안 한 작품 앞에 머무는 시간에는 큰 차이가 없었으나, 작품 앞에서 멈추는 비율은 감소했다. 이에 멜튼은 체류시간보다는 관람시간이 주요 변수이며, 전시물에 대한 관심이 높을수록 관람시간의 효과성이 증대한다는 결론을 얻었지만 전시물 수와 관람시간의 상관관계를 입증하지는 못했다.

또한 멜튼은 자연사박물관과 미술관의 관람객을 주중 관람객과 주말 관람객으로 구분하고, 이를 동반자의 유무에 따라 세분한 연구를 실행했다. 전시실을 주의 깊게 관람하지 않는 관람객들은 전시실에 머무는 시간이 짧았고, 전시실을 주의 깊게 관람하는 관람객들은 전시실에 머무는 시간이 길게 나타나, 주의집중도가 높을수록 관람시간이 증가한다는 결과를 얻었다. 한편 동반자가 있는 관람객은 평균 관람시간보다 좀 더 오래, 그리고 좀 더 많은 전시물을 보는 경향이 나타난 반면에 개별 전시물 앞에 머문 관람시간은 짧았다. 관람시기를 살펴보면, 주중 관람객과 주말 관람객의 관람행태에는 큰 편차가 없었지만, 주말 관람객보다 주중 관람객의 평균 관심the average interest이 20% 정도 높았고, 여름(5~6월) 관람객보다 겨울(1~2월) 관람객의 평균관심이 50% 정도 높게 나타났다(L. Draper, 1984: 21~23). 또한 아래의 표에서 보는 바와 같이, 주중 관람객은 12개의 회화작품이 놓인 전시실과 18개의 회화작품이

---

115 오늘날 관람객조사를 연구하는 파크(J.H. Falk), 패터슨과 빗굿(Patterson & D.S. Bitgood) 등도 멜튼과 같이, 시간이 전시의 효과성과 질적수준과 관람객의 행동을 분석하는 데 핵심 종속변수라고 보았다. 먼리(M. E. Munley, 1987)는 시간 이외 관람객들의 주관적인 의견 또한 관람객연구에 중요한 정보원이라고 보았다. 하지만, 1960년대 관람객의 행동을 연구한 와이스(Robert Weiss)와 보우트린(Serge Boutourline, Jr.), 애블러(Thomas Abler) 등은 전시물에 대한 관람객의 관심과 전시의 학습효과를 측정하는 도구로 시간을 사용하는 것은 부적절하다는 의견을 제시했다.

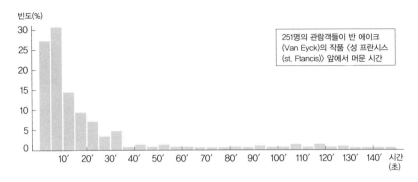

빈도(%)

251명의 관람객들이 반 에이크
(Van Eyck)의 작품 〈성 프란시스
(st. Ftancis)〉 앞에서 머문 시간

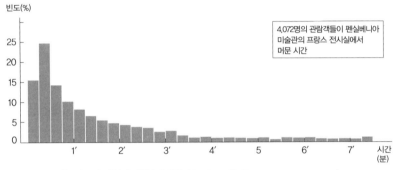

빈도(%)

4,072명의 관람객들이 펜실베니아
미술관의 프랑스 전시실에서
머문 시간

〈그림 8-1〉 멜톤의 관람소요시간 분포도 그래프(출처: Menninger, 1990, p.14)

놓인 전시실에서 주말 관람객보다 평균 11.5초와 35.7초 더 머물렀다.

멜톤은 관람에 대한 주요변수로서 전시물의 유인력, 주의 집중 범위the
attention span와 전시물 간의 영향력, 레이블, 보유력을 심도 있게 다루었
다(M. Belcher, 1991: 175). 유인력은 전시물 자체에 내재한 본질적 가치와
특성뿐만 아니라 전시물의 배열 위치에 의해 결정되므로 관람행태와 관
심에 변화를 일으키려면 전시물의 중요도에 따라 전시기법, 동선 등에
변화를 주어야 한다. 전시동선과 관람행태의 상관관계를 검토하기 위해
멜톤은 오른쪽으로 이동하는 관람행태를 근거로 중요도가 낮은 위치와
높은 위치에 각각 '오른쪽으로'와 '왼쪽으로'라고 표기된 안내 표시판을
부착한 실험을 실행한 결과, 안내 표시판은 관람행태에 유의미한 영향력

을 미치지 않는다는 결과를 얻었다.[116] 또한 동일한 전시물이라도 입구 왼쪽보다 오른쪽에 전시하는 것이 2배 이상의 관심을 유도하며, 시계 반대 방향으로 관람동선을 설계하는 것이 보유력을 지속시키는 방법으로 나타났다. 또한 전시실에 설치한 전시물의 밀도가 높을수록 유인력과 보유력이 현저히 감소했다. 이와 함께 멜톤은 박물관 피로의 존재와 그 원인을 규명하는 작업에 많은 노력을 기울였다. 심리적 측면을 강조한 로빈슨과 달리, 멜톤은 보행으로 인한 신체적 피로muscular fatigue가 박물관 피로의 원인이라고 생각해서 부드러운 바닥·적절한 전시실 규모·편안함을 제공하는 의자 설치 등과 같은 개선책을 제시했다. 그러나 펜실베니아미술관을 대상으로 한 연구를 통해, 전시기법의 단조로움이나 '전시물 포화object saturation'가 권태감을 유발한다는 결론을 얻어 로빈슨의 심리적 접근을 검증하는 성과를 거두었다. 로빈슨과 멜톤은 '유인력attracting power', '보유력holding power', '교수능력teaching power', '이해능력comprehension power' 등 전시환경에서의 관람행태를 이해하는 데 필수적으로 요구되는 주요 개념과 관람객연구에 새로운 방향을 제시했었다.

1910년에 최초로 연간관람객 현황에 대한 연구를 진행했던 리아Paul Marshall Rea는 지역주민의 연간 관람률을 관람객 봉사에 대한 효과성과 관람객의 관심을 측정하는 기준으로 활용해, 전체 관람객과 지역주민의 참여율을 비교해서 박물관의 순위를 결정했다. 그 결과, 지역주민의 93%

---

116 멜톤과 마찬가지로, 애블러(Thomas S. Abler, 1965)는 〈밀워키박물관의 관람객 이동방식과 전시디자인에 관한 연구(A Traffic Patterns and Exhibit Design: A Study of Wisconsin, Milwaukee)〉에서 관람객의 좌측관람접근방식과 우측관람접근방식에 대해 연구했다. 결론적으로는 좌측관람방식으로 이동한 관람객들의 관람소요시간이 좀 더 길었으며, 학습효과도 높게 나타났다. 또한 애블러는 좌측관람접근방식이 학습에 적절한 근거는 영어를 읽는 방식과 일치하기 때문이라고 덧붙여 설명했다. 다이푸쿠(Hiroshi Daifuku, 1960)와 드 보르헤기이(Stephan de Borhegyi, 1963)는 일본과 미국 관람객의 관람객 이동방식을 연구한 결과, 두 집단 모두 우측관람접근방식을 선호하는 것으로 나타났으며, 이는 문화와 생활양식과 밀접한 관련성이 있다고 설명했다.

가 참여한 캘리포니아과학원the California Academy of Science은 20위, 44%가 참여한 로스엔젤레스박물관은 33위를 차지했으나, 이 연구는 반복 관람객의 가능성을 배제했으며 관람객 개념을 지역주민으로 한정해 연구방법상 문제점이 있었다. 리아의 연구에 고무된 콜먼Laurence Vail Coleman과 포엘Louis Powell은 리아의 가설과 주요변수를 보완했다. 콜먼은 관람률 이외에 박물관의 효과성을 측정하는 변수로 장소적 요인a place-factor과 시간적 요인a time-factor을 포함시켰으며, 리아는 외부 관광객을 포함시켜 관람 시기에 따른 관람객의 유동현황에 대해 연구했다. 포엘의 연구결과에 의하면, 2~4월 특히 쾌적한 일요일에는 지역주민의 참여가 증가하는 반면, 5~6월에는 단체 관람객이 현저하게 증가하며, 8월에는 외부 관광객과 지역주민의 참여가 모두 최고조에 달한다. 이에 따라, 관람객의 유입 시기에 따라 관람객을 세분화하고 관람객별로 프로그램을 기획하면 박물관의 효과성을 증대할 수 있음을 시사했다(L. H. Powell, 1938: 3~8).

1920년부터 1939년까지 관람객연구에 괄목할 만한 성장이 이루어졌다. 예컨대 관람객에 대한 인구통계적 접근, 여가활동을 촉진하는 동기, 관람행태, 인지학습, 관람 후 태도 변화 등과 같이 연구주제의 폭이 확대되었다.[117] 이러한 현상은 1940년대에 들어서면서 더욱 심화되는데, 이 시기에는 관람객연구가 단순히 박물관의 효과성을 진단하는 도구로서뿐 아니라 문화교육기관으로서 박물관의 가치와 효과에 대한 관심이 증가하면서 박물관의 업무와 활동을 평가하는 도구로 인식되었다.

1940년대에 진행된 대표적인 관람객조사는 커밍스Carlos Emmons Cummings와 위틀린Alma Wittlin에 의해 이루어졌다. 커밍스는 1939~1940년에 개최

---

[117] 블룸버그(Marguerite Bloomberg, 1929)와 골드버그(Nita Glodberg, 1933)는 학생 단체 관람객을 대상으로 관람과 학교 커리큘럼과의 상관관계와 인지학습의 효과성에 대해 연구했다.

된 '뉴욕월드페어the New York World's Fair'와 '샌프란시스코 골든게이트 국제 전시회the San Francisco Golden Gate International Exposition'의 관람객을 조사하면 서, 관찰법의 부적절성과 비효과성을 지적했으며, 관람행태에 비중을 두 었던 기존연구와 달리 관람객의 배경·동기·기대에 대해 연구했다. 한편 위틀린은 1942~1943년에 걸쳐 캠브리지대학의 고고학 및 민족학박물 관에서 전시를 두 가지 유형으로 배열하고, 이에 대한 관람객의 반응을 측정했다. 첫 번째 유형의 전시는 작은 전시실에 수백 개의 원시문화의 동전을 바닥부터 천정까지 밀도 있게 붙이고 레이블의 사용을 제한했 다. 두 번째 유형의 전시는 물물교환시대부터 현재 사용되고 있는 화폐 를 연대순으로 나열하고, 유형에 따라 화폐를 전시물로 구성했다. 특히 영국화폐를 그룹으로 묶어 화폐 사용에 대한 설명과 도표를 제공했다. 또한 화폐 제작자와 사용자의 사진을 부착하고, 전시물의 간격을 적절 하게 두어 관람객의 눈높이에 맞춰 배열했으며 상세 설명을 캡션으로 처리했다. 위틀린은 전자를 '구전시the Old Exhibition', 후자를 '신전시the New Exhibition'라고 칭했다(G. E. Hein, 1998: 44~45). 이 실험에는 96명의 여성 관람객들이 참여해서 20~25분 동안 두 유형의 전시를 관람했다. 위틀 린은 모집단의 행태를 관찰하면서 비공식적 인터뷰를 병행했고, 모집단 에게 전시에 대한 기억을 스케치로 남기도록 요청했다.

그 결과, 관람객은 전시를 통해 '지식과 정서적 경험'을 습득했으며, 박 물관이 '호기심과 흥미를 발생시키는 기관'이라는 점에 일치된 의견을 보였다. 모집단은 구전시보다 신전시 기법을 선호했다. 그 이유는 신전시 가 논리적 사고와 추론, 정서적 반응을 유도함으로써 전시주제의 이해 에 도움을 주었기 때문이다. 이 연구는 관람객이 전시를 이해하기 위해 서는 문화적 맥락에 대한 설명, 전시주제의 명확성, 다양한 전시기법의 활용 등이 필요하며, 관람객의 주관적 반응과 행동을 근거로 전시가 수용된다는 사실을 제시했다. 위틀린은 커밍스와는 달리, 멜톤의 연구를 독자적인 방식으로 발전시켰다. 예컨대, 멜톤은 관람객의 관심정도를 측정하기 위해 관찰법만을 사용했지만, 위틀린은 관찰법과 함께 주관적 반응을 측정하기 위해 인터뷰와 스케치 남기기를 병행했다. 또한 멜톤은 시간을 행동변수로 사용했기 때문에 관찰결과를 통계수치로 변환해서 정량적으로 표기한 반면, 위틀린은 표본을 선정해서 관찰 결과를 정성적 방법으로 해석했다(G. E. Hein, 1998: 51).

1950년대에는 교육이론의 발전, 박물관의 양적증가, 박물관 학습에 대한 관심증가로 인해 전과는 달리 개인 중심의 연구에서 벗어나 기관 중심의 연구로 발전하게 된다. 예컨대 로얄온타리오박물관the Royal Ontario Museum과 밀워키공공박물관the Milwaukee Public Museum은 각각 토론토대학교the University of Toronto와 위스콘신대학교the University of Wisconsin와 연계해 관람객조사를 수행했는데, 특히 밀워키공공박물관은 미국 최초로 관람객연구 부서를 조직에 설치하고, 10년 이상 관람객조사를 실시한 대표적인 기관에 해당한다. 공공박물관이 관람객조사에 대한 관심이 높아진 것은 공공지원 증가와 교육학적 측면에서 프로그램 평가의 중요성이 높아졌기 때문이다(The National Art Education Association, 1997: 220). 또한 다수의 상업 박람회가 개최되면서 정부 차원에서 박람회의 영향력을 파악하기 위해 체계적인 관람객조사에 재정지원을 했으며, 그 영향력은 점차 박물관에도 파급되어 박물관에 교육적 가치와 관람객과의 관계를 성찰하는 계기를 마련해주었다. 디히터E. Dichter(1955)에 의하면, 기존 관람객연구와는 달리 1950~1959년에 실행된 관람객조사의 80%는 시장조사 연구방법론을 사용했으며, 이를 통해 박물관은 관람객개발과 전시물과 관람객 간의 상호관계에 대한 이해를 얻게 되었다(L. Draper, 1984: 48).

미국의 경우, 시장조사 연구방법론을 적용한 대표적인 관람객조사는 1953년 미국정보국U.S. Information Agency 산하 사회연구청the Bureau of Social Research의 빅맨S. Bigman이 실시한 것이다. 미국정보국은 1953~1962년에 걸쳐 국제 순회전을 지원했다. 빅맨은 관람객조사를 통해 미국·미국인·미국식 생활방식의 변화를 발견하고, 전시회의 효과성을 측정했다. 이 연구는 전시가 개최된 지역의 관람객을 대상으로 인구통계학적 조사와 태도 측정조사를 병행했다. 인구통계학적 조사와 함께 선택형 문항으로 구성된 설문조사, 주제에 대한 반응을 응답할 수 있는 기계를 사용한 투표voting machines, 기술장comment book, 인터뷰 등 네 가지 방식을 사용해 관람객조사를 실시했다. 이 연구는 관람가치와 관람동기를 부여한 주요 관람요인을 규명하기 위해 관람객의 특정관심과 선호도·관람 활동의 가치·정보원·직업·교육수준 등을 사용했다. 또한 시애틀·시카고·보스턴의 인구통계와 관람객통계를 각각의 주요 요인에 따라 비교한 후 다시 지역별로 그 내용을 비교했지만, 전시가 관람객의 태도에 변화를 가져왔다는 사실을 입증하지는 못했다.

이후 관람행태에 대한 주요 연구는 몬존A. Monzon(1952)과 니호프A. Niehoff(1953)에 의해 진행되었다. 몬존은 멕시코시티에 위치한 국립인류학박물관의 관람행태를 거주민과 관광객으로 나누어 비교했다. 그 결과, 관광객들은 선사시대와 정복시대의 전시실에서 많은 시간을 소요한 반면 거주민들은 현대미술과 공예품 전시실에서 더 많은 시간을 소요해, 거주민과 관광객의 전시실에 대한 관심과 선호도가 관람행태의 편차 요인으로 입증되었다. 한편 니호프는 밀워키공공박물관의 관람객을 대상으로 관람객의 프로파일·관심·관람동기·관람행태를 연구했다. 이 연구를 통해 전시동선이 이동함에 따라 관람 참여율과 보유력이 감소한다는 사실을 발견했다. 관람동기와 관심을 집중적으로 다룬 1959년의 심화연구에서는 교육(43%)과 여가선용(19%), 위락(16%)이 주요 관람동기라는 결과를 얻었다.

앞서 언급한 것처럼, 로얄온타리오박물관과 밀워키공공박물관은 기관 중심의 관람객조사를 실시한 대표적인 박물관이다. 1958년부터 5년 동안 로얄온타리오박물관의 관람객조사를 담당한 애비D. S. Abbey와 캐머런D. F. Cameron은 4,800명의 관람객을 대상으로 그들의 프로파일을 분석했다.[118] 또한 관람빈도를 기준으로, 처음 박물관을 방문한 관람객first time visitors과 관람빈도가 높은 관람객frequent visitors으로 관람객의 계층을 구분했다. 두 집단 간에 큰 편차는 없었으나 전자의 경우는 최근에 이주한 지역주민이나 관광객으로 구성된 반면 후자는 연령대가 낮고, 혼자 방문하는 경향이 있으며, 교육수준이 높고, 학생이 높은 비율을 차지했으며, 특정 관람동기를 갖고 있었다. 1950년대 후반의 관람객조사는 박물관의 인지학습cognitive learning에 대한 관심이 높았다. 박물관의 교육적 역할에 관심이 있었던 사운더스J. Saunders(1959), 미국국립박물관의 관람 행태를 조사한 고인A. Goins과 구펜하겐G. Guffenhagen 등이 있었으나, 이들의 연구는 로빈슨과 멜톤의 연장선상에서 이루어졌다.

1960년대 미국에서는 베이비붐의 여파로 인구 증가율이 급격히 상승했고, 사회·경제적 수준이 향상됨에 따라 여가활동으로서 문화 및 교육 활동에 참여하려는 욕구 또한 높아졌다. 이러한 사회적 환경변화에 따라, 박물관 수는 1940년 2,500개에서 1965년 5,000개로, 관람객 수는 1938년에 5,000만 명에서 1968년에 2억 명으로 400% 증가했다.[119] 박

---

118 이와 함께 애비와 캐머런은 박물관 전문인력들이 갖고 있는 관람객에 대한 '집단 이미지'를 조사했는데, 관람객조사결과와 전문인력들이 갖고 있는 집단 이미지는 일치하지 않았다. 예컨대, 실제 관람객들의 교육수준과 수입은 전문인력이 생각했던 수준에 미치지 못했고, 어린이 관람객 수는 예상보다 많았다.

물관은 점차 대중성을 확보하면서 공공 이미지와 교육적인 역할에 집중하고 독창적이며 다양한 프로그램 개발에 주력했다. 또한 미국박물관협회the American Association of Museums와 국립예술기금National Endowments for the Arts 등이 관람객조사의 중요성을 인식하고, 이에 대한 정부의 정책적 지원이 뒷받침되면서 관람객에 대한 연구결과는 대내적으로는 관람객의 다양성과 규모를 예측할 수 있는 근거로, 대외적으로는 연방정부와 주정부·공공기관·후원자 등에게 박물관의 공신력과 공익성을 검증할 수 있는 유용한 도구로 활용되었다.

1960년대에 실시된 관람객조사는 양적·질적 측면에서 괄목할 만한 성장을 이루었고, 관람객조사의 연구자와 연구방법론에도 변화가 발생했다. 1950년대까지는 심리학과 통계학 관련자들이었지만, 1960년대에는 사회학·교육학·인류학 분야의 연구자들이 참여했다(The National Art Education Association, 1997: 220~221). 교육학 측면에서는 박물관의 인지학습에 대한 연구대상을 학생 단체 관람객에서 성인으로 확장했고, 관람과 학교 커리큘럼 간의 상관관계뿐만 아니라 학교교육을 위해 고안된 교육학적 방법론이 관람객조사에 적용되었다. 한편 인류학자들은 전형적인 현지 조사연구에서 핵심을 차지했던 '참여관람participant observation'을 관람객조사에 적용했으며, 사회학자들은 관람행태나 관람동기를 여가활동과 관련지어 사회·문화적 관점에서 해석했다. 예를 들어, 존슨D. A. Johnson(1969)은 주중 관람객과 주말 관람객으로 관람객을 구분하고 관람 전후의 여가활동이 관람동기에 미치는 영향력을 연구했다.[120]

---

119 1876년에 약 200개였던 미국의 박물관 수는 1910년 600개, 1940년 2,500개, 1965년 5,000개, 1974년 약 7,000개, 1992년 8,200여 개로 증가했다.

그뿐만 아니라 이 시기의 관람객조사는 주제 측면에서 관람객의 프로파일·관람행태·관람동기·태도를 집중적으로 연구하면서 '기준criteria', '평가evaluation', '성과performance', '효과성effectiveness' 등의 새로운 용어가 등장했고, 연간관람객 수에 대한 누적통계가 처음으로 시도되었다.[121] 주제 측면에서의 또 다른 변화는 공공·민간기금의 지원을 통해 국제교류 활성화를 목적으로 자국의 문화가 타 문화권의 관람객들에게 어떠한 방식으로 수용되는지에 대한 연구와, 관람객의 프로파일·태도·반응에 대한 국가 간의 비교 연구가 시작되었다는 것이다. 전자의 경우, 커크-그린A.H.M. Kirk-Greene은 〈미국 내 박물관의 아프리카에 대한 시각 Africa Through the Eyes of Some Museums in the United States〉(1960), 인버래러티R.B. Inverarity는 〈박물관 서베이 데이터를 기록하는 간단한 기법A simplified Technique for Recording Museum Survey Data〉(1961)을 발표했다. 후자의 경우, 캄팔라Kampala에 위치한 우간다박물관the Uganda Museum(1963)이 실시한 관람객조사를 들 수 있다.[122]

한편 로얄온타리오박물관과 밀워키공공박물관은 관람객조사 방법을 체계화했을 뿐만 아니라 출판물을 통해 연구 가치와 방법을 연구자들에게 널리 보급했다. 애비와 캐머런은 1959년에 분석한 연구결과를 기

---

120 주중 관람객과 주말 관람객 모두 박물관 관람 전후로 다른 여가활동에 참여하는 경향이 비교적 강하게 나타났는데 주중 관람객은 65~80%, 주말 관람객은 50%가 다른 여가활동에도 참여했다. 두 집단 모두 타 박물관 및 미술관 관람(1)을 가장 선호했으며, 주중 관람객의 경우에는 쇼핑(2)과 산책(3)의 순으로, 주말 관람객의 경우에는 외식(2), 놀이공원 및 동물원(3), 타 문화 예술활동(4)을 선호했다. 주중 관람객과 주말 관람객은 일단 한 곳의 박물관을 관람한 후 타 박물관과 미술관 관람이나 다른 여가활동에 참여했다. 즉, 관람이라는 행위를 반복해 박물관 경험이 축적되면, 관람객들의 박물관 관람에 대한 가치와 동기가 유발된다는 것을 의미한다.

121 도티(Doughty, 1968), 스미츠(Smits, 1964), 웰즈(Wells, 1969)에 의하면, 1960년대에 진행된 관람객에 대한 인구통계학적 연구는 관람시기(시간과 요일)·관람소요시간·연령·성별·거주지역·교육수준·직업·관람빈도 수·정보원·관람동기·관람 집단의 구성과 규모에 대한 내용을 다루었다. 또한 특정 연구자들은 앞서 언급한 내용 외에도 전시 레이블의 분량과 가독성·특정 전시실 또는 전시물에 대한 선호도·서비스에 대한 선호도 등에 관해 조사했다.

초로 '관람visits'과 '관람객visitors'의 개념을 구분했다. 연간관람객을 세 유형의 집단으로 구분하고, 반복 관람빈도를 측정해 〈가치 있는 관람 통계에 대하여Toward Meaningful Attendance Statistics〉(1960)라는 논문을 발표했다. 아비와 캐머런은 관람동기, 관람태도, 박물관의 역할에 대해 이론적인 접근을 지속적으로 시도했고, 1969년에는 잭스A. Zacks와 함께 연구팀을 구성해서, 〈현대미술에 대한 대중의 태도Public Attitudes Toward Modern Art〉(1969)라는 제목의 논문을 발표했다. 이 연구는 507명의 표본을 선정하고, 연구자들이 가정 방문을 통해 10개의 카드로 구성된 23세트의 예술복제품을 제시하면서 인터뷰를 실시했다. 연구결과에 의하면, 인터뷰 참여자들의 작품선호 경향은 일치했는데, 이는 작품에 대한 친밀도가 작품의 유형이나 주제에 대한 선호도와 상관관계가 있음을 의미한다.[123]

애비와 캐머런 외에 관람행태와 관람경험에 대해 주요 논문을 발표한 연구자로 와이스R.S. Weiss와 보우트린S. Boutourline, Jr.을 들 수 있다. 와이스와 보우트린은 1962년에 시애틀 세계박람회the Seattle World's Fair에서 관람객의 관람행태를 관찰하고 과학과 기술에 대한 태도와, 전시에서 습

---

122 우간다박물관은 1952년, 1959년, 1961년 세 차례에 걸쳐 관람객조사를 실시하고, 관람객 프로파일·선입견·선호도를 미국 관람객의 것과 비교했다. 우간다박물관 관람객의 87%는 박물관에서 5마일 이내에 거주하는 아프리카인이었으며, 흥미롭게도 유럽이나 아시아 계열 지역주민의 관람 참여율은 매우 낮았다(전체 인구 중에서 아시아 계열의 인구는 42%를 차지했지만, 그중 관람을 경험한 사람은 5%에 불과했다). 미국 박물관 관람객의 교육 수준은 매우 높은 반면, 우간다박물관의 관람객은 거의 교육을 받지 못한 사람들로 구성되었다. 관람객조사를 통해 우간다박물관이 발견한 한 가지 중요한 사실은 두 집단의 관람객이 인식하는 박물관 기능에 대한 시각 차이였다. 미국 박물관 관람객들은 교육과 여가선용에 가장 중요한 가치를 둔 반면, 우간다박물관 관람객은 '과거를 재현한 장소' 또는 '부적을 모아 놓은 곳' 등 의식적이며 과거의 기념비적인 장소로 박물관을 이해했다.

123 애비와 캐머런, 그리고 잭스는 이 연구를 통해 대중의 작품 선호에 대한 판단능력·의견을 형성하고 주장할 수 있는 능력·미학적 가치 체계를 형성할 수 있는 관람객의 능력에 대해 과소평가하며, 반면에 미술교육을 통해 그들이 보고 느낀 것을 적절한 용어를 사용해 표현할 수 있는 시각적 능력에 대해서는 과대평가를 해왔다는 사실을 알게 되었다. 이 연구는 관람객의 작품 수용에 대한 일면을 제시해서 전시의 주제·구조·디자인 등에 대해 시사하는 바가 크다.

득한 정보에 대해 인터뷰를 실시했다.[124] 특정 전시물 앞에서 관람객을 대상으로 전시물의 작동방법과 의미에 대해 질문하고 반응을 조사한 결과, 관람객 대부분 특히 여성 관람객은 과학전시의 이해에 어려움을 나타냈다.[125] 와이스와 보우트린은 관람소요시간은 그 활동의 중요성을 나타내는 지표로 사용되는 것이 부적절하다고 믿었기 때문에 기존 멜톤의 전시환경에서의 관람행태와 전시동선, 유인력과 보유력에 대한 가설을 검증하는 방식으로 연구했다. 그 결과 '이정표 전시물landmark exhibit'에 대한 개념을 도출했는데, 와이스와 보우트린(1962)에 의하면 이러한 개념에 해당하는 전시물은 관람동선의 방향성을 결정하며, 전시물 자체의 유인력과 전시물의 친밀도·인지도와 같은 시각적 인지력이 매우 높다는 것이다. 이러한 연구결과는 이정표 전시물의 개념을 활용해 전시물을 선택하는 관람객의 태도와 행태를 통제하고 전시 주제의 흐름에 맞게 적절한 관람동선을 유도해 관람효과를 향상시킬 수 있으므로 전시기획자들에게 매우 유용하다.

이후 와이스와 보우트린은 보스턴미술관the Boston Museum of Fine Arts을 대상으로 이정표 전시물이 관람동선에 미치는 영향력을 재검증했다(R. S. Weiss & S. Boutourline, Jr., 1963: 23~27). 이 연구에서는 관람객이 전시물의 미적 가치, 전시물의 유인력과 시각적 인지력, 호기심을 유발하는 가치, 교육적 가치, 전시디자인 등의 요인을 근거로 전시의 질적수준

---

124 제임스 테일러(James Taylor, 1963)도 시애틀 세계박람회를 대상으로 관람객의 태도변화와 전시 효과성에 대한 연구를 실시했는데, 와이스와 보우트린의 연구결과처럼 관람객 태도변화의 요인이 이정표 전시물의 영향력에 의한 것으로 검증되었으며, 이정표 전시물은 유인력뿐만 아니라 보유력도 높다는 사실이 제시되었다.

125 이와 함께 어린이 관람객을 대상으로 한 실험도 했는데, 전시물 바로 옆에 전화기를 설치한 후 연구자들이 어린이 관람객에게 전화를 걸어 질문을 하고, 전시물에 대한 그들의 반응을 기록했다. 이 실험은 7분 동안 진행되었으며, 질문을 던지는 어린이 관람객에게는 부가정보를 제공했다.

을 판단한다는 결과도 발견했다. 특히 관람객들은 이정표 전시물에 특별한 가치를 두었는데, 그 가치는 문헌으로 접했던 유명 작품에 대한 실제 경험에서 비롯되었다.

학습 관점에서 전시 효과성에 대해 연구한 학자로는 셔텔H. Shettel과 스크레븐C. Screven이 있다.[126] 셔텔은 미국원자력박물관the American Museum of Atomic Energy의 전문인력 25명을 대상으로 전시평가기준에 대해 조사한 결과, 조명·레이블·색채 등과 같은 전시디자인과 관련된 요인보다는 유인력과 관찰을 통해 수집한 관람행태의 특성이 평가기준으로 적절하다는 결과를 얻었다. 이는 박물관 전문인력들이 전시효과성에 대해, 전시물이 담고 있는 내용을 짧은 시간에 되도록 많은 관람객에게 전달하고, 관람객들이 그 정보를 오랫동안 보유하도록 만드는 가치라고 생각한다는 의미다.

영국은 미국이나 캐나다와는 달리 1960년대 중반부터 관람객조사에 관심을 가졌다. 도티P. Doughty(1968)가 얼스터박물관Ulster Museum의 관람객조사를 통계학적으로 실행한 것을 계기로, 크루익섄크G. Cruikshank (1972)가 쥬리 월 및 박물관the Jewry Wall Museum, 맥윌리엄스와 호프우드 B. McWilliams & J. Hopwood(1973)가 노르위치 캐슬 박물관Norwich Castle Museum, 메이슨T. Mason(1974)이 맨체스터박물관Manchester Museum, 바르톤K.J. Barton(1973)이 포츠머스시립박물관Portsmouth City Museums에 대해 연구했다(M. Belcher, 1991: 176).

---

126 스크레븐은 로빈슨이나 멜톤만큼이나 관람객조사에 영향력을 미친 연구자다. 그는 전시디자인 기술과 전시의 학습적 효과성에 관심을 두고, 전시물·오디오 학습 보조 기구·관람객들의 이해를 시험하는 쌍방향 응답 기구를 실험에 사용했다. 관람객의 관람 전후 지식 습득에 대한 추이를 측정한 결과, 연구자들이 관람객에게 질문을 던짐으로써 관람객들의 학습 목표를 유도했으며, 결국 전시의 효과성은 구체적이며 시험가능한 목표에 의해 평가되어야 한다는 사실을 얻었다.

1970년부터 현재까지 관람객조사는 기존 연구의 문제점을 해결하고 시장조사·관람객 개발·마케팅 연구의 기초를 마련해왔다.[127] 또한 인구 통계학적 분석을 통해 관람객의 프로파일에 집중했던 이전의 관람객조 사와는 달리 비참여 관람객에게 관심을 가지게 되었다는 점은 주지할 만하다.[128] 또한 연구의 질적수준이 향상되었을 뿐만 아니라 연구방법론 측면에서는 정성적 방법과 정량적 방법이 골고루 사용되고, 실험·테스 트·설문조사·관찰법·인터뷰·물리적 추적 측정법 등이 자리를 잡았다. 연구주제 측면에서는 관람에 대한 기대와 만족, 전시물에 대한 관람객 의 인지, 박물관에 대한 정보원, 학습과 교육의 효과, 관람객의 관심·동 기·행태 유형을 심도 있게 다루고 있다(T. Maree, 2001: 117). 이전의 관 람시간을 주요변수로 사용하는 전통은 유지되었다. 대부분 연구는 관람 객의 전시실 평균 체류시간average room-time의 분석에 집중했는데, 관람 객들은 평균적으로 2시간 정도 박물관에 체류하며, 시간의 흐름에 따라 체류시간이 현격하게 감소하는 결과는 동일했다. 전시 관람시간object- time은 평균 체류시간의 25%에 해당하는 30분 정도이며, 전시물을 응시 하는 시간viewing-time은 최대 20~30초였다.

1980년 중반부터는 콘R. Korn과 먼리M.E. Munley 등에 의해 '연구research' 와 '평가evaluation' 개념이 구분되었고, 이를 계기로 관람객조사의 목적 이나 효과성에 대한 성찰이 이루어지기 시작했다.[129] 먼리는 '관람객조사

---

127 1970년대 스미스소니언 자연사박물관(the American Museum of Natural History)은 타 박물관을 대 상으로 조사한 결과, 관람객 확보를 위해서는 기획전시와 특별 행사를 자주 기획해야 한다는 사실을 얻었다. 이에 자연사박물관은 대중에게 '우리 박물관은 활발하게 움직이고 있는 곳'이라는 이미지를 전달하기 위해 시사성 있는 행사의 기획, 연구 조사 업무의 활성화, 신수품전 개최 등 박물관 프로그 램에 변화를 지향했다.

128 메트로폴리탄미술관은 '얀켈로비치 서베이(Yankelovich Survey, 1973)'라고 불리는 관람객 프로필 조 사를 통해 관람객의 특성을 '상대적으로 교육·경제 수준이 상위권인 젊은 세대'라고 정의했다.

의 목적'을 아래와 같이 다섯 가지로 제시했다(M. E. Munley, 1986: 18~23).

- 박물관 자체 또는 박물관이 제공하는 전시와 프로그램의 가치에 대한 타당성을 제시한다.
- 장기계획의 수립에 필요한 정보를 수집한다.
- 새로운 전시나 프로그램의 기획에 대해 명확한 개념을 제공한다.
- 기존 전시와 프로그램에 대한 효과성을 분석한다.
- 이론을 정립하고 연구를 진행하는 과정에서 관람객들이 어떠한 방법으로 박물관을 이용하는지에 대한 이해를 향상시킨다.

먼리가 제시한 '관람객조사의 목적'은 관람객연구와 평가의 필요성과 효과성에 대해 논리적이며 일관성 있는 준거의 틀을 제공해주었다(E. Hooper-Greenhill, 1996: 70). 콘은 먼리가 제시한 목적을 달성하기 위해서는 다양한 방식의 접근이 필요하다는 점을 강조했다. 즉, 첫 번째와 두 번째 목적을 성취하기 위해서는 마케팅과 인구통계학적 연구가 필요하며, 세 번째와 네 번째 목적을 위해서는 프로그램에 대한 평가가 필요하고, 마지막으로 관람객의 박물관 이용에 대한 이해를 증진하기 위해서는 장기적인 관람객연구가 필요하다.

---

129 연구방법론적 측면에서 '연구와 평가'는 설문조사·인터뷰·관찰·포커스 그룹 인터뷰 등이 동일하게 사용된다. 하지만 목적적 측면에서 접근하면, '평가'는 프로그램의 지속성과 개선과 같이 특별한 행동을 취하거나 의사결정이 요구될 때, 프로그램의 특성·활동·효과성에 관한 정보를 체계적으로 수집하는 것이다. 반면에 '연구'는 개념적인 틀을 마련하기 위해 가설을 검증하고 이를 통해 얻은 새로운 지식과 정보를 근거로 이론을 개발하는 것이다. 예를 들어, 전시주제에 대한 관람객의 태도, 전시 패널의 효과성은 프로그램 평가를 통해 얻을 수 있고, 관람객의 정체성과 관람동기는 연구를 통해 이루어진다.

1982년 대영박물관은 관람객에 대한 계절별 관람객의 구성비율과 관람객 프로파일을 비롯해, 동반자 유무·관람빈도·관람동기·이동수단·출발지·관람기대·관람에 대한 반응·특정 전시실에 대한 관심 등 체계적인 정보를 수집하기 위해 셰필드대학교the University of Sheffield의 피터 만 교수Peter Mann의 도움을 받아, 2년간 4번에 걸쳐 대규모 관람객조사를 실시했다. 4,042명의 관람객을 대상으로 인터뷰가 이루어졌고, 523명의 외국인 관광객을 대상으로 불어·독일어·스페인어·이탈리아어·일본어로 기술된 설문조사가 병행되었고, 이후 강좌·필름 쇼·갤러리 토크 등 교육프로그램 참여자를 대상으로 설문조사가 재실시되었다. 이 조사를 통해 얻은 1차 자료는 코드로 변환되었고, 펀치 카드 서비스the Sheffield Punch Card Service를 활용해 분석했다.

'대영박물관 관람객조사A Survey of Visitors to the British Museum'(1982~1983)의 결과에 의하면, 관람객의 남녀 성비는 거의 동일했으며, 젊은 계층(20~39세)의 참여비율은 전체 관람객의 약 절반을 차지했다. 대다수의 직업에 종사하는 관람객은 36~62%, 학생의 비율은 16~24%를 차지했다. 사회·경제적 지위 관점에서 보면, 중상층 이상이 88~92%, 대학 교육 이수자가 48~62%의 비율을 나타냈다. 계절별 관람객의 구성비율을 살펴보면, 겨울과 여름의 영국 관람객 비율은 각각 48~50%, 22~26%였다. 외국인 관광객의 경우, 해외 관광객의 59~72%는 영어를 모국어로 사용했다. 시기적으로 6월에는 북미 지역 관광객, 8월에는 유럽 관광객의 유입이 높은 비율을 차지했지만, 남미·아프리카·아시아 지역 관광객은 낮은 비율을 나타냈다. 해외 관광객의 유입 측면에서 대영박물관은 과학박물관the Science Museum(19%)과 빅토리아앤드앨버트박물관the Victoria & Albert Museum(30%)보다는 높고, 런던국립미술관the National Gallery (57%)보다는 다소 낮게 나타났다.

학교 단체관람으로 온 아동은 인터뷰 대상에서 제외되었기 때문에 성인 혼자 또는 집단(2~9명)으로 방문한 경우가 84~93%였으며, 동반자 유무와 계절을 상관 분석한 결과, 겨울에는 혼자 방문하는 관람객(46~49%)이, 여름에는 2명의 성인으로 구성된 관람객 집단(40~46%)의 비율이 높았다. 겨울 관람객은 당일에, 여름 관람객은 휴가로 인해 일주일 전이나 몇 달 전에 관람에 대한 의사결정을 내리는 경향이 있었다. 여름에는 처음 방문한 관람객이 차지하는 비율(63~ 75%)이 높았지만, 겨울에는 반복관람(58~61%)의 비율이 높았다. 연간 관람객 관람빈도를 측정한 결과, 겨울 관람객(66~69%)이 여름 관람객(49~50%)보다 관람빈도가 높았고, 이러한 현상은 반복관람빈도에서도 동일하게 나타났다.

특정 소장품에 대한 관심과 대영박물관에 대한 기대에 대해서는 '고대(21~26%)'에 대한 관심이 높게 나타났고, '모든 것을 볼 수 있다(23~35%)'는 기대감이 가장 높게 나타난 반면 12~24%의 관람객은 박물관에 대해 특별한 기대가 없었다. 이러한 관람객의 성향으로 인해 특정 전시물이나 전시실에 대해 70~85%의 관람객이 방문에 대한 특정한 의도가 없다고 답변했다. 한편 특정 의도나 기대감을 가지고 방문한 관람객(15~30%)은 전시실과 전시물의 명칭을 선택하도록 한 결과, 그중 30%는 특정 전시실의 명칭을, 2%는 전시물의 명칭을 기억했다. 전시실은 미라 전시실에 대한 관심이 49~61%로 가장 높았고, 전시물은 로제타스톤에 대한 관심이 32~54%로 가장 높았다. 박물관 이용방식의 경우, 전체 관람객 중 거의 절반 정도는 어느 전시실부터 관람을 해야 하는지를 알지 못했고, 14~16%의 관람객들은 이집트 전시실을 가장 먼저 관람했다.

예상 관람시간은, 2시간 이상이라고 응답한 관람객이 가장 많았으나(32~45%), 실제 관람소요시간과 비교한 결과 1~2시간을 소요한 관람객이 가장 많았고(33~42%), 겨울 관람객(28%)이 여름 관람객(15~19%)에 비해 1시간 이상을 소요하지 않는 비율이 높았다. 또한 83~85%의 관람객은 레이블이 전시물을 이해하는 데 도움이 되었다고 응답했으며, 응답자 가운데 일부는 레이블 위치의 부적절함과 세부 정보의 부족함을 지적했다. 관람과 박물관 봉사에 대한 만족도는 60~71%로 높았으며, 이로 인해 반복관람에 대한 의지도 91~96%로 높게 나타났다.[130] 대영박물관은 이 연구결과를 기반으로 홍보 측면에서는 런던 지하철 내에 포스터를 붙이는 방법과 신문이나 정기간행물 등의 매체에 전시내용을 게재하는 방법도 함께 고려했으며, 전시물에 대한 이해와 관람 편의성의 증진을 위해 리플렛을 양산하고 안내표지판을 수정·보완했다.

이후 관람객연구는 파크와 디어킹J. H. Falk & L. D. Dierking, 루미스R. J. Loomis, 뉴솜과 실버B. Y. Newsom & A. Z. Silver, 해리스N. Harris, 후드M.G. Hood, 마일즈R. Miles, 울프R. Wolf, 알트M. Alt, 메리먼N. Merriman, 맥매너스G. McManus, 켈리R. Kelly 등에 의해 발전을 거듭했다. 이 가운데 메리먼(2000)은 사회 계급에 따른 문화적 취향의 다양성과 관련된 부르디외P. Bourdies의 사회학적 이론을 근거로, 관람을 문화현상으로 이해·접근함으로써, 관람객의 사회적 지위와 권력·경제력·교육수준과 같은 변수를 사용해 사회계급과 관람유형의 상호관련성을 검증하는 데 많은 노력을 기울였다. 맥매너스(1987)는 관찰을 통해 영국자연사박물관과 과학박물관 전시의 학습효과와 관람객의 행태를 연구했다. 켈리(1982)는 수입·직업·교육 수준·연령·성별·인종·사회적 지위와 같은 사회적 요인들이 관람뿐만 아니라 개인의 경험 축적에 유의미한 영향을 미친다는 사실을 입증했다.

---

130 재관람 거부는 3~6%로 매우 낮았으며, 전시물에 대한 정보·전시실 구조·조명·접근성 등이 개선되어야 할 사항이라고 언급했다.

〈그림 8-2〉 폴게티미술관

1980년대 후반의 연구는 관람경험을 심도 있고 체계적으로 조사했다. 폴게티미술관J. Paul Getty Museum의 〈통찰력: 포커스 그룹 실험을 통한 박물관, 관람객, 태도, 기대Insights: Museums, Visitors, Attitudes, Expectations; A Focus Group Experiment〉(1987)는 관람경험의 구성방법에 대한 정보를 얻으려는 목적으로 실행되었으며, 미국의 11개 미술관이 참여했다. 이 연구에서는 관람객의 기대, 관람하지 않는 이유, 관람경험에 대한 관람객의 평가, 박물관이 제공하는 서비스에 대한 관람객의 반응, 박물관 커뮤니케이션과 홍보에 대한 관람객의 태도가 연구주제로 다루어졌다. 또한 다수의 관람객, 비관람객, 박물관 전문인력이 2년 동안 포커스 그룹 인터뷰에 참여했다. 이 연구를 통해, 미술관 전문인력과 관람객의 시각 차와 함께, 관람객이 예술작품을 경험·감상·이해하는 데 필요한 정보와 오리엔테이션 방법에 문제가 있다는 사실이 제시되었고, 미술관은 관람객의 경험과 학습방식에 대한 이해를 얻게 되었다(N. Kotler & P. Kotler, 1988: 153).

그간 관람객조사는 박물관을 방문한 관람객을 대상으로 이루어졌지만, 박물관의 학습효과를 연구한 하인G.E. Hein(1998)은 비관람객을 연구대상에 포함시켰다. 하인은 폴게티미술관의 관람객과 비관람객들에 대한 이해를 목적으로 미술관 전문인력·관람객·비관람객이 참여하는 두 개의 포커스 그룹을 구성해서 관람에 대한 토론을 진행했다. 이 과정에서 비관람객은 관심도 적고, 관람하러 올 시간이 부족할 뿐만 아니라 미술관의 이미지가 낯설고 위협적이며, 접근성의 불편함을 지적했다. 반면에 미술관 관람이 의미 있고 보람되며, 개인적 가치를 형성한다는 점에 대해서는 관람객과 비관람객 모두 동의했다. 이 과정을 통해 미술관은 관람객과 비관람객이 미술관 전시와 관람방식에 대한 정보가 필요하다는 사실을 알게 되었다.[131]

1990년 이후에는 박물관이 그들과 관람객과의 관계를 '공급자provider'와 '수요자customer'로 인식했다. 따라서 현재의 관람객과 미래의 관람객에 대한 봉사를 실천하고, 새로운 상품개발에 그들의 요구needs를 반영하기 위해 시장조사의 일환으로 관람객조사를 실시했다. 박물관의 관람객조사의 내용은 관람경험이나 행동, 관람객 정체성에 대한 내용에 국한하지 않고, 관람동기를 명확히 규명하기 위해 다른 문화기관의 이용이나 여가활용 등 전반적인 문화소비에 대한 광범위한 내용을 다루게 된다. 예를 들어, 1994년 애틀랜타역사센터Atlanta History Center는 애틀랜타 지역주민을 대상으로 여가활동 방법에 대해 우편설문조사를 실시했다. 그 결과, 애틀랜타 지역주민은 집 안에서 여가를 보내는 성향이 강했고, 외부에서 여가를 보낼 때는 쇼핑이나 영화 또는 스포츠 경기 관람, 공원 산책이나 등산 활동이 지배적이었으며, 박물관과 미술관 관람은 가장 낮은 선호도를 나타냈다(N. Kotler & P. Kotler, 1998: 40).

20세기 박물관 관람객조사의 전반적인 발전과 성과에도 불구하고, 관

---

131 비관람객을 대상으로 한 연구는 독일에서도 사례가 있는데, 대다수 응답자는 관람을 위해 사전 지식이 필요하며 '특수 계층만 이해할 수 있는 것'이라고 응답했다. 미술관을 멀리하는 이유에는 미술관에 대한 이질감이 크게 작용한다는 것이다.

람객의 다양성과 조사결과의 한시성은 연구자들로 하여금 관람객조사를 해석하고 일반화하는 것에 대해 회의와 한계를 느끼게 했다. 라이트, 포크, 디어킹, 프린스는 관람객이 지닌 다양성(기대·요구·경험·교육 수준·경제적 능력·성별·연령 등)으로 인해 관람객의 특성을 일반화하는 것에 대해 부정적인 입장을 취했다. 관람객 특성이나 프로파일이 여가활용 시장의 확장과 박물관을 둘러싼 환경에 따라 유동적으로 변할 수 있기 때문에, 특정시기에 도출한 관람객조사 결과는 신뢰성·정확성·효용성이 매우 낮다는 것이다.

반면에 세릴B. Serrell과 콜브B. M. Kolb는 관람객은 중산층 이상의 문화 지향적이며 여가활용능력을 지닌 일정 교육 수준 이상의 다양한 개인으로 구성되어 있지만, 그들의 기대와 요구에서 몇 가지 공통점을 발견할 수 있으므로 관람객 계층과 그들의 성향은 예측 가능하다며, 관람객 연구에 대해 다소 긍정적 입장을 취했다. 실제로 미국, 캐나다, 영국, 스웨덴 등에서 실시된 관람객연구 결과가 이들의 주장을 입증하는데, '관람객은 대부분 백인이며, 중산층 이상의 사회·경제적 지위를 확보한 사람들로서, 국민 평균보다 교육수준이 높은 사람들'이었다(J. H. Falk & L. D. Dierking, 1992: 20~21).

관람객 계층의 분석에 관심을 가진 후드M. G. Hood는 톨레도미술관 Toledo Art Museum의 관람객조사 결과를 근거로, 관람빈도에 따라 자주 방문하는 관람객frequent visitors(14%), 가끔 방문하는 관람객occasional visitors (40%), 비관람객non-visitors(46%)으로 구분했다(M. G. Hood, 1983: 54~55). 메리먼N. Merriman은 영국 관람객들의 태도에 대한 범국가 설문조사를 실시해서 관람빈도를 근거로, 자주 방문하는 관람객frequent visitor(연간 3~4회 이상), 정기적으로 방문하는 관람객regular visitor(연간 1~ 2회), 가끔 방문하는 관람객occasional visitor(1~4년 동안 1회), 거의 방문하지 않는 관람

객rare visitor(3~4년 동안 관람하지 않음), 비관람객non-visitor(관람경험 없음)
으로 세분했다(N. Merriman, 2000: 152).

애버크롬비와 롱허스트는 관람객을 소비자로 보고 전시참여 방식과
참여도에 따라 문화 소비자culture consumer, 문화 애호가culture fan, 문화 열
광자culture cultist, 문화 광신자culture enthusiast, 소극적인 문화 생산자culture
petty producer로 유형화했다(B. M. Kolb, 2000: 49). 문화 소비자는 문화 예
술에 대한 관심이나 취향이 구체적이지는 않으나 주말에 여가활동으로
박물관을 방문하는 집단이다. 이 집단은 전시회나 박물관이 제공하는
프로그램의 내용보다는 비용과 접근성에 비중을 두고 관람을 결정하며,
다른 사람을 동반하기보다는 혼자 관람하는 것을 선호한다. 문화 애호
가는 특정 작가나 작품, 프로그램, 관심과 관람경험을 중요시하며 집단
보다는 혼자 관람하는 특성이 강하다.

문화 열광자는 문화 애호가보다 관람빈도가 높으며, 특정 작가나 작
품, 프로그램에 전문적 식견을 갖고 있는 사람들이다. 이들은 자신이 관
심있는 작가나 작품 등에 대한 상세하고 심도 있는 정보를 다양한 정보
원을 통해 습득하고자 하는데, 예컨대 박물관 회원제도membership에 가
입하고, 전시회를 관람하고 교육프로그램에 참가해 지식을 축적한다. 또
한 문화 소비자나 문화 애호가와는 달리 집단 소비 성향이 강해 동우회
차원에서 작가의 스튜디오나 역사 유적지를 방문하는 것을 선호한다.
문화 광신자는 문화수용의 범주가 넓기 때문에 특정 작품이나 작가에
한계를 두지 않고 미술 전반에 관한 지식 습득에 욕구를 강하게 표출하
고, 미술사 강좌와 같은 교육프로그램에 적극적으로 참여해 자신이 경
험한 미적 체험을 다른 사람들과 공유하기를 원한다. 예를 들어, 인상파
에 대해 스스로 문헌을 통해 연구를 하거나 인상파 작품을 전시하고 있
는 국외 박물관을 방문해서 관람하는 적극성을 보인다. 문화 광신자가

형성하는 커뮤니티는 매우 조직적이고 체계적인데, 바로 그것이 문화 열광자와의 차이점이다. 관람은 그들이 삶을 영위하며 가치체계를 형성하는 데 중요한 부분을 차지하며, 그들의 자아 정체성 형성에 도움을 준다. 또한 소극적인 문화 생산자에는 소위 아마추어 작가나 직접 작품을 소장하는 미술 애호가들이 포함되는데, 그들은 자신의 문화예술에 대한 참여를 직업으로 극대화하기를 원한다.

관람객이 필요로 하는 정보를 분석한 연구자로 마틴C. Martin을 들 수 있다. 영국의 과학박물관Science Museum[132]은 마케팅 조사기관인 MORIMarket & Opinion Research International를 통해 관람객의 구성 비율에 대한 이해를 위해 관람객조사를 실시했다. 그 결과 영국 남동부 거주자가 42.8%로 가장 높은 비율을 차지했으며, 해외 관광객이 31.7%, 나머지 25.5%는 영국 내 다른 지역에서 방문한 관람객으로 나타났다. 전체 관람객 중 학교 단체관람과 어린이를 동반한 가족 관람객이 76%를 차지했고, 친구나 가족과 함께 방문한 관람객이 과반수를 넘었다. 마틴은 MORI의 조사결과를 참고로, 성인 관람객을 대상으로 인터뷰와 포커스 그룹 인터뷰를 실시한 후 관람객을 유형별로 분류했는데, 전문가 집단과 열성 집단이 차지하는 비율은 10%였다. 또한 관람객에게 정보를 제공하는 방식에 대해서는 안내데스크의 위치 이동, 안내표지판의 내용 보완, 웹사이트 구축과 멀티미디어를 활용한 홍보 등의 개선이 요구되었다.

대다수 연구자들은 전시를 통해 발생한 학습량이나 관심을 측정할 수 있는 지표로 관람시간을 사용하는 전통을 이어갔고, 관람시간에 영향

---

132 맨체스터에 있는 과학박물관은 요크(York)의 국립철도박물관, 브레드포드(Bradford)의 국립사진·영화·텔레비전박물관과 자매 관계에 있으며, 이 세 박물관이 국립과학산업박물관(the National Museum of Science and Industry)을 구성한다. 국립과학산업박물관은 40만 점의 소장품을 보유하고 있으며, 연간 270만 명의 관람객을 확보하고 있다.

을 미치는 요인은 학습량에도 동일하게 영향을 미친다는 사실을 입증했다. 예컨대 모리세이K. Morrissey(1991)는 전시의 학습효과와 관람 체류시간의 상관성을 연구했고, 파크J. H. Falk(1983)는 아동을 대상으로 사전 테스트pre-test와 사후 테스트post-test가 관람시간에 미치는 영향을 집중적으로 다루었다(R. M. Russell, 1998: 26). 관람객의 지식과 학습, 기억에 나타난 변화를 측정하기 위해 사전 테스트와 사후 테스트를 실시한 파크는 기억의 정도나 유형이 관람빈도, 체류시간, 전시방식, 관람객 개인의 경험과 지식에 영향을 받는다는 것을 확인했다. 즉, 많이 관람한 장소일수록, 오랜 시간 체류할수록, 전시기법이 쌍방향적인 요소를 갖고 있을 때, 자신에게 익숙한 것과 연관된 전시물일 때 좀 더 오랫동안 많은 것을 기억하고 있었다(양지연, 2003: 46). 자연사박물관 관람객을 연구한 코란과 포스터, 코란J. J. Koran Jr., J. S. Foster, & M. L. Koran(1989)은 시간을 관심의 측정도구로 계량화하고, 다양한 회귀분석을 실시해서 '주의 집중 길이the length of attention'의 폭이 넓을수록 더 많은 학습효과가 발생한다는 결과를 얻었으며, 이후 리커트 형태 척도법Likert Type Scale을 사용해 '관심도the level of interest'를 측정했다.[133]

패터슨과 빗굿D. Patterson & S. Bitgood(1988)은 어린이 관람객을 대상으로 관람에 대한 기억을 유도하는 '회상 테스트recall test'를 실시한 결과, 많은 시간을 소요했던 전시물에 대해 상대적으로 많은 것을 기억함으로써 기억과 관람시간의 상호관련성을 입증했다. 또한 패터슨과 빗굿(1988), 피어스M. Pierce(1989)의 공동 연구에서는 전시물의 동적 특성·크기·위치

---

133 앞서 언급한 연구자와는 달리 비어(V. Beer, 1987)는 특정 전시물 앞에서 걸음을 멈추거나, 레이블을 읽거나, 기계를 작동하거나, 시청각 자료를 이용하는 모든 행동이 관람객의 주의 범위를 측정하는 도구라고 주장했다.

등이 관람시간과 보유력에 영향을 미치는 것으로 나타났다. 특히 피어스는 레이블에 사용된 텍스트의 크기와 정보의 양, 레이블의 위치에 따라 전시 레이블의 효과성이 달라지며, 레이블을 읽는 관람객들이 읽지 않는 관람객들보다 관람시간이 길다고 설명했다. 한편 해슬러 J. K. Haeseler (1989)는 관람 체류시간에 영향을 미치는 요인으로 환경(실내 또는 실외), 전시물의 유인력, 관람활동, 전시물의 특성, 관람편의시설, 관람객의 피로, 계절 혼잡, 관람객의 인구통계적 특성, 시간 한도를 들어 설명했다.

1990년대 연구주제 가운데 새롭게 조명된 것은 관람동기다. 실제로 심리학자나 소비자 행동 연구자는 근본적으로 인간은 동일한 욕구와 동기를 가지고 있으며, 단지 그것을 표현하는 방법에 차이가 있다는 데 동의하고 있다. 이들이 욕구와 동기에 관심을 갖는 이유는 바로 그들 행동의 원인과 이유를 규명하려는 데 있다. 그 이유는 첫째 개인의 동기는 그의 행동보다 안정적이기 때문에 행동예측을 위한 기준이 될 수 있고, 둘째 행동을 유발한 동기를 이해함으로써 향후 관람객의 행동에 영향을 미치거나 적어도 예측된 행동과 부합하는 전략이나 정책을 수립하거나 프로그램을 개발할 수 있기 때문이다.

박물관 경영학적 관점에서 관람동기는 관람객으로 하여금 그들이 기본적으로 추구하는 것basic striving이 무엇인지를 확인시키고 개발하는 데 영향을 미친다. 또한 목표물goal objects이 무엇인지 알게 하고 선택 기준choice criteria의 결정에 영향을 미친다. 예를 들어, 박물관 관련 업종이 있는 관람객들은 전시관람을 통해 새로운 정보를 수집하고 자신의 업무에 대한 전문성을 재충전하기를 바랄 것이다. 어떤 관람객은 자신의 삶을 문화적으로 풍요롭게 하고자 교육프로그램과 특별 행사에 참여하며, 어떤 관람객은 친구나 가족과 함께 일상에서 벗어나 편안한 환경에서 진귀한 유물이나 예술작품과의 만남을 통해 즐겁고 기억에 남는 시각적 체험을 할 것이라는 기대를 품고 박물관을 찾는다. 문화소비라는 관점에서 박물관 관람은 한 번의 소비 경험 자체가 목적으로, 직접 입장권을 구매해 전시를 관람하기 전까지는 전시의 품질을 분별할 수 없는 경험재experiential good에 해당한다(ICOM, 1992: 117). 이러한 경험재적 특성으로 인해, 관람객들은 박물관 관람의 선택에 대한 위험risk을 최소화하고, 관람에 대한 합리적인 의사결정을 위해 다양한 외부 정보원으로부터 사전지식을 구축한다. 이러한 관점에서 파크와 디어킹J. H. Falk & L. D. Dierking, 루미스R. J. Loomis, 애덤스G. D. Adams는 박물관 관람 의사결정에 가장 중요한 영향력을 미치는 요인이 구전을 통한 홍보라고 강조했다. 파크와 디어킹에 의하면, 구전은 사회적이며 자발적인 성향을 지니고 있고 개인의 경험으로부터 발생하기 때문에, 다른 객관적인 정보에 비해 신뢰성·사회적 타당성·진실성을 제공한다.

또한 소비로부터 기대되는 주요 편익이 감정적 반향이라는 관점에서 본다면, 박물관 관람은 기능재think products가 아닌 감각재feel products에 해당하며, 고관여 의사결정 과정의 지배를 받는다. 특히 이미지·느낌·감성적인 측면이 강조된다는 관점에서는 쾌락적 소비상품hedonic product이다. 감각소비라는 개념을 마케팅 분야에 처음 소개한 허시먼과 홀브룩 E. C. Hirschman & M. B. Holbrook(1992)은 "쾌락적 소비란 제품사용 경험에서 다감각적·환상적·정서적 측면과 관련된 소비자 행동의 단면을 나타내는 것"이라고 정의했다(pp. 92~101). 다양한 감각경험을 통해 소비자는 다감각적 충동을 배출하는데, 개인마다 정서적 환기를 가지고 있으며, 이는 제품 선택에 있어서 정서적 욕망이 효용적인 동기를 지배한다고 해석할 수 있다. 즉, 관람이라는 특정 문화상품 소비에 대한 선택은 관람동기와 직접적 관련성이 있음을 의미한다.

관람에 대한 의사결정에 영향을 미치는 요인은 관람객의 지각·학습·

동기·기대·개성·생활 방식·소득·시간 등의 소비자 자원과 같은 개인적 요인과, 문화·사회계층·준거집단, 가족과 같은 사회·문화적 요인으로 구분된다(김영신 외, 2000: 96~97). 관람객 개인별로 동기를 분석하는 것은 현실적으로 불가능하지만, 계층별 접근은 용이하다. 즉, 집단별 유형화된 관람객의 행동 이면에는 유사한 동기가 있기 때문에, 집단별 관람객의 동기와 행동을 분석·예측하는 것이 가능하다는 것을 의미한다. 파크와 디어킹은 관람객의 관람동기를 사회·여가 활용적 이유social-recreational reasons, 교육적 이유educational reasons, 경건한 이유reverential reasons로 분석했는데, 특히 과학박물관이나 자연사박물관의 가족 관람객은 '자녀들의 교육적 혜택(38%)'이 가장 중요한 동기였다(J. H. Falk & L. D. Dierking, 1992: 14).

몇몇 연구자들은 관람동기와 관람객의 여가선용과의 상관성에 관심을 가졌다. 예컨대, 후드는 일반적으로 성인들의 여가선용에 대한 선택기준을 타인과의 상호교류·가치에 대한 추구·편안한 환경·새로운 경험에 대한 도전·학습기회·능동적 참여로 제시하고(J. H. Falk & L. D. Dierking, 1992: 16), 관람동기 측면에서 자주 방문하는 관람객과 가끔 방문하는 관람객 사이에는 본질적인 편차가 존재한다는 사실을 발견했다. 관람빈도에 따라 관람동기가 상이한 것은 본질적으로는 각 집단이 '교육적 잠재력'을 효과적으로 활용할 수 있는 지식과 능력의 차이 때문이다(J. C. Chadwick, 1998). 관람빈도가 높은 관람객은 가치에 대한 추구·새로운 경험에 대한 도전·학습기회와 같은 '내적 동기intrinsic motivation'가, 비관람객과 가끔 방문하는 관람객처럼 관람빈도가 낮은 관람객은 사회적 상호작용·물리적 편안함·적극적 참여 등의 '외적 동기extrinsic motivation'가 관람동기에 영향을 미쳤다(J. C. Chadwick, 1988: 15). 전자는 전시물을 '학습하거나 즐김'으로써 자신의 관심과 욕구를 충족시키며, 후자는 타인과의 교류나 어떤 '보상'을 기대하는 관람객이다(S.S Yalowitz, 2001: 13).

콜브는 문화예술 활동에 참여하는 소비자의 동기를 여가활용과 엔터테인먼트, 사회적·의식적 자아 성장으로 분류했다. 코틀러와 코틀러P. Kotler & N. Kotler(1998)는 관람동기를 여가선용, 타인과의 사회적 교류, 정보 수집을 통한 교육적 체험, 감각적 인지를 통한 심미적 체험, 과거와 관련된 기념비적 체험, 개인의 정서적·정신적 경험의 향상 등 6가지로 분류했다. 또한 웰스와 루미스M. Wells & R. J. Loomis(1998)는 사회적 경험, 학습, 위험, 육체적 활동, 감상, 편안함, 사색, 재미, 진기함, 탐험을, 라이트너J. W. Lightner(2000)는 개인적 관심, 호기심, 개인 이력과의 관련, 집단 영향력을 관람동기로 분석했고, 이러한 동기가 관람객들의 관람행위, 경험, 만족에 결정적인 영향을 미친다고 덧붙였다(Yalowitz, 2001: 14~15).

파크, 모우수리, 컬선J. H. Falk, T. Moussouri, & D. Coulson(1998)은 스미스소니언 국립자연사박물관National Museum of Natural History의 관람객을 대상으로 인터뷰를 실시한 연구에서 6가지 유형의 박물관 관람동기를 중요도에 따라, 교육·엔터테인먼트·사회적 이벤트·생활주기·장소·현실적 고려사항으로 나열했다(Falk & Dierking, 2000: 72). 이어 모우수리는 파크와 함께 국립자연사박물관을 대상으로 심화연구를 실시해, 교육·지식과 엔터테인먼트·여가활동이 관람을 유발하는 가장 지배적인 가치임을 재입증했다. 반면에 델라웨어에 위치한 윈터더스박물

〈그림 8-3〉 스미스소니언 국립자연사박물관

관Winterthus Museum의 관람객조사는 스미스소니언 국립자연사박물관과는 상반된 결과를 제시했다. 〈그림 8-4〉에서 보는 것과 같이, 윈터더스 박물관 관람객의 관람동기에서 가장 높은 비중을 차지한 것은 여가선용(30%)과 학습(29%)이었지만, 즐거움을 위해 방문한 사람은 4%에 불과했다. 결국 그들이 원하는 것은 자신의 소중한 시간을 투자해 유물을 보고 경험하면서 가치를 발견하고, 개인의 삶을 풍요롭게 하고, 정신적·육체적 피로를 잊고 기분을 전환하는 것, 즉 새로운 지식의 발견과 개인적 탐구였다(A. A. Combs, 1999: 192~193).

2013년 기준, 전 세계 박물관 최초로 연간관람객 수가 970만 명이 넘은 루브르박물관의 성공 요인은 10년 이상 주력해온 관람객연구 덕분이다. 관람객 부서에 소속된 '연구평가전망팀Service Études, Evaluation et Prospective'의 핵심 업무는 관람행태와 심리를 이해하고 관람객의 유입을 예측하는 데 필요한 정보를 수집·분석해서 관람객 예측모델을 개발하는 것이다. 이 과정에서 수집된 정보는 관람객에 대한 전망뿐만 아니라 박물관 최고 경영자들이 올바른 의사결정을 통해 정책을 수립하도록 정

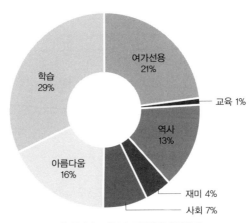

〈그림 8-4〉 윈터더스박물관 관람객의 관람동기

확한 정보를 지원하고 있다.

연구평가전망팀은 전략연구·변수연구·문화서비스 공급 연구·사회학적 연구를 위해 정량적 방법과 정성적 방법을 병용하며, 관람객 수에서부터 전시나 교육프로그램의 학습 효과성·관람동선·관람행태·전시실 개축·야간개장에 이르는 다양한 정보를 수집하고 분석한다. 이를 통해 정책적 방향성 또는 타당성을 제시하거나, 구체적인 전략을 수립한다. 또한 행동학을 근거로 관람행태의 관찰을 통해 전시물에 대한 관람객의 접근 및 이용방식을 연구한다. 예컨대, '모나리자 전시실'의 탄생은 연구평가전망팀이 이루어낸 최고의 성과라 할 수 있다. 과밀도와 군집현상으로 인해 모나리자 전시실은 관람동선에 심각한 문제를 안고 있었는데 연구평가전망팀은 개선방안을 수립하기 위해 관찰을 통한 유동성연구를 했으며, 설문조사를 실시해 관람 만족도에 대한 연구를 병행했다. 유동성 연구에서는 행동학적 관점에서 관람동선·전시실 체류 시간·〈모나리자〉와 함께 전시실에 배열된 작품의 유인력과 보유력·혼잡과 순환·유동성·관람소요시간·군중으로 인해 발생하는 물리적·심리적 불편함과 이러한 요인이 관람 만족도와 관람의 질적수준에 미치는 영향력·동반 관람객과의 상호교류 등을 조사했다. 관람 만족도 조사에서는 관람 후의 행동·루브르박물관에 대한 전반적인 관람 만족도와 '모나리자 전시실'에 대한 관람 만족도를 비교·분석했다.

그 결과, 전시실의 평균 체류시간은 6분 55초(표준 편차 4분 35초), 관람소요시간은 160초, 모나리자 전시실의 관람소요시간은 평균 8.3초로 나타났다. 관람객 수용 능력 측면에서 하루 평균 2만 2,000명이 관람한다고 전제할 때 최소 250m²의 면적이 필요하며, 전시실의 최적 수용 인원은 450명을 초과할 수 없었다. 관람유형 관점에서 본 결과, 근접 관람(개미 관람), 우왕좌왕 관람(나비 관람), 점 관람(메뚜기 관람), 미끄러지기

관람(물고기 관람), 목표 관람(포식 관람) 가운데 가장 높은 비율을 차지한 것은 목표 관람이었다. 전체 관람객의 25%를 차지하는 '모나리자 집단'이라고 불리는 관람객은 〈모나리자〉 한 작품만 감상한 후 전시실을 나갔다.[134] 이 연구결과를 근거로 4년의 보수를 거쳐 2005년 4월에 새롭게 개장한 '국가의 방Salle des Etats'은 전과 달리 관람순환의 역동성, 관람동선, 관람환경·관람객 흐름에 대한 조절 방법이 제시되었다.

연구평가전망팀의 업무 가운데 가장 중요한 우선순위를 차지하는 것은 관람객에 대한 지표개발을 위해 구축된 '관람객 예측 시스템'이다. 이 예측 시스템을 통해 도출된 데이터와 실제 데이터와의 편차가 거의 발생하지 않아서 데이터의 정확성과 신뢰성이 탁월하다는 평가를 받고 있다. 지표개발은 전략연구와 변수연구에서 가장 비중이 높은 연구주제로서, 관람객 프로파일·루브르박물관 내부의 관람객 유인력·박물관에 대한 인지도·국제정세(정치·경제·지리학·사회·보건·문화 등)와 국내 정세의 변화(파업·대규모 전시의 개최·휴가·날씨 등)가 관람객 수, 관람빈도, 관람이용시간 등에 미치는 영향력을 변수로 사용한다. 또한 사회 심리학적 이론을 근거로, 매년 정량적 방식의 마케팅 조사와 전시나 교육과 관련된 정성적 연구를 통해 루브르박물관과 관람객에 대한 정보를 자체적

---

134 베론(Veron)과 르바쇠르(levasseur)는 관람유형을 5가지로 분류했는데, 각각의 특성은 아래와 같다.
- 근접 관람(개미 관람): 비교적 철저한 관람유형. 전체 전시공간의 반 이상에 세심한 관심을 보이며 많은 작품(최소 6개)을 관람한다.
- 우와좌왕 관람(나비 관람): 이쪽에서 몇 작품, 저쪽에서 몇 작품 돌아다니며 관람한다.
- 점 관람(메뚜기 관람): 뛰어다니며 관람하기. 여기서 한 작품, 저기서 한 작품씩 감상해 결국에는 적은 수의 작품만 보게 된다. 〈모나리자〉와 〈가나의 혼인식〉을 제외하고 4개 이상의 작품을 감상하지 않는다.
- 미끄러지기 관람(물고기 관람): 전시실을 그냥 통과해 지나가는 경우. 한 작품을 감상하기 위해 잠시 멈출 뿐이다.
- 목표 관람(포식 관람): 제한된 일정 목표를 둔 관람. 〈모나리자〉 한 작품, 〈가나의 혼인식〉 한 작품, 혹은 이 둘만 감상하려고 전시실에 입장한다.

으로 축적하고 있다.[135]

연구평가전망팀은 관람객 유입을 예측하기 위해 연간 관람빈도를 주요변수로 사용한다. 관람빈도는 경제적 효과뿐만 아니라 고용유지, 박물관 전문인력의 근무 환경, 전시물의 안정성, 관람동선의 관리 및 유지 등에 영향을 미친다. 특히 무료입장 기간이나 블록버스터 기획전시의 경우, 관람객 수는 '과포화 관람빈도hyper fréquentation'에 놓이기 때문에 관람동선의 관리 및 유지를 재정비해야 한다.[136] 연간 관람빈도에 대한 연구결과는 전시실의 증축 및 개보수, 지정학적 구분에 의한 전시기획, 이슬람 전시실과 루브르 렁스 개관 등의 전시 개발 정책, 기획전시, 출간 행사, 과학·미디어를 통한 국제적 파트너십 형성 등 국제문화관광에 부응한 문화정책과 전시매체정책에 반영되고 있다.

루브르박물관이 생활환경관찰연구소Centre de recherche pour l'étude et l'observation des conditions de vie(2005)와 공동으로 진행한 연간 관람빈도율의 변동치 연구의 경우, 입장료 판매수익을 종속변수로 설정하고, 계절적·월별 요인들(휴가 기간의 여가활동 및 관광 성향 등), 문화프로그램의 요인(새로운 전시관 개관, 기획전시 등), 그리고 지정학적 요인과 홍보매체 관련 요인(정치적 소요, 분쟁, 특별 이벤트의 강력한 홍보 활동 등)을 독립변수로 설정했다. 이 과정에서 연구팀은 독립변수를 중요도에 따라 분류하고, 관람빈도에 영향을 미칠 수 있는 새로운 독립변수나 외생변수 가운데 독립변수로 전환될 수 있는 요인의 확인에 집중했다. 관람빈도예측 모델에

---

135 예를 들어, 관람객들이 낮에 방문하길 원하는지 혹은 저녁 시간에 오길 원하는지를 알기 위해 관람객들의 외출 행태·시간·방식을 분석하기도 하고, 가격 변화에 대한 관람객들의 반응을 진단하기 위해 입장권과 입장 요금에 대한 연구를 실시했다.
136 관람빈도의 수준은 관람경험의 질적수준, 안내 시설, 학습효과, 만족도에 따라 달라질 수 있으며, 지정학적 요인, 경제적 영향력이나 정치적 혼란 등에 의해 부정적인 영향을 받는다.

대한 연구는 관람에 관한 독립변수의 연구, 관람에 영향을 미친 독립변수의 연구, 독립변수의 선택과 모델의 지수평가, 3년간의 관람빈도 예측,

연도	연구내용	연구방법
2003	야간개장 관람객들의 유형, 방문 동기 및 장애요인, 정책 변화의 파급효과 연구	정량적/ 정성적
	박물관 개관 시간 연장에 대한 반응 연구	정량적/ 정성적
	특별 및 기획전시 관람객을 대상으로 한 입장료 가격 정책에 대한 의견 조사	정량적/ 정성적
	전산망 구축을 통한 관람객 수 측정에 대한 연구	정성적
2004	밀로의 비너스의 작품 위치 변경에 따른 동선의 변화 및 관람객의 행동 유형 분석	정성적
	출간 기획 중인 〈루브르 소식지(Une revue a l'image du Louvre)〉에 대한 반응을 '루브르의 친구들'을 상대로 조사	정량적
	루브르박물관의 무료 출판물에 대한 다양한 요구 연구	정성적
	야간개장 무료입장에 대한 반응을 18~25세 관람객을 대상으로 연구	정량적/ 정성적
	관람 만족도의 측정 및 이에 대한 영향 요인 분석	정성적
2005	내부 요인과 외부 요인을 변수화하여, 유료 관람객 수 변동에 대한 계량 경제학 모델 구축 및 시뮬레이션을 통해 차후 박물관 정책 변화(가격 정책의 차별화, 인지도 높은 프로그램 개발)에 따른 관람객 수 예측	정량적
	응용비교행동학적 관점에서 모나리자 전시실 재개관 후 관람객 만족도(작품 재배치·전시환경 개선 효과·관람 장애 요인)	정량적/ 정성적
	'고대 이탈리아 장신구, 캄파나 후작 콜렉션(Bijoux de l'Italie antique. La Collection du marquis Campana)' '앵그르Ingres' 등 특별전시의 명칭이 전달하는 전시에 대한 이미지와 시각 홍보 매체와의 상관관계 연구 및 관람객의 전시에 대한 기대 사항	정성적
2006	루브르박물관의 관람객 유인력과 관람객 유형 분석 루브르-렁스의 잠재 관람객 수의 양적 분석 관람객 구성 및 관람 장애 요인에 관한 유형 연구	정량적/ 정성적
	신설 예정인 이슬람 전시실의 잠재 관람객 분석 실제 관람객과 잠재 관람객에 대한 유형(비정기 및 정기 관람객 등의 전통적 관람객과 외국인 등의 장거리 관람객) 연구	정성적

〈표 8-1〉 2003~2006년 연구평가전망팀의 전략연구 사례(출처: 루브르박물관 연구평가전망팀)

마지막으로 특정 독립변수가 관람빈도에 미친 영향력 평가 등 여러 단계로 구성되었다.

관람빈도 예측모델을 개발하기 위한 첫 번째 작업은 관람빈도에 영향을 미칠 수 있는 몇 가지 설명적 변수를 결정하는 것이었다. 이에 1993년부터 2004년까지 연간 500~700만 명에 달하는 입장권 판매량을 집계한 후, 거주지역에 따라 독립변수가 변할 수 있다는 가정 아래 지리적 범주에 따라 일드프랑스 지역 유료 관람객 수, 기타 프랑스 지역 유료 관람객 수, 유럽 지역 유료 관람객 수, 기타 지역 유료 관람객 수로 유형화했다. 그런 다음 관람객 집단 4개마다 각기 다른 4가지의 관람유형을 예측했고, 4가지의 예측을 하나로 통합해서 루브르박물관의 전체 유료 관람객 수를 전망했다. 두 번째 작업은 1994년부터 2004년까지 관람객 수치의 증감을 설명할 수 있는 독립변수를 설정하고 비독립변수와의 상관관계를 밝히는 것이었다. 이 과정에서는 105개의 하위변수로 구성된 독립변수가 8개의 주제(입장료·전시 공급 변수·경제적 변수·교통 지수·소비자 행동지수·정치적변수·월별변수·환경변수)로 유형화되었다. 여기에는 루브르박물관의 업무나 정책에 관련된 내인성변수(가장 인기 있었던 기획전시·관람료 인상·노사 분규)와 관광 및 여가활동에 유의미한 외인성변수(휴가 일정·가계소비지수와 같은 경제 지수·환율의 변화·정치적 변수나 기상학적 변수)가 포함되었다.

주요 연구결과를 살펴보면, 연간 관람빈도율의 변동치에 가장 중요한 요인으로 작용한 것은 외국인 관광객의 방문이었다. 지정학적으로 분류한 4개 관람객 집단의 공통적인 첫 번째 독립 요인은 가계소비였고, 두 번째로는 9·11 테러 사건과 같은 사회불안 요인이 장거리 관람객(유럽 및 기타 지역)에 비해 근거리 관람객에게 독립변수로 유의미했다. 기타 프랑스 지역이나 유럽 및 기타 지역 관람객 집단에 비해, 근거리 관람객에게는 가계소비지수, 입장료, 9·11 테러 사건에 따른 사회불안 요인이 강하게 작용했다. 유럽 지역 관람객의 경우, 입장료보다는 박물관의 유인력과 관련된 지수들이 유의미하게 작용했다. 또한 소비자 구매력과 같은 경제지수가 외국인 관광객의 박물관 관람 의사결정에 중요 요인으로 나타난 반면, 입장료와 같은 금전적 고려사항, 여가활용, 외부적인 문화활동의 다양한 선택 가능성이 일드프랑스 지역 관람객의 관람 의사결정에 매우 큰 영향력을 미치는 것으로 나타났다.

부록
1

박물관 경영 관련법규

박물관 및 미술관 진흥법

[시행 2010. 12. 11] [법률 제10367호, 2010. 6. 10, 일부개정]

문화체육관광부 (문화여가정책과(박물관)) 02-3704-9443

제1장 총칙

제1조(목적) 이 법은 박물관과 미술관의 설립과 운영에 필요한 사항을 규정하여 박물관과 미술관을 건전하게 육성함으로써 문화·예술·학문의 발전과 일반 공중의 문화향유(文化享有) 증진에 이바지함을 목적으로 한다.

제2조(정의) 이 법에서 사용하는 용어의 뜻은 다음과 같다. 〈개정 2007. 7. 27, 2009. 3. 5〉

1. '박물관'이란 문화·예술·학문의 발전과 일반 공중의 문화향유 증진에 이바지하기 위하여 역사·고고(考古)·인류·민속·예술·동물·식물·광물·과학·기술·산업 등에 관한 자료를 수집·관리·보존·조사·연구·전시·교육하는 시설을 말한다.

2. "미술관"이란 문화·예술의 발전과 일반 공중의 문화향유 증진에 이바지하기 위하여 박물관 중에서 특히 서화·조각·공예·건축·사진 등 미술에 관한 자료를 수집·관리·보존·조사·연구·전시·교육하는 시설을 말한다.

3. "박물관자료"란 박물관이 수집·관리·보존·조사·연구·전시하는 역사·고고·인류·민속·예술·동물·식물·광물·과학·기술·산업 등에 관한 인간과 환경의 유형적·무형적 증거물로서 학문적·예술적 가치가 있는 자료 중 대통령령으로 정하는 기준에 부합하는 것을 말한다.

4. "미술관자료"란 미술관이 수집·관리·보존·조사·연구·전시하는 예술에 관한 자료로서 학문적·예술적 가치가 있는 자료를 말한다.

제3조(박물관·미술관의 구분) ① 박물관은 그 설립·운영주체에 따라 다음과 같이 구분한다.

1. 국립박물관: 국가가 설립·운영하는 박물관

2. 공립박물관: 지방자치단체가 설립·운영하는 박물관

3. 사립박물관: 「민법」, 「상법」, 그 밖의 특별법에 따라 설립된 법인·단체 또는 개인이 설립·운영하는 박물관

4. 대학박물관: 「고등교육법」에 따라 설립된 학교나 다른 법률에 따라 설립된 대학 교육 과정의 교육기관이 설립·운영하는 박물관

② 미술관은 그 설립·운영주체에 따라 국립미술관, 공립미술관, 사립미술관, 대학미술관으로 구분하되, 그 설립·운영의 주체에 관하여는 제1항 각 호를 준용한다.

제4조(사업) ① 박물관은 다음 각 호의 사업을 수행한다. 〈개정 2007. 7. 27〉

1. 박물관자료의 수집·관리·보존·전시

2. 박물관자료에 관한 교육 및 전문적·학술적인 조사·연구

3. 박물관자료의 보존과 전시 등에 관한 기술적인 조사·연구

4. 박물관자료에 관한 강연회·강습회·영사회(映寫會)·연구회·전람회·전시회·발표회·감상회·탐사회·답사 등 각종 행사의 개최

5. 박물관자료에 관한 복제와 각종 간행물의 제작과 배포

6. 국내외 다른 박물관 및 미술관과의 박물관자료·미술관자료·간행물·프로그램과 정보의 교환, 박물관·미술관 학예사 교류 등의 유기적인 협력

7. 그 밖에 박물관의 설립목적을 달성하기 위하여 필요한 사업 등

② 미술관 사업에 관하여는 제1항을 준용한다. 이 경우 제1호부터 제5호까지의 규정 중 "박물관자료"는 "미술관자료"로 보며, 제6호 및 제7호 중 "박물관"은 "미술관"으로 본다.

제5조(적용 범위) 이 법은 자료관, 사료관, 유물관, 전시장, 전시관, 향토관, 교육관, 문서관, 기념관, 보존소, 민속관, 민속촌, 문화관, 예술관, 문화의 집, 야외전시 공원 및 이와 유사한 명칭과 기능을 갖는 문화시설 중 대통령령으로 정하는 바에 따라 문화체육관광부장관이 인정하는 시설에 대하여도 적용한다. 다만, 다른 법률에 따라 등록한 시설은 제외한다. 〈개정 2008. 2. 29, 2009. 3. 5〉

제6조(박물관·미술관 학예사) ① 박물관과 미술관은 대통령령으로 정하는 바에 따라 제4조에 따른 박물관·미술관 사업을 담당하는 박물관·미술관 학예사(이하 "학예사"라 한다)를 둘 수 있다.

② 학예사는 1급 정(正)학예사, 2급 정학예사, 3급 정학예사 및 준(準)학예사로 구분하고, 그 자격제도의 시행 방법과 절차 등에 필요한 사항은 대통령령으로 정한다.

③ 학예사는 국제박물관협의회의 윤리강령과 국제 협약을 지켜야 한다.

제7조(운영 위원회) ① 제16조에 따라 등록한 국·공립의 박물관과 미술관(각 지방 분관을 포함 한다)은 전문성 제고와 공공 시설물로서의 효율적 운영 및 경영 합리화를 위하여 그 박물관이나 미술관에 운영 위원회를 둔다.

② 운영 위원회의 구성과 운영에 필요한 사항은 대통령령으로 정한다.

제8조(재산의 기부) 「민법」, 「상법」, 그 밖의 특별법에 따라 설립된 법인·단체 및 개인은 박물관이나 미술관 시설의 설치, 박물관자료 또는 미술관자료의 확충 등 박물관이나 미술관의 설립·운영을 지원하기 위하여 금전이나 그 밖의 재산을 박물관이나 미술관에 기부할 수있다.

제9조(박물관 및 미술관 진흥 시책 수립) ① 문화체육관광부장관은 국·공·사립 박물관 및 미술관의 확충, 지역의 핵심 문화시설로서의 지원·육성, 학예사 양성 등 박물관 및 미술관 진흥을 위한 기본 시책을 수립·시행하여야 한다. 〈개정 2008. 2. 29〉

② 국립박물관과 국립미술관을 설립·운영하는 중앙 행정기관의 장은 제1항에 따른 기본 시책에 따라 소관 박물관과 미술관 진흥 계획을 수립·시행하여야 한다.

③ 지방자치단체의 장은 제1항에 따른 기본 시책에 따라 해당 지방자치단체의 박물관 및 미술관 진흥 계획을 수립·시행하여야 한다.

제2장 국립박물관과 국립미술관

제10조(설립과 운영) ① 국가를 대표하는 박물관과 미술관으로 문화체육관광부장관 소속으로 국립중앙박물관과 국립현대미술관을 둔다. 〈개정 2008. 2. 29〉

② 민속자료의 수집·보존·전시와 이의 체계적인 조사·연구를 위하여 문화체육관광부장관 소속으로 국립민속박물관을 둔다.〈개정 2008. 2. 29〉

박물관 및 미술관 진흥법 시행령

[시행 2012. 5. 1] [대통령령 제23759호, 2012. 5. 1, 타법개정]

문화체육관광부 (문화여가정책과(박물관)) 02-3704-9443

제1조(목적) 이 영은 「박물관 및 미술관 진흥법」에서 위임된 사항과 그 시행에 필요한 사항을 규정함을 목적으로 한다.

제1조의2(박물관자료의 기준) 「박물관 및 미술관 진흥법」(이하 "법"이라 한다) 제2조제3호에서 "대통령령으로 정하는 기준"이란 다음 각 호와 같다.

1. 박물관의 설립목적 달성과 법 제4조의 사업 수행을 위하여 보존 또는 활용이 가능한 증거물일 것

2. 무형적 증거물의 경우 부호·문자·음성·음향·영상 등으로 표현된 자료나 정보일 것

[본조신설 2009. 6. 4]

제2조(문화시설의 인정) ① 문화체육관광부장관이 법 제5조에 따라 법이 적용되는 문화시설을 인정하려면 법 제4조제1항 각 호에 따른 사업을 수행할 목적으로 설치·운영되는 동물원이나 식물원 또는 수족관 중에서 인정하여야 한다. 〈개정 2008. 2. 29, 2009. 6. 4〉

② 문화체육관광부장관은 제1항에 따라 법의 적용을 받는 문화시설을 인정하려면 「문화재보호법」에 따른 문화재위원회의 의견을 들을 수 있다. 〈개정 2008.2.29〉

제3조(학예사 자격요건 등) ① 법 제6조제1항에 따른 박물관·미술관 학예사(이하 "학예사"라 한다) 자격을 취득하려는 자는 학예사 업무의 수행과 관련된 실무경력 등 별표 1의 자격요건을 갖추어 문화체육관광부장관에게 자격요건의 심사와 자격증 발급을 신청하여야 한다.

이 경우 준학예사자격을 취득하려는 자는 문화체육관광부장관이 실시하는 준학예사 시험에 합격하여야 한다. 〈개정 2008. 2. 29〉

② 문화체육관광부장관은 신청인의 자격요건을 심사한 후 별표 1의 자격요

건을 갖춘 자에게는 자격증을 내주어야 한다. 〈개정 2008. 2. 29〉

③ 학예사 자격요건의 심사, 자격증의 발급신청과 발급 등에 필요한 사항은 문화체육관광부령으로 정한다. 〈개정 2008. 2. 29〉

제4조(준학예사 시험) ① 제3조제1항 후단에 따른 준학예사 시험은 연 1회 실시하는 것을 원칙으로 한다. 〈개정 2008. 2. 29, 2009. 1. 14〉

② 문화체육관광부장관은 제1항에 따라 준학예사 시험을 실시할 때에는 준학예사 시험의 시행 일시 및 장소를 시험 시행일 90일 전까지 공고하여야 한다. 〈신설 2012. 5. 1〉

③ 제1항에 따른 준학예사 시험의 방법은 필기시험에 의하되, 공통과목은 객관식으로, 선택과목은 주관식으로 시행한다. 〈개정 2012. 5. 1〉

④ 준학예사 시험 과목은 다음 각 호와 같다. 〈개정 2012. 5. 1〉

1. 공통과목：박물관학 및 외국어(영어·불어·독어·일어·중국어·한문·스페인어·러시아어 및 이탈리아어 중 1과목 선택)

2. 선택과목：고고학·미술사학·예술학·민속학·서지학·한국사·인류학·자연사·과학사·문화사·보존과학 및 전시기획론 중 2과목 선택

박물관 및 미술관 진흥법 시행규칙

[시행 2011. 3. 17] [문화체육관광부령 제80호, 2011. 3. 17, 일부개정]

문화체육관광부 (문화여가정책과(박물관)) 02-3704-9443

제1조(목적) 이 규칙은 「박물관 및 미술관 진흥법」과 같은 법 시행령에서 위임된 사항과 그 시행에 필요한 사항을 규정함을 목적으로 한다.

제2조(학예사 자격요건 심사 및 자격증 발급 신청서 등) ① 「박물관 및 미술관 진흥법」(이하 "법"이라 한다) 제6조제1항과 같은 법 시행령(이하 "영"이라 한다) 제3조제1항에 따른 박물관·미술관 학예사(이하 "학예사"라 한다)의 등급별 자격을 취득하려는 자는 별지 제1호 서식의 학예사 자격요건 심사 및 자격증 발급 신청서에 다음 각 호의 서류 중 해당 서류와 반명함판 사진 2장을 첨부하여 문화체육관광부장관에게 제출하여야 한다. 〈개정 2008. 3. 6〉

1. 해당 기관에서 발급한 재직경력증명서 또는 실무경력확인서

2. 학예사 자격증 사본

3. 최종학교 졸업증명서

4. 최종학교 학위증 사본

② 제1항제1호에 따른 재직경력증명서와 실무경력확인서는 각각 별지 제2호 서식과 별지 제3호서식에 따른다.

③ 영 제3조제2항에 따른 학예사 자격증은 별지 제4호서식에 따른다.

제3조(응시원서 및 응시수수료) ① 영 제4조제1항에 따른 준학예사 시험에 응시하려는 자는 별지 제5호서식의 준학예사 시험 응시원서를 작성하여 문화체육관광부장관에게 제출하여야 한다. 〈개정 2008. 3. 6, 2008. 8. 27〉

1. 삭제〈2008. 8. 27〉

2. 삭제〈2008. 8. 27〉

② 준학예사 시험에 응시하려는 자는 문화체육관광부장관이 정하는 바에 따라 응시수수료를 내야 한다. 〈개정 2008. 8. 27〉

③ 준학예사 시험에 응시하려는 사람이 납부한 응시수수료에 대한 반환기준은 다음 각 호와 같다.〈신설 2011. 3. 17〉

1. 응시수수료를 과오납한 경우: 그 과오납한 금액의 전부

2. 시험 시행일 20일 전까지 접수를 취소하는 경우: 납입한 응시수수료의 전부

3. 시험관리기관의 귀책사유로 인해 시험에 응시하지 못한 경우: 납입한 응시수수료의 전부

4. 시험 시행일 10일 전까지 접수를 취소하는 경우: 납입한 응시수수료의 100분의 50

제4조(박물관·미술관 학예사 운영 위원회의 구성 및 운영) ① 영 제5조에 따른 박물관·미술관 학예사 운영 위원회는 박물관·미술관계 및 학계 등의 인사 중에서 문화체육관광부장관이 위촉하는 10명 이내의 위원으로 구성한다.〈개정 2008. 3. 6〉

② 제1항에 따른 박물관·미술관 학예사 운영 위원회는 다음 각 호의 사항을 심의한다.

1. 준학예사 시험의 기본 방향

2. 학예사 자격 취득 신청자의 등급별 학예사 자격요건의 심사

부록
2

각종 관련 서식의 사례

MUSEUM MANAGEMENT
AND MARKETING

매도신청유물 임시보관증

귀하

상기인이 별첨의 자필로 매도 신청한   건   점의 유물을 우리 관에서 정히 보관합니다.
　(본 유물보관증은 어떠한 경우라도 양도 또는 담보제공물이 될 수 없으며 유물반환 및 유물매매계약시 필히 반환하여야 합니다)
　(본 유물보관증은 당관 유물구입건 외 유물의 진위 및 평가서등의 증거 자료로 임의 활용될 수 없습니다)

붙임 : 자필 유물매도신청서 사본 1부. 끝.

년　　월　　일

국 립 중 앙 박 물 관

유물관리부

담당자:

＊　 월　 일까지 심사완료 후 구입여부를 확정 통보할 예정입니다.
　궁금한 사항이 있으시면 아래 연락처로 연락 주십시오.
전화:　　　　　　　　　　　팩스:
E-mail:

유물매도신청서

							*신청 순서
연번	명칭	수량/책수	시대/간행연대	크기	구조특징/판본	요구액	*접수유물
1							
2							
3							
4							
5							
6							
7							
8							
9							
10							
11							
12							
13							
14							
15							
계	*서류 접수	건 점					
계	*유물 접수	건 점					

1. 위 유물은 도굴품(도난품)이 아님을 확인하며, 도굴품(도난품)으로 판명될 때에는 매도 금액의 전액 환수 등 어떠한 불이익이라도 감수하겠습니다.
2. 위 유물 중 구입 대상으로 선정되지 않은 유물은 즉시 회수하겠습니다.
3. 본 매도신청서를 귀관 유물 구입 건 외 유물의 진위 및 평가서 등의 증거 자료로 임의 활용하지 않겠습니다.

서류 접수	년 월 일	성 명 :	(인)
유물 접수	년 월 일	성 명 :	(인)

신청인 주소:
주민등록번호:
상호:
사업자등록번호:
연락전화: 휴대전화:

국립중앙박물관장 귀하

〈서식 3〉 국립중앙박물관 유물매매계약서 서식(출처: 국립중앙박물관예규편람, 2011: 33)

유물매매계약서	계약번호 제 호
	공고번호 제 호

계약자	발주처	
	계약상대자	

계약내용	유물명 및 수량	〈 〉등 건 점 (별첨 참조)
	계약금액	금 원정(₩ , 제세 포함)
	총제조부기금액	금 원정(₩ , 제세 포함)
	계약보증금	면제
	지체상금율	1,000분의 1.5
	물가변동계약금액 조정방법	해당없음
	납품일자	
	납품장소	국립중앙박물관
	기타사항	기타 국가계약법령 및 회계예규에 의함.

○ 국립중앙박물관 재무관과 계약상대자는 상호 대등한 입장에서 상기 유물에 대한 매매 계약을 체결함에 있어, 국립중앙박물관 재무관은 계약상대자가 지정하는 은행을 통하 여 대금을 지급하고, 이와 동시에 계약상대자는 유물에 대한 모든 권리가 국립중앙박 물관에 귀속됨에 동의하며, 이후 유물에 대한 모든 권리나 계약 금액에 대하여 일체의 이의를 제기하지 않는다.

○ 계약상대자는 매매된 유물이 매장문화재, 도굴품, 장물 등 불법적인 유물인 경우에 유 물 대금의 환수 및 향후 어떠한 처벌도 감수할 것을 서약한다.

○ 본 계약의 증거로서 계약서를 작성하며 당사자가 기명날인한 후 각각 1통씩 보관한다.

※ 붙임 : 유물명세 및 매도 동의서 1부.

.   .   .

계약담당공무원: 국립중앙박물관 재무관   (인)

계약상대자: (인)

〈서식 4〉 국립중앙박물관 유물명세 및 매도동의서 서식
(출처: 국립중앙박물관예규편람, 2011: 34)

유물명세 및 매도동의서

성   명:

주   소:

유물명세:〈   〉등 건   점 (별첨 참조)

금   액: 일금   원정(₩   , 제세 포함)

  본인 소유 유물〈   〉등   건   점 (별첨 참조) 을 일금
원정(제세 포함)에 매도할 것을 동의함.

년   월   일

매 도 인 성   명: (인)

주민등록번호:

국 립 중 앙 박 물 관 장   귀 하

〈서식 5〉 국립중앙박물관 유물기증원 서식(출처: 국립중앙박물관예규편람, 2011: 36)

유물기증원

명칭	수량	크기	비고

"국립중앙박물관 소장유물관리 규정" 중 수증에 관한 규정(제2장 제2절)에 따라 위의 유물을 국립○○박물관에 정히 기증합니다.

년   월   일

성명(단체명):   (날인 또는 서명)

주민등록번호:

주소:

전화번호: 휴대전화:

국립○○박물관장 귀하

〈서식 6〉 국립중앙박물관 기탁신청서

제 호

기탁신청서

명칭	수량	크기	비고

1. 국립중앙박물관 소장유물관리 규정 중 수탁에 관한 규정(제3장 제5절)에 따라 위의 유물을 기탁하고자 합니다.

   가. 기탁사유:

   나. 기   간:

2. 본인은 기탁기간 중 위 유물의 귀관 활용(전시와 학술연구)에 동의합니다.

                                                      년   월   일

        성명(단체명):   (날인 또는 서명)

        주민등록번호:

        주소:

        전화번호: 휴대전화:

                국립○○박물관장 귀하

〈서식 7〉 국립중앙박물관 유물수입명세서

소장구분				유물번호	
명칭					
국적/시대			수량		점( )
현존여부			연대		
장르			작자/제작처		
재질					
용도기능					
크기					
출토지					
입수일자			입수연유		
입수처					
입수주소					
가격			등록일자		
사진번호			무게		
특징					
문장양식					
명문	구분:				
발굴일자	내용:				
유물상태			위도/경도		
문화재지정		지정호수	지정일자		
참고자료					
자료기록자			자료입력자		
격납일자및 위치					

〈서식 8〉 국립중앙박물관 유물카드(위는 앞면, 아래는 뒷면)

유물카드(앞면)

	재질		시대	
수장연유	출토지			
	2003년			
크기				
특징				
사진번호				

유물이동현황

년	월	일	수량	보관구분	격납처		보관처	현수량

〈서식 9〉 국립중앙박물관 유물등록대장

유물 번호	명칭		수량		국적/시대		재질		사진
	입수일자/연유/처/가격				출토(소)지				
	크기								
	특징								
유물 번호	명칭		수량		국적/시대		재질		사진
	입수일자/연유/처/가격				출토(소)지				
	크기								
	특징								
유물 번호	명칭		수량		국적/시대		재질		사진
	입수일자/연유/처/가격				출토(소)지				
	크기								
	특징								

소계   건   점 / 누계   건   점

〈서식 10〉 국립중앙박물관 소장유물 등록정보 변경신청서

소장유물 등록정보 변경신청서
(수입명령 변경용-영구보관)

결재	담당	분임유물관리관	유물관리관

신청자		신청일	
입력자		입력일	

연번	유물번호	유물명칭	상태			변경내용
			유물	화면	장황	
1						
2						
3						
4						
5						
6						
7						
8						
9						
10						
소계						

참고문헌

국내문헌

- 강민기 (2002), 박물관이란 용어의 성립과정과 제도의 한국도입, 미술사학회, 제 17집, pp. 33-58.
- 게리 에드슨·데이비드 딘 (2001), 21세기 박물관 경영, 이보아 옮김, 서울: 시공사.
- 국립민속박물관 (2012), 생활문화연구, 2012년 12월호, 서울: 국립민속박물관.
- 국립중앙박물관 (2007), 박물관 및 미술관 진흥법 개정방안에 대한 연구, 서울: 국립중앙박물관.
- 국립중앙박물관 (2013), 국립중앙박물관 예규편람, 서울: 국립중앙박물관.
- 국립중앙박물관 (2014), 국립중앙박물관 예규편람, 서울: 국립중앙박물관.
- 국립중앙박물관·한국행정연구원 (2007), 국립중앙박물관 조직 및 업무진단, 서울: 국립중앙박물관.
- 국립현대미술관 (2012), 국립현대미술관 조직 및 인력운영방안연구, 경기도: 국립현대미술관.
- 국립현대미술관 (2014), 국립현대미술관 규정집, 경기도: 국립현대미술관.
- 국성하 (2013), 제국주의 시대의 프랑스 박물관, 한국박물관학회박물관학총서, 서울: 민속원, pp. 199~208.
- 김광억 (1998), 일제시기 토착 지식인의 민족 문화 인식의 틀, 비교문화연구, 4(19), 서울: 서울대학교비교문화연구소, pp. 82~83.
- 김상태 (2012), 큐레이터를 위한 박물관 소장품의 수집과 관리, 서울: 예경.
- 김영신 외 (2000), 소비자 의사결정, 서울: 교문사.
- 김인덕 (2011), 조선총독부박물관 전시에 대한 소고: 시기별 본관 전시실을 중심으로, 재일동포 박물관과 글로벌 디아스포라, 전남대학교 세계한상문화연구단 국제학술회의, pp. 63~83.
- 나애리 (2006), 1980년대 이후 프랑스 박물관의 변화와 문화정책, 프랑스문화예

술연구, 8(3), pp. 67~93.

• 노재령 (1990), 관람객과의 커뮤니케이션 개선을 위한 미술관 관람객 분석: 캐나다 로얄 온타리오 박물관의 관람객연구를 중심으로, 서울: 현대미술관연구 제2집, p. 87.

• 닐 코틀러·필립 코틀러 (2005), 박물관 미술관학: 뮤지엄 경영과 전략, 한종훈 옮김, 서울: 박영사.

• 다니엘 지로디·앙리 뷔이예 (1996), 미술관 박물관이란 무엇인가, 김혜경 옮김, 서울: 화산문화.

• 대니얼 지로디 (1996), 미술관, 박물관이란 무엇인가, 김혜경 옮김, 서울: 화산문화.

• 류정아·김현경 (2013), 수집 행위의 인류학적 기원과 상징적 가치, 인류에게 왜 박물관이 필요했을까? 한국박물관학회박물관학총서, 서울: 민속원, pp. 83~102.

• 목수현 (2000), 일제하 이왕가 박물관의 식민지적 성격, 한국미술사학회, Vol.-No.227, pp. 81~104.

• 문화관광부 (1997), 21세기 박물관 발전정책 및 프로그램 개발연구, 서울: 문화관광부.

• 문화관광부 (2011), 학예사 제도 및 미술관 평가체계개선을 통한 미술관 발전방안 연구, 서울: 문화관광부.

• 문화체육관광부 (2013), 박물관 평가인증제 평가영역 및 평가기준연구, 서울: 문화체육관광부.

• 박신의 (2009), 문화예술경영의 경영학적 토대와 창의적 확산, 한국문화경제학회 문화경제연구, 12(1), pp. 75~105.

• 박윤덕 (2013), 시민혁명과 박물관. 인류에게 왜 박물관이 필요했을까? 한국박물관학회박물관학총서, 서울: 민속원, pp. 123~138.

• 박윤옥 (2013), 세계 각 지역에서 박물관 기능을 한 기관들. 인류에게 왜 박물관이 필요했을까?, 한국박물관학회박물관학총서, 서울: 민속원, pp. 63~82.

• 박정애 (2002), 포스트모던 미술, 미술교육론, 서울: 시공사.

• 박정주 (2005), 국공립문화예술기관의 운영형태에 관한 연구, 추계예술대학교 예술경영대학원 석사학위논문.

- 베네딕트 앤더슨 (2002), 상상의 공동체: 민족주의의 기원과 전파에 대한 성찰, 윤형숙 옮김, 서울: 나남출판.
- 보니타 M. 콜브 (2001), 문화예술기관의 마케팅, 이보아 옮김, 서울: 김영사.
- 상명대학교 산학협력단 (2011), 학예사 제도 및 미술관 평가체계개선을 통한 미술관 발전방안 연구, 서울: 상명대학교.
- 서명애·이상복 (2008), 품질경영을 도입한 박물관 마케팅 활성화에 관한 실증 연구, 품질경영학회지, 36(4), pp. 7~18.
- 서성록 (1998), 한국의 현대미술, 서울: 문예출판사.
- 서성무·이지우 (2006), 경영학의 이해, 서울: 형설출판사.
- 서울특별시 역사문화재과 (2013), 서울역사박물관 유물수집 및 관리조례, 서울: 서울특별시.
- 서원주 (2013), 동서양 박물관 명칭의 어원과 용례, 한국박물관학회박물관학총서, 서울: 민속원, pp. 37~62.
- 심상용 (2000), 대중시대 미술관의 모색과 전망: 그림 없는 미술관, 서울: 이룸.
- 양지연 (2003), 미술관 전시와 관람객의 상호작용에 대한 연구, 문화소비와 관람객연구, 제4회 한국예술경영학회 학술심포지움, 서울: 한국예술경영학회, p. 37~55.
- 양지연 (2012), 뮤지엄의 성공기준과 성과지표에 관한 연구, 예술경영연구, 22, pp. 171~194.
- 양지연 (2012), 박물관 클러스터의 형성과 운영, 예술경영연구, 21, pp. 123~158.
- 양현미 (2013), 박물관 평가인증제도 도입방안에 관한 연구, 예술경영연구, 27, pp. 135~169.
- 에드워드 사이드 (1995), 문화와 제국주의. 김성곤·정정호 옮김, 서울: 도서출판 창.
- 에블린 팡쉬 (1982), 새로운 미술관 시대, 서울: 계간미술.
- 용호성 (2010), 예술경영, 서울: 김영사.
- 유기현 (1997), 경영학원론, 서울: 무역경영사.
- 이구열(1992), 근대한국미술논총, 서울: 학고재.
- 이구열(1993), 잃어버린 조선문화일본침략하의 한국문화재, 서울: 신천사.
- 이원우 외, 경영학의 이해, 서울: 박영사.

- 이후덕·이장주 (2004), 국립중앙박물관 방문객의 특성에 관한 분석적 연구. 관광연구, 18(3호), pp. 197~210.
- 임정미 (2000), 페기 구겐하임(Peggy Guggenheim)에 관한 연구; 전후 미국 미술형성에 있어서 후원가, 수집가로서의 역할을 중심으로, 효성카톨릭대학교 대학원 석사 학위 논문.
- 전경수 (1997), 한국인류학의 회고와 전망: 한국박물관의 식민주의적 경험과 민족주의적 실천 및 세계주의적 전망, 서울: 집문당, pp. 660~716.
- 전경수 (1998), 한국인류학의 회고와 전망: 한국박물관의 식민주의적 경험과 민족주의적 실천 및 세계주의적 전망, 서울: 집문당.
- 전경수 (2000), 한국박물관의 식민주의적 경험과 민족주의적 실천 및 세계주의적 전망, 박물관학보 3권, pp. 159~201.
- 정현경 (2001), 뮤지엄 형성의 사회적 배경과 역할에 관한 연구, 추계예술대학교 예술경영대학원 석사학위논문.
- 조지 엘리스 버코 (2001), 큐레이터를 위한 박물관학, 서울: 김영사.
- 차문성 (2008), 근대박물관, 그 형성과 변천 과정: 박물학과 박람회의 영향에 따른 서구, 일본, 한국 비교, 경기도: 한국학술정보.
- 최병식 (2010), 박물관 경영과 전략, 서울 동문선.
- 최석영(1999), 조선총독부박물관의 출현과 식민지적 기획, 호서사학 제27집, pp. 93~125.
- 최석영(2008), 한국박물관 100년 역사 진단&대안, 서울: 민속원.
- 최종호 (2003), 미술관 경영과 수장품 정책, 예술경영연구, 4, pp. 83~109.
- 최종호 (2010), 앞서 가는 뮤지엄의 역할과 기능, 제11기 초중등 교원 박무로간 문화연수, 용인: 경기도박물관.
- 최호림 (편) (2011), 동남아시아의 박물관: 국가 표상과 기억의 문화 정치, 서울: 이매진.
- 캐롤라인 랭·존 리브·비키 울러드 (2011), 뮤지엄 매니지먼트: 관람객에게 응답하는 박물관 경영 전략. 임연철·주명진 옮김, 서울: 커뮤니케이션북스(주).
- 콜브, 보니타 M. (2004), 새로운 문화소비자를 위한 문화예술기관의 마케팅: 새로운 문화소비자를 위한 문화예술기관의 마케팅, 이보아 옮김, 서울: 김영사,

- 하계훈 (2008), 한국 박물관 역사를 통해 본 미술사의 역할과 전망, 서양미술사학회 논문 제29집, pp. 315~342.
- 한국문화관광연구원 (2011), 국립중앙박물관 운영사업평가보고서, 서울: 한국문화관광연구원.
- 한국문화관광연구원 (2012), 박물관 설립·등록기준 및 평가인증제도 연구, 서울: 한국문화관광연구원.
- 한국문화관광연구원 (2013), 박물관 평가인증제 평가영역 및 평가기준 연구, 서울: 한국문화관광연구원.
- 한국문화정보센터 (2013), 국가유물 정보화 전략계획수립 연구, 서울: 한국문화정보센터.
- 한국미술기획경영연구소 (2011), 사립 박물관 비영리법인화 및 발전방안 연구, 서울: 한국미술기획영연구소.
- 한국박물관협회 (2010), 한국 뮤지엄 선진화를 위한 평가방안 연구, 서울: 한국박물관협회.
- 홍석준·최호림 (편)(2011), 동남아시아의 박물관: 국가표상과 기억의 문화정치, 동남아시아연구 21(3), pp. 289~298.

국외문헌

- Abt, J. (2006), The origin of the public museum, in Saron MacDonald (ed.) A companion to the museum studies, Oxford: Wiley-Blackwell, pp. 115-134.
- Adams, G. D. (1983), Museum Public Relations, Tennessee: The American Association for State and Local History.
- Adams, G. D. (1989), The process and effects of word-of-mouth communication at a history museum (Doctoral dissertation, Boston University).
- Alexander, E. P. (1983), Museum Master: Their museum and their influence. Nashville, TN, The American Association for State and Local History.
- Ambrose, T. & Paine, C. (1995), Museum Basics. London: Routledge.
- Anderson, M. (2004), Metrics of success in art museums. The Getty Leadership Institute, LA: J. Paul Getty Center.
- Anderson, M. (2007), Prescriptions for art museums in the decade ahead, Curator, 50(1), pp. 9~17.
- Bazin. G. (1967), The museum age, Mew York: Universe Books.
- Baumol, William J. & Bowen, William G. (1966), Performing Arts: The Economic Dilemma - A Study of Problems common to Theater, Opera, Music and Dance. Massachusetts: The M.I.T. Press.
- Belcher, M. (1991), Exhibitions in Museums, Leicester: Leicester University Press.
- Bitgood, S. & Patterson, D. & Benefield, A. (1988), Exhibit design and visitor behavior empirical relationships, Environment and Behavior, 20(4), pp. 474~491.
- Bitgood S. and et al. (1989), Evaluation of Attack and Defense at the Anniston Museum of Natural History, Current trends in audience research and evaluation, pp. 1~4.
- Burcaw, G. E. (1997), Introduction to Museum Work, CA: Altamira Press.

- Booth, B. K. W. (1998), Understanding the information needs of visitors to museums, Museum Management and Curatorship, 17(2), pp. 139~157.
- Bonita M. K. (2000), Marketing Cultural Organizations: New strategies for attracting audiences to classical music, dance, museums, theatre and opera, Dublin: Oak Tree Press.
- Booth, B. K. W. (1998), Understanding the information needs of visitors to museums. Museum management and curatorship, 17(2), June 1998, pp. 139~157.
- Boutourline, S. (1962), Fairs, pavilions, exhibits, and their audiences. Central Microfilm Unit, Public Archives of Canada, [196-].
- Burcaw, G. E. (1997), Introduction to Museum Work, London: Altamira Press.
- Chadwick, J. C. (1998), A survey of characteristics and patterns of behaviors in visitors to a museum web site, Albuquerque: University of New Mexico.
- Combs, A. A. (1999), Why do they come? Listening to visitors at a decorative arts museum, Curator 42(3), pp. 186~197.
- Cuno, J. B. & MacGregor, N. (2004), Whose Muse? Art Museums and Public Trust, NJ: Princeton University Press.
- Curtin, P. D. (ed.)(1971), Imperialism, New York: Walker.
- Dichter, Ernest.(1996), How Word-of-Mouth Advertising Works, Harvard Business Review 44(November-December, 1996, pp. 147~155.
- Dierking, L. D. & Pollock, W. (1998), Questioning Assumptions : An introduction to front-end studies in museums, Washington, D.C.: Association of Science-Technology Centers.
- Doering, Z. D. (1999), Strangers, guests or client? Visitor Experiences in museum, Curator, 42(2), pp. 74~78.
- Draper, L. (1984), Friendship and the Museum Experience: The interrelationship of social ties and learning, Berleley: University of California.
- Edson, G. & Dean, D. (1996), Handbook for Museums, London: Routledge.

- Falk, J. H. (1983), Time and behavior as predictors of learning, Science Education, 67(2), pp. 267~276.
- Falk, J. H. (1983), A Cross-Cultural Investigation of the Novel Field Trip Phenomenon: National Museum of Natural History, New Delhi. Curator: The Museum Journal, 26(4), 315~323.
- Falk, J. H. (1985), Predicting visitor behavior. Curator: The Museum Journal 28(4), pp. 249~258.
- Falk, J. H. (1998), Visitors: who does, who doesn't and why; Uunderstanding why people go to museums. Museum News, Fall, pp. 38~43.
- Falk, J. H. & Dierking, L. D. (1992), The Museum Experience. Washington, D.C.: Whalesback Books.
- Falk, J. H. & Dierking, L. D. (2000), Learning from museums: visitor experience and the making of meaning, Walnut Creek: Altamira Press.
- Falk, J. H. & Moussouri, T. & Coulson, D. (1998), The effect of visitors' agendas on museum learning, Curator, 41(2), pp. 107~120.
- Foucault, M. (1977), Discipline and punish : The birth of the prison, New York: Pantheon Books.
- Frey, B. (1998), Superstar museums: An economic analysis. Journal of Cultural Economics, 22(203), pp. 113~125.
- Gibbs-Smith, C. H. (1981), The Great Exhibition of 1851, London : Her Majesty's Stationery Office.
- Green, M. (1988), Stalking the average North American zoogoer, Museum News 67(1), pp. 50~51.
- Haeseler, J. K. & Virginai, V. (1989), Length of visitor stay, Visitor studies: theory, research, and practice, 2, pp. 252~259.
- Hein, G. E. (1998), Learning in the Museum, London: Routledge.
- Hermenet, H. J. (1996), A Comparison of Focus Groups and Structured Interviews in A Museum Visitor Research Program, Virginia: University of Virginia.

- Hirschman, E. C & Holbrook, M. B. (1992), Postmodern consumer research: The study of consumption as text (Vol. 1), Sage Publications.
- Hood, M. G. (1986), Getting started in audience research, Museum News, 61, pp. 25~31.
- Hooper-Greenhill, E. (1992), Museum and the Shaping of Knowledge, London & New York: Routledge.
- Hooper-Greenhill, E. (1995), Museum, Media, Message, London & New York: Routledge.
- Hooper-Greenhill, E. (1996), Museums and their visitors, London & New York: Routledge.
- Hooper-Greenhill, E. (Ed.)(1996), The Educational Role of the Museum, Psychology Press.
- Hooper-Greenhill, E. (2000), Museums and the Interpretation of Visual Culture, London & New York: Routledge.
- ICOM (1992), Marketing the Arts, Paris: ICOM.
- Inverarity, R. B. (1961), A simplified technique for recording museum survey data, The Museologist, 80. pp. 7~10.
- Johnson, D. A. (1969), Museum Attendance in the New York Metropolitan Region, Curator, 12(3), pp. 201~230.
- Kaeppler, A. L. (1994), Paradise regained: The role of Pacific museums in forging national identity in F. Kaplan (ed.) Museums and the making of 'ourselves': The role of objects in national identity, London: Leicester University Press, pp. 19~44.
- Kelly, R. F. (1987), Culture as commodity: the marketing of cultural objects and cultural experiences, Advances in Consumer Research, 14(1).
- Kirk-Greene, A. H. (1960), Africa through the eyes of some museums in the United States, Curator: The Museum Journal, 3(3), pp. 242~246.
- Kolb, B. M. (2000), Marketing Cultural Organizations: New strategies for attracting audiences to classical music, dance, museums, theatre and opera,

Dublin: Oak Tree Press.

- Koran, J. J. Jr & Foster, J. S & Koran, M. L. (1989), The relationship among interest, attention and learning in a natural history museum. In Bitgood, S. (ed.), Visitor Studies: Theory, research, and practice (vol.2), Anniston/ Oxford, Alabama: Jacksonville State University, pp. 239~244.
- Kotler, N. & Kotler, P. (1998), Museum Strategy and Marketing, San Francisco: Jossey-Bass Publishers.
- Lewis, G. (2012), The history of museums, Encyclopedia Britannica(http:// www.museums.ee/uploads/files/g._lewis_the_history_of_museums. pdf).
- Lewis, G. W. (1986), Towards a responsive Museum. MUSE (Summer), p. 1.
- Lord, B.& Lord, G.D. (1997), The manual of museum management, London: Stationary Office.
- Lightner, J. W. (2000), An attention model for museum exhibits: a study of motivation to pay attention by free-choice learners in informal learning environments (Doctoral dissertation, Michigan State University. Department of Counseling, Educational Psychology and Special Education).
- Loomis, R. J. (1987), Museum Visitor Evaluation: New tool for management. Nashville, TN: American Association of State and Local History.
- Lord, B. & Lord G. D. (1997), The Manual of Museum Management, London: The Stationary Office.
- Macdonald, S. (2006), A companion to Museum studies, Wiley-Blackwell.
- Mann, P. H. (1986), A Survey of Visitors to the British Museum (1982-1983) (Unpublished paper), London: British Museum.
- Maree, T. (2001), The importance of values research in nonprofit organizations: The motivation-based values of museum visitors, International Journal of Nonprofit and Voluntary Sector Marketing, 6(2), pp. 116~130.
- Mariampolski, H. (1984), The resurgence of qualitative research, Public Relations, 40, pp. 21~23.

- McLean, F. (1997), Marketing the Museum. London & New York : Routledge.
- McManus, P. M. (1987), It's the company you keep : The social determination of learning-related behaviour in a science museum, International Journal of Museum Management and Curatorship, 6(3), pp. 263~270.
- McManus, P. M. (1991), Making sense of exhibits, Museum languages : objects and texts. Leicester : Leicester University Press.
- Melton, A. (1935), Problems of Installation in Museums of Art, Washington, D.C. : The American Association of Museums.
- Menninger, M. T. (1990), The Analysis of Time Data in Museum Visitor Research and Evaluation Studies, Pittsburgh : University of Pittsburgh.
- Merriman, N. (1989), Museum visiting as a cultural phenomenon, The New Museology, London : Reaktion Books Ltd.
- Merritt, E. E. (2007), National Standards & Best Practices for U.S. Museums, Washington DC : American Alliance of Museums.
- Messick, S. (1989), Validity in R. L. Linn (ed.), Educational Measurement, New York : Macmillan.
- Moore, K. (ed.)(1994), Museum Management, London : Routledge.
- MORI. (2001), Visitors to museums and galleries in the UK.
- Morrissey, K. (1991), Visitor behavior and interactive video. Curator, 23. pp. 109~118.
- Munley, M. E. (1986), Asking the right questions. Museum News, 64(3), pp. 18~23.
- Niehoff, A. (1959), Audience reaction in the Milwaukee Public Museum : The winter visitors, Midwest Museums Quarterly, 19(2), pp. 36~45.
- Patterson, D. & Bitgood, S. & Benefield A. (1986), Understanding your visitors : ten factors that influence visitor behavior, Jacksonville State University, Psychology Institute.
- Patterson, D. & Bitgood, S. (1988), Some evolving principles of visitor behavior, Visitor Studies : Theory, Research Practice 1, pp. 41~50.

- Powell, L. H. (1938), A study of seasonal attendance at a mid-west museum of science, Museum News 16(3), pp. 3~8.
- Prince, D. R. (1990), Factors influencing museum visits: An empirical evaluation of audience selection, Museum Management and Curatorship, 9. pp. 149~168.
- Ripley, S. D.(1978), The sacred grove: Essays on museums, Washington D.C.: Smithsonian Institution Press.
- Russell, R. M. (1998), World Wide Web site visitor studies techniques using server log file data, pp. 1~177.
- Serrell, B. (1996), Exhibit labels: An interpretive approach, Rowman Altamira.
- Saur, D. G. (2011), Museums of the world.
- Shore, H. (1987), Arts Administration and Management - A Guide for Arts Administration and Their Staffs, New York: Quorum Books.
- Teather, L. (2012), Museum studies borderlands: Negotiating curriculum and competencies, Cadernos Sociomuseologia, 43, pp. 63~102.
- The National Art Education Association (1997), Museum Education: History, theory and Practice, Virginia: NAEA.
- Thomas, W. (1990), Managing nonprofit organization, New York: Prentice-Hall.
- Trevelyan, G. M. (1937), British History in the Nineteenth Century and After, London: Longman.
- Thyne, M. (2000), The importance of values research for nonprofit organizations: The motivation-based values of museum visitors, International Journal of Nonprofit and Voluntary Sector Marketing, 6(2), pp. 116~120.
- Van Mensch, P. (1990), Methodological museology; or, towards a theory of museum practice, Objects of Knowledge, pp. 141~157.
- Van Mensch, P. (2004), Museology and Management: Enemies Or Friends?:

Current Tendencies in Theoretical Museology and Museum Management in Europe, Reinwardt Academie.

- Vowles, V. (1963), The Uganda Museum, Kampala : The Public. Museum, 16(3), pp. 153~155.

- Weil, S. E. (1983), Beauty and the Beast. Washington, DC : Smithsonian Institution.

- Weiss, R. S. & Boutourline Jr, S. (1963), The communication value of exhibits. Museum news, 42(3), pp. 23~27.

- Wells, M. & Loomis, R. J. (1998), A taxonomy of museum program opportunities : Adapting a model from natural resource management, Curator, 41(4), pp. 254~264.

- West, W. R. (2002), American Museums in the 21st Century, HUMANITIES RESEARCH, IX(1), 2002. http://www.anu.edu.au/hrc/publications/hr/issue1_ 2002/article07.htm.

- Wolf, T.(1990), Managing nonprofit organization, New York : Prentice-Hall.

- Yalowitz, S. S. (2001), Effect of Visitor and Visit Variables on Overall Satisfaction in Three Visitor Institutions, Colorado State University.

- Young, G. M. (1977), Victorian England : Portrait of an Age. Oxford : Oxford University Press.

- Zacks. A & Cameron, D. F., Abbey, D. S. (1969), Public attitudes toward modern art. Museum, 22(3-4), pp. 125~212.

- Zolberg, V. L. (1995), Museums as contested sites of remembrance : the Enola Gay affair, The Sociological Review, 43(S1), pp. 69~82.